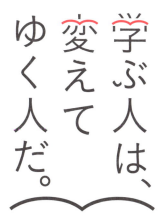

学ぶ人は、
変えて
ゆく人だ。

目の前にある問題はもちろん、
人生の問いや、
社会の課題を自ら見つけ、
挑み続けるために、人は学ぶ。
「学び」で、
少しずつ世界は変えてゆける。
いつでも、どこでも、誰でも、
学ぶことができる世の中へ。

旺文社

JN247859

2020 年度版

文部科学省後援

英検® 準2級
過去6回 全問題集

「日本英語検定協会推奨」とは、皆様に適切なものを安心してご選択いただけるよう、「英検®ブランド第三者審議委員会」の審査を通過した商品・サービスに限り、公益財団法人 日本英語検定協会がその使用を認めたものです。なお、「日本英語検定協会推奨」は、商品・サービスの使用により英検®の合格や英検CSEスコアアップを保証するものではありません。

英検®は、公益財団法人 日本英語検定協会の登録商標です。

旺文社

2019年度 第2回 二次試験 A日程 (2019.11.3 実施)

問題カード

この問題カードは切り取って，本番の面接の練習用にしてください。
質問は p.37 にありますので，参考にしてください。

Coffee Shops with Animals

It is often difficult for people living in apartments to keep pets. Today, however, these people can experience playing with animals at special coffee shops. Some coffee shops keep a variety of animals to play with, and by doing so they attract many customers. These places will probably become even more common.

A

B

Visiting Islands

Many Japanese islands have plants and trees that cannot be found in other places. Because of this, they are popular places for visitors. Some nature guides offer tours of their islands, and by doing so they help visitors learn about special environments. These places will attract more people in the future.

A

B

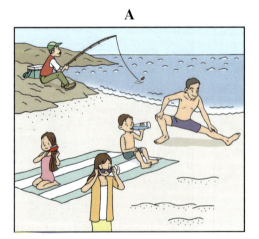

2019年度 第1回 二次試験 A日程 (2019.6.30 実施)

問題カード

この問題カードは切り取って，本番の面接の練習用にしてください。
質問は p.61 にありますので，参考にしてください。

Students' Health

It is often said that breakfast is the most important meal of the day. However, many students go to school without eating breakfast, so they feel tired during their classes. Now, some schools are offering breakfast before classes begin. They hope that this will give students the energy they need for the day.

A

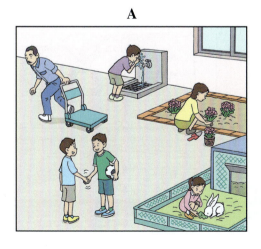

B

2019年度 第1回 二次試験 B日程 (2019.7.7 実施)

問題カード

この問題カードは切り取って，本番の面接の練習用にしてください。
質問は p.63 にありますので，参考にしてください。

Active Lifestyles

These days, more and more people are interested in exercising. However, many have trouble exercising because of their busy lifestyles. Now, some fitness centers stay open 24 hours a day, and by doing so they help people find time for exercise. It is important for people to try to live active lifestyles.

A

B

2018年度 第3回 二次試験 A日程 (2019.2.24 実施)

問題カード

この問題カードは切り取って，本番の面接の練習用にしてください。
質問は p.85 にありますので，参考にしてください。

Helpful Machines

Today at supermarkets, a new kind of machine called a self-checkout machine has become popular. Customers can pay for items by themselves with these machines. More and more supermarkets use self-checkout machines, and by doing so they are helping customers pay quickly. Such services will probably be used at other stores, too.

A

B

2018年度 第3回 二次試験 B日程 (2019.3.3 実施)

問題カード

この問題カードは切り取って，本番の面接の練習用にしてください。
質問は p.87 にありますので，参考にしてください。

Smartphones and Health

These days, many young people have smartphones. They can use them to look for information or to communicate with their friends. However, some people spend a long time using smartphones at night, so they have difficulty getting enough sleep. Many doctors say that people should turn off their smartphones at night.

A

B

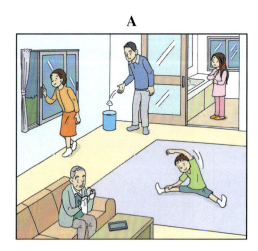
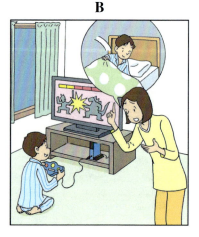

2019年度第2回　英検準2級　解答用紙

[注意事項]
① 解答にはHBの黒鉛筆（シャープペンシルも可）を使用し，解答を訂正する場合には消しゴムで完全に消してください。
② 解答用紙は絶対に汚したり折り曲げたり，所定以外のところへの記入はしないでください。

③ マーク例

良い例	悪い例
●	◐ ✕ ◖

これ以下の濃さのマークは読めません。

解答欄

問題番号	1	2	3	4
(1)	①	②	③	④
(2)	①	②	③	④
(3)	①	②	③	④
(4)	①	②	③	④
(5)	①	②	③	④
(6)	①	②	③	④
(7)	①	②	③	④
(8)	①	②	③	④
(9)	①	②	③	④
(10)	①	②	③	④
(11)	①	②	③	④
(12)	①	②	③	④
(13)	①	②	③	④
(14)	①	②	③	④
(15)	①	②	③	④
(16)	①	②	③	④
(17)	①	②	③	④
(18)	①	②	③	④
(19)	①	②	③	④
(20)	①	②	③	④

（1）

解答欄

問題番号	1	2	3	4
(21)	①	②	③	④
(22)	①	②	③	④
(23)	①	②	③	④
(24)	①	②	③	④
(25)	①	②	③	④
(26)	①	②	③	④
(27)	①	②	③	④
(28)	①	②	③	④
(29)	①	②	③	④
(30)	①	②	③	④
(31)	①	②	③	④
(32)	①	②	③	④
(33)	①	②	③	④
(34)	①	②	③	④
(35)	①	②	③	④
(36)	①	②	③	④
(37)	①	②	③	④

2 / 3 / 4

※筆記5の解答欄はこの裏にあります。

リスニング解答欄

問題番号	1	2	3	4
例題	①	②	●	
No.1	①	②	③	
No.2	①	②	③	
No.3	①	②	③	
No.4	①	②	③	
No.5	①	②	③	
No.6	①	②	③	
No.7	①	②	③	
No.8	①	②	③	
No.9	①	②	③	
No.10	①	②	③	
No.11	①	②	③	④
No.12	①	②	③	④
No.13	①	②	③	④
No.14	①	②	③	④
No.15	①	②	③	④
No.16	①	②	③	④
No.17	①	②	③	④
No.18	①	②	③	④
No.19	①	②	③	④
No.20	①	②	③	④
No.21	①	②	③	④
No.22	①	②	③	④
No.23	①	②	③	④
No.24	①	②	③	④
No.25	①	②	③	④
No.26	①	②	③	④
No.27	①	②	③	④
No.28	①	②	③	④
No.29	①	②	③	④
No.30	①	②	③	④

第1部 / 第2部 / 第3部

2019年度第2回　Web特典「自動採点サービス」対応　オンラインマークシート
※検定の回によってQRコードが違います。
※筆記1〜4，リスニングの採点ができます。
※PCからも利用できます（問題編 p.8 参照）。

切り取り線

※実際の解答用紙に似せていますが，デザイン・サイズは異なります。

●記入上の注意（記述形式）
・指示事項を守り，文字は，はっきりと分かりやすく書いてください。
・太枠に囲まれた部分のみが採点の対象です。

5 ライティング解答欄

5

10

15

2019年度第1回　英検準2級　解答用紙

【注意事項】
① 解答にはHBの黒鉛筆（シャープペンシルも可）を使用し，解答を訂正する場合には消しゴムで完全に消してください。
② 解答用紙は絶対に汚したり折り曲げたり，所定以外のところへの記入はしないでください。
③ マーク例

良い例	悪い例
●	◐ ✗ ◖

これ以下の濃さのマークは読めません。

解答欄 1

問題番号	1	2	3	4
(1)	①	②	③	④
(2)	①	②	③	④
(3)	①	②	③	④
(4)	①	②	③	④
(5)	①	②	③	④
(6)	①	②	③	④
(7)	①	②	③	④
(8)	①	②	③	④
(9)	①	②	③	④
(10)	①	②	③	④
(11)	①	②	③	④
(12)	①	②	③	④
(13)	①	②	③	④
(14)	①	②	③	④
(15)	①	②	③	④
(16)	①	②	③	④
(17)	①	②	③	④
(18)	①	②	③	④
(19)	①	②	③	④
(20)	①	②	③	④

解答欄 2・3・4

問題番号	1	2	3	4
(21)	①	②	③	④
(22)	①	②	③	④
(23)	①	②	③	④
(24)	①	②	③	④
(25)	①	②	③	④
(26)	①	②	③	④
(27)	①	②	③	④
(28)	①	②	③	④
(29)	①	②	③	④
(30)	①	②	③	④
(31)	①	②	③	④
(32)	①	②	③	④
(33)	①	②	③	④
(34)	①	②	③	④
(35)	①	②	③	④
(36)	①	②	③	④
(37)	①	②	③	④

※筆記5の解答欄はこの裏にあります。

リスニング解答欄

問題番号	1	2	3	4
例題	①	②	●	
No.1	①	②	③	
No.2	①	②	③	
No.3	①	②	③	
No.4	①	②	③	
No.5	①	②	③	
No.6	①	②	③	
No.7	①	②	③	
No.8	①	②	③	
No.9	①	②	③	
No.10	①	②	③	
No.11	①	②	③	④
No.12	①	②	③	④
No.13	①	②	③	④
No.14	①	②	③	④
No.15	①	②	③	④
No.16	①	②	③	④
No.17	①	②	③	④
No.18	①	②	③	④
No.19	①	②	③	④
No.20	①	②	③	④
No.21	①	②	③	④
No.22	①	②	③	④
No.23	①	②	③	④
No.24	①	②	③	④
No.25	①	②	③	④
No.26	①	②	③	④
No.27	①	②	③	④
No.28	①	②	③	④
No.29	①	②	③	④
No.30	①	②	③	④

第1部：No.1〜No.10
第2部：No.11〜No.20
第3部：No.21〜No.30

2019年度第1回
Web特典「自動採点サービス」対応　オンラインマークシート

※検定の回によってQRコードが違います。
※筆記1〜4，リスニングの採点ができます。
※PCからも利用できます（問題編 p.8 参照）。

※実際の解答用紙に似せていますが，デザイン・サイズは異なります。

切り取り線

●記入上の注意（記述形式）
・指示事項を守り，文字は，はっきりと分かりやすく書いてください。
・太枠に囲まれた部分のみが採点の対象です。

5 ライティング解答欄

5

10

15

2018年度第3回　英検準2級　解答用紙

【注意事項】
①解答にはHBの黒鉛筆（シャープペンシルも可）を使用し、解答を訂正する場合には消しゴムで完全に消してください。
②解答用紙は絶対に汚したり折り曲げたり、所定以外のところへの記入はしないでください。

③マーク例

これ以下の濃さのマークは読めません。

解答欄					
問題番号		1	2	3	4
1	(1)	①	②	③	④
	(2)	①	②	③	④
	(3)	①	②	③	④
	(4)	①	②	③	④
	(5)	①	②	③	④
	(6)	①	②	③	④
	(7)	①	②	③	④
	(8)	①	②	③	④
	(9)	①	②	③	④
	(10)	①	②	③	④
	(11)	①	②	③	④
	(12)	①	②	③	④
	(13)	①	②	③	④
	(14)	①	②	③	④
	(15)	①	②	③	④
	(16)	①	②	③	④
	(17)	①	②	③	④
	(18)	①	②	③	④
	(19)	①	②	③	④
	(20)	①	②	③	④

解答欄					
問題番号		1	2	3	4
2	(21)	①	②	③	④
	(22)	①	②	③	④
	(23)	①	②	③	④
	(24)	①	②	③	④
	(25)	①	②	③	④
3	(26)	①	②	③	④
	(27)	①	②	③	④
	(28)	①	②	③	④
	(29)	①	②	③	④
	(30)	①	②	③	④
4	(31)	①	②	③	④
	(32)	①	②	③	④
	(33)	①	②	③	④
	(34)	①	②	③	④
	(35)	①	②	③	④
	(36)	①	②	③	④
	(37)	①	②	③	④

※筆記5の解答欄はこの裏にあります。

リスニング解答欄					
問題番号		1	2	3	4
第1部	例題	①	②	●	
	No.1	①	②	③	
	No.2	①	②	③	
	No.3	①	②	③	
	No.4	①	②	③	
	No.5	①	②	③	
	No.6	①	②	③	
	No.7	①	②	③	
	No.8	①	②	③	
	No.9	①	②	③	
	No.10	①	②	③	
第2部	No.11	①	②	③	④
	No.12	①	②	③	④
	No.13	①	②	③	④
	No.14	①	②	③	④
	No.15	①	②	③	④
	No.16	①	②	③	④
	No.17	①	②	③	④
	No.18	①	②	③	④
	No.19	①	②	③	④
	No.20	①	②	③	④
第3部	No.21	①	②	③	④
	No.22	①	②	③	④
	No.23	①	②	③	④
	No.24	①	②	③	④
	No.25	①	②	③	④
	No.26	①	②	③	④
	No.27	①	②	③	④
	No.28	①	②	③	④
	No.29	①	②	③	④
	No.30	①	②	③	④

2018年度第3回

Web特典「自動採点サービス」対応 オンラインマークシート

※検定の回によってQRコードが違います。
※筆記1〜4，リスニングの採点ができます。
※ PCからも利用できます（問題編 p.8 参照）。

※実際の解答用紙に似せていますが、デザイン・サイズは異なります。

切り取り線

●記入上の注意（記述形式）
・指示事項を守り，文字は，はっきりと分かりやすく書いてください。
・太枠に囲まれた部分のみが採点の対象です。

5 ライティング解答欄

2018年度第2回 英検準2級 解答用紙

【注意事項】
①解答にはHBの黒鉛筆(シャープペンシルも可)を使用し，解答を訂正する場合には消しゴムで完全に消してください。
②解答用紙は絶対に汚したり折り曲げたり，所定以外のところへの記入はしないでください。

③マーク例

良い例	悪い例
●	◐ ⊗ ◉

これ以下の濃さのマークは読めません。

解答欄				
問題番号	1	2	3	4
1	(1)	① ② ③ ④		
	(2)	① ② ③ ④		
	(3)	① ② ③ ④		
	(4)	① ② ③ ④		
	(5)	① ② ③ ④		
	(6)	① ② ③ ④		
	(7)	① ② ③ ④		
	(8)	① ② ③ ④		
	(9)	① ② ③ ④		
	(10)	① ② ③ ④		
	(11)	① ② ③ ④		
	(12)	① ② ③ ④		
	(13)	① ② ③ ④		
	(14)	① ② ③ ④		
	(15)	① ② ③ ④		
	(16)	① ② ③ ④		
	(17)	① ② ③ ④		
	(18)	① ② ③ ④		
	(19)	① ② ③ ④		
	(20)	① ② ③ ④		

解答欄				
問題番号	1	2	3	4
2	(21)	① ② ③ ④		
	(22)	① ② ③ ④		
	(23)	① ② ③ ④		
	(24)	① ② ③ ④		
	(25)	① ② ③ ④		
3	(26)	① ② ③ ④		
	(27)	① ② ③ ④		
	(28)	① ② ③ ④		
	(29)	① ② ③ ④		
	(30)	① ② ③ ④		
4	(31)	① ② ③ ④		
	(32)	① ② ③ ④		
	(33)	① ② ③ ④		
	(34)	① ② ③ ④		
	(35)	① ② ③ ④		
	(36)	① ② ③ ④		
	(37)	① ② ③ ④		

※筆記5の解答欄はこの裏にあります。

リスニング解答欄				
問題番号	1	2	3	4
例題	① ② ●			
第1部	No.1	① ② ③		
	No.2	① ② ③		
	No.3	① ② ③		
	No.4	① ② ③		
	No.5	① ② ③		
	No.6	① ② ③		
	No.7	① ② ③		
	No.8	① ② ③		
	No.9	① ② ③		
	No.10	① ② ③		
第2部	No.11	① ② ③ ④		
	No.12	① ② ③ ④		
	No.13	① ② ③ ④		
	No.14	① ② ③ ④		
	No.15	① ② ③ ④		
	No.16	① ② ③ ④		
	No.17	① ② ③ ④		
	No.18	① ② ③ ④		
	No.19	① ② ③ ④		
	No.20	① ② ③ ④		
第3部	No.21	① ② ③ ④		
	No.22	① ② ③ ④		
	No.23	① ② ③ ④		
	No.24	① ② ③ ④		
	No.25	① ② ③ ④		
	No.26	① ② ③ ④		
	No.27	① ② ③ ④		
	No.28	① ② ③ ④		
	No.29	① ② ③ ④		
	No.30	① ② ③ ④		

2018年度第2回
Web特典「自動採点サービス」対応 オンラインマークシート
※検定の回によってQRコードが違います。
※筆記1〜4，リスニングの採点ができます。
※PCからも利用できます(問題編 p.8 参照)。

※実際の解答用紙に似ていますが，デザイン・サイズは異なります。

切り取り線

●記入上の注意（記述形式）
・指示事項を守り，文字は，はっきりと分かりやすく書いてください。
・太枠に囲まれた部分のみが採点の対象です。

5 ライティング解答欄

5

10

15

2018年度第1回　英検準2級　解答用紙

【注意事項】
① 解答にはHBの黒鉛筆(シャープペンシルも可)を使用し，解答を訂正する場合には消しゴムで完全に消してください。
② 解答用紙は絶対に汚したり折り曲げたり，所定以外のところへの記入はしないでください。
③ マーク例

良い例	悪い例
●	

これ以下の濃さのマークは読めません。

解答欄				
問題番号	1	2	3	4
(1)	①	②	③	④
(2)	①	②	③	④
(3)	①	②	③	④
(4)	①	②	③	④
(5)	①	②	③	④
(6)	①	②	③	④
(7)	①	②	③	④
(8)	①	②	③	④
(9)	①	②	③	④
(10)	①	②	③	④
(11)	①	②	③	④
(12)	①	②	③	④
(13)	①	②	③	④
(14)	①	②	③	④
(15)	①	②	③	④
(16)	①	②	③	④
(17)	①	②	③	④
(18)	①	②	③	④
(19)	①	②	③	④
(20)	①	②	③	④

（問題番号1）

解答欄				
問題番号	1	2	3	4
(21)	①	②	③	④
(22)	①	②	③	④
(23)	①	②	③	④
(24)	①	②	③	④
(25)	①	②	③	④
(26)	①	②	③	④
(27)	①	②	③	④
(28)	①	②	③	④
(29)	①	②	③	④
(30)	①	②	③	④
(31)	①	②	③	④
(32)	①	②	③	④
(33)	①	②	③	④
(34)	①	②	③	④
(35)	①	②	③	④
(36)	①	②	③	④
(37)	①	②	③	④

（問題番号2, 3, 4）

※筆記5の解答欄はこの裏にあります。

リスニング解答欄				
問題番号	1	2	3	4
例題	①	②	●	
No.1	①	②	③	
No.2	①	②	③	
No.3	①	②	③	
No.4	①	②	③	
No.5	①	②	③	
No.6	①	②	③	
No.7	①	②	③	
No.8	①	②	③	
No.9	①	②	③	
No.10	①	②	③	
No.11	①	②	③	④
No.12	①	②	③	④
No.13	①	②	③	④
No.14	①	②	③	④
No.15	①	②	③	④
No.16	①	②	③	④
No.17	①	②	③	④
No.18	①	②	③	④
No.19	①	②	③	④
No.20	①	②	③	④
No.21	①	②	③	④
No.22	①	②	③	④
No.23	①	②	③	④
No.24	①	②	③	④
No.25	①	②	③	④
No.26	①	②	③	④
No.27	①	②	③	④
No.28	①	②	③	④
No.29	①	②	③	④
No.30	①	②	③	④

（第1部／第2部／第3部）

2018年度第1回　Web特典「自動採点サービス」対応　オンラインマークシート

※検定の回によってQRコードが違います。
※筆記1〜4，リスニングの採点ができます。
※PCからも利用できます（問題編 p.8 参照）。

※実際の解答用紙に似せていますが，デザイン・サイズは異なります。

切り取り線

●記入上の注意（記述形式）
・指示事項を守り，文字は，はっきりと分かりやすく書いてください。
・太枠に囲まれた部分のみが採点の対象です。

5 ライティング解答欄

2017年度第3回　英検準2級　解答用紙

【注意事項】
① 解答にはHBの黒鉛筆（シャープペンシルも可）を使用し、解答を訂正する場合には消しゴムで完全に消してください。
② 解答用紙は絶対に汚したり折り曲げたり、所定以外のところへの記入はしないでください。

③ マーク例

良い例	悪い例
●	◐ ✗ ◯

これ以下の濃さのマークは読めません。

解答欄

問題番号	1	2	3	4
1 (1)	①	②	③	④
(2)	①	②	③	④
(3)	①	②	③	④
(4)	①	②	③	④
(5)	①	②	③	④
(6)	①	②	③	④
(7)	①	②	③	④
(8)	①	②	③	④
(9)	①	②	③	④
(10)	①	②	③	④
(11)	①	②	③	④
(12)	①	②	③	④
(13)	①	②	③	④
(14)	①	②	③	④
(15)	①	②	③	④
(16)	①	②	③	④
(17)	①	②	③	④
(18)	①	②	③	④
(19)	①	②	③	④
(20)	①	②	③	④

解答欄

問題番号	1	2	3	4
2 (21)	①	②	③	④
(22)	①	②	③	④
(23)	①	②	③	④
(24)	①	②	③	④
(25)	①	②	③	④
3 (26)	①	②	③	④
(27)	①	②	③	④
(28)	①	②	③	④
(29)	①	②	③	④
(30)	①	②	③	④
4 (31)	①	②	③	④
(32)	①	②	③	④
(33)	①	②	③	④
(34)	①	②	③	④
(35)	①	②	③	④
(36)	①	②	③	④
(37)	①	②	③	④

※筆記5の解答欄はこの裏にあります。

リスニング解答欄

問題番号	1	2	3	4
例題	①	②	●	
第1部 No.1	①	②	③	
No.2	①	②	③	
No.3	①	②	③	
No.4	①	②	③	
No.5	①	②	③	
No.6	①	②	③	
No.7	①	②	③	
No.8	①	②	③	
No.9	①	②	③	
No.10	①	②	③	
第2部 No.11	①	②	③	④
No.12	①	②	③	④
No.13	①	②	③	④
No.14	①	②	③	④
No.15	①	②	③	④
No.16	①	②	③	④
No.17	①	②	③	④
No.18	①	②	③	④
No.19	①	②	③	④
No.20	①	②	③	④
第3部 No.21	①	②	③	④
No.22	①	②	③	④
No.23	①	②	③	④
No.24	①	②	③	④
No.25	①	②	③	④
No.26	①	②	③	④
No.27	①	②	③	④
No.28	①	②	③	④
No.29	①	②	③	④
No.30	①	②	③	④

2017年度第3回

Web特典「自動採点サービス」対応オンラインマークシート

※検定の回によってQRコードが違います。
※筆記1～4、リスニングの採点ができます。
※PCからも利用できます（問題編 p.8 参照）。

※実際の解答用紙に似せていますが、デザイン・サイズは異なります。

（左側：切り取り線）

●記入上の注意（記述形式）
・指示事項を守り，文字は，はっきりと分かりやすく書いてください。
・太枠に囲まれた部分のみが採点の対象です。

5 ライティング解答欄

はじめに

実用英語技能検定（英検®）は，年間受験者数380万人（英検IBA，英検Jr.との総数）の小学生から社会人まで，幅広い層が受験する国内最大級の資格試験で，1963年の第1回検定からの累計では1億人を超える人々が受験しています。英検®は，コミュニケーションに欠かすことのできない4技能をバランスよく測定することを目的としており，英検®の受験によってご自身の英語力を把握できるだけでなく，進学・就職・留学などの場面で多くのチャンスを手に入れることにつながります。

この『全問題集シリーズ』は，英語を学ぶ皆さまを応援する気持ちを込めて刊行しました。本書は，2019年度第2回検定を含む6回分の過去問を，皆さまの理解が深まるよう，日本語訳や詳しい解説を加えて収録しています。

本書が皆さまの英検合格の足がかりとなり，さらには国際社会で活躍できるような生きた英語を身につけるきっかけとなることを願っています。

最後に，本書を刊行するにあたり，多大なご尽力をいただきました桐朋中学校・高等学校　秋山安弘先生に深く感謝の意を表します。

2020年　春

※本書に掲載している過去問は，公益財団法人　日本英語検定協会が公表しているもののみです。準会場・海外受験などの問題とは一致しない可能性があります。
※二次試験の問題カードは日本英語検定協会から提供を受けたもののみ掲載しています。

もくじ

Contents

本書の使い方 ……………………………………………………… 3

音声について …………………………………………………… 4

Web 特典について …………………………………………… 7

自動採点サービスの利用方法 ……………………………… 8

英検インフォメーション …………………………………… 10

試験内容／4種類の英検／合否判定方法／英検（従来型）受験情報―2020年
度試験日程・申込方法・検定料

2019年度の傾向と攻略ポイント ……………………… 14

二次試験・面接の流れ ……………………………………… 16

2019年度	第2回検定（筆記・リスニング・面接）…… 17
	第1回検定（筆記・リスニング・面接）…… 41
2018年度	第3回検定（筆記・リスニング・面接）…… 65
	第2回検定（筆記・リスニング・面接）…… 89
	第1回検定（筆記・リスニング・面接）… 113
2017年度	第3回検定（筆記・リスニング・面接）… 137

※本書に収録されている英検の過去問は「従来型」のものになります。なお，従来
型と新方式は問題形式・内容は全く変わりません。実施方式が変わるだけです。

執　　筆：秋山 安弘（桐朋中学校・高等学校）
編集協力：株式会社 シー・レップス，久島 智津子
録　　音：ユニバ合同会社
デザイン：林 慎一郎（及川真咲デザイン事務所）
組版・データ作成協力：幸和印刷株式会社

本書の使い方

ここでは，本書の過去問および特典についての活用法の一例を紹介します。

本書の内容

| 過去問6回分 | 英検インフォメーション (p.10-13) | 2019年度の傾向と攻略ポイント (p.14-15) | 二次試験・面接の流れ (p.16) | Web特典 (p.7-9) |

本書の使い方

一次試験対策

情報収集・傾向把握

・英検インフォメーション
・2019年度の傾向と攻略ポイント

過去問にチャレンジ

・2019年度第2回一次試験
・2019年度第1回一次試験
・2018年度第3回一次試験
・2018年度第2回一次試験
・2018年度第1回一次試験
・2017年度第3回一次試験
　※【Web特典】自動採点サービスの活用

二次試験対策

情報収集・傾向把握

・二次試験・面接の流れ
・【Web特典】
　面接シミュレーション／面接模範例

過去問にチャレンジ

・2019年度第2回二次試験
・2019年度第1回二次試験
・2018年度第3回二次試験
・2018年度第2回二次試験
・2018年度第1回二次試験
・2017年度第3回二次試験

過去問の取り組み方

1セット目

【本番モード】

本番の試験と同じように，制限時間を設けて取り組みましょう。どの問題形式に時間がかかりすぎているか，正答率が低いかなど，今のあなたの実力を把握しましょう。

「自動採点サービス」を活用して，答え合わせをスムーズに行いましょう。

2～5セット目

【学習モード】

制限時間をなくし，解けるまで取り組みましょう。

リスニングは音声を繰り返し聞いて解答を導き出してもかまいません。すべての問題に正解できるまで見直します。

6セット目

【仕上げモード】

試験直前の仕上げに利用しましょう。時間を計って本番のつもりで取り組みます。

これまでに取り組んだ6セットの過去問で間違えた問題の解説を本番試験の前にもう一度見直しましょう。

音声について

一次試験・リスニングと二次試験・面接の音声を聞くことができます。本書とともに使い，効果的なリスニング・面接対策をしましょう。

収録内容と特長

 一次試験・リスニング

本番の試験の音声を収録 スピードをつかめる！

※2018年度第1回，2017年度第3回については，旺文社が独自に収録し直した音声です。

解答時間は本番通り10秒間 解答時間に慣れる！

収録されている英文は，別冊解答に掲載 聞き取れない箇所を確認できる！

 二次試験・面接（スピーキング）

実際の流れ通りに収録 本番の雰囲気を味わえる！

・パッセージの黙読（試験通り20秒の黙読時間があります）
・パッセージの音読（Model Readingを収録しています）
・質問（音声を一時停止してご利用ください）

各質問のModel Answerも収録 模範解答が確認できる！

Model Answerは，別冊解答に掲載 聞き取れない箇所を確認できる！

3つの方法で音声が聞けます！

① 公式アプリ「英語の友」(iOS/Android) で お手軽再生

リスニング力を強化する機能満載

- 再生速度変換（0.5～2.0倍速）
- お気に入り機能（絞込み学習）
- オフライン再生
- バックグラウンド再生
- 試験日カウントダウン

［ご利用方法］

1 「英語の友」公式サイトより，アプリをインストール

https://eigonotomo.com/ 　英語の友
（右のQRコードから読み込めます）

2 アプリ内のライブラリよりご購入いただいた書籍を選び，「追加」ボタンを押してください

3 パスワードを入力すると，音声がダウンロードできます
[パスワード：igsnwt] ※すべて半角アルファベット小文字

※本アプリの機能の一部は有料ですが，本書の音声は無料でお聞きいただけます。
※詳しいご利用方法は「英語の友」公式サイト，あるいはアプリ内ヘルプをご参照ください。
※2020年2月20日から2021年8月31日までご利用いただけます。
※本サービスは，上記ご利用期間内でも予告なく終了することがあります。

CDをご希望の方は，別売「2020年度版英検準2級過去6回全問題集CD」（本体価格1,000円+税）をご利用ください。

持ち運びに便利な小冊子とCD3枚付き。CDプレーヤーで通して聞くと，本番と同じような環境で練習できます。　　※収録箇所は，本書で **CD 1** **1**～**11** のように表示しています。

② パソコンで音声データダウンロード（MP3）

［ご利用方法］

1　Web特典にアクセス　　詳細は，p.7をご覧ください。

2　「一次試験［二次試験］音声データダウンロード」から
　　聞きたい検定の回を選択してダウンロード

※音声ファイルはzip形式にまとめられた形でダウンロードされます。
※音声の再生にはMP3を再生できる機器などが必要です。ご使用機器，音声再生ソフト等に関する技術的なご質問は，ハードメーカーもしくはソフトメーカーにお願いいたします。

③ スマートフォン・タブレットでストリーミング再生

［ご利用方法］

1　自動採点サービスにアクセス　　詳細は，p.8をご覧ください。
　　（右のQRコードから読み込めます）

2　聞きたい検定の回を選び，
　　リスニングテストの音声再生ボタンを押す

※自動採点サービスは一次試験に対応していますので，一次試験・リスニングの音声のみお聞きいただけます。（二次試験・面接の音声をお聞きになりたい方は，①リスニングアプリ「英語の友」，②音声データダウンロードをご利用ください）
※音声再生中に音声を止めたい場合は，一時停止ボタンを押してください。
※個別に問題を再生したい場合は，問題番号を選んでから再生ボタンを押してください。
※音声の再生には多くの通信量が必要となりますので，Wi-Fi環境でのご利用をおすすめいたします。

Web特典について

購入者限定の「Web特典」を，みなさんの英検合格にお役立てください。

ご利用可能期間	**2020年2月20日～2021年8月31日** ※本サービスは予告なく変更，終了することがあります。		
アクセス方法	スマートフォンタブレット	右のQRコードを読み込むと， パスワードなしでアクセスできます！	
	PCスマートフォンタブレット共通	1. Web特典（以下のURL）にアクセスします。 　https://eiken.obunsha.co.jp/p2q/ 2. 本書を選択し，以下のパスワードを入力します。 　**igsnwt**　※すべて半角アルファベット小文字	

〈特典内容〉

(1)自動採点サービス

リーディング（筆記1～4），リスニング（第1部～第3部）の自動採点ができます。詳細はp.8を参照してください。

(2)解答用紙

本番にそっくりの解答用紙が印刷できるので，何度でも過去問にチャレンジすることができます。

(3)音声データのダウンロード

一次試験リスニング・二次試験面接の音声データ（MP3）を無料でダウンロードできます。

(4)準2級面接対策

【面接シミュレーション】入室から退室までの面接の流れが体験できます。本番の面接と同じ手順で練習ができるので，実際に声に出して練習してみましょう。

【面接模範例】入室から退室までの模範応答例を見ることができます。各チェックポイントで，受験上の注意点やアドバイスを確認しておきましょう。

【問題カード】面接シミュレーションで使用している問題カードです。印刷して，実際の面接の練習に使ってください。

自動採点サービスの利用方法

正答率や合格ラインとの距離，間違えた問題の確認などができるサービスです。

ご利用 可能期間	2020年2月20日〜2021年8月31日 ※本サービスは予告なく変更，終了することがあります。	
アクセス 方法	スマートフォン タブレット	右のQRコードを読み込んでアクセスし，採点する検定の回を選択してください。
	PC スマートフォン タブレット 共通	p.7の手順で「Web特典」にアクセスし，「自動採点サービスを使う」を選択してご利用ください。

［ご利用方法］

1 オンラインマークシートにアクセスします
Web特典の「自動採点サービスを使う」から，採点したい検定回を選択するか，各回のマークシートおよび問題編の各回とびらのQRコードからアクセスします。

2 「問題をはじめる」ボタンを押して筆記試験を始めます
ボタンのタッチでタイマーが動き出します。制限時間内に解答できるよう，解答時間を意識して取り組みましょう。

8

3 筆記試験を解答し終わったら，タイマーボタン  を押して
タイマーをストップさせます

4 リスニングテストは画面下にある音声再生ボタンを押して
音声を再生し，問題に取り組みましょう
一度再生ボタンを押したら，最後の問題まで自動的に
進んでいきます。

5 リスニングテストが終了したら，
「答え合わせ」ボタンを押して答え合わせをします

採点結果の見方

タブの選択で【正答率・順位】と【問題ごとの正誤】が切り替えられます。

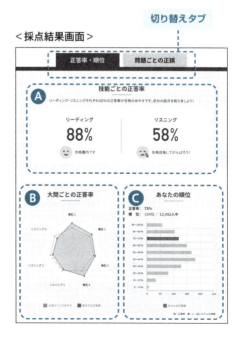

＜採点結果画面＞

【正答率・順位】
- Ⓐ 技能ごとの正答率が表示されます。準2級の合格の目安，正答率60％を目指しましょう。
- Ⓑ 大問ごとの正答率が表示されます。合格ラインを下回る問題は，対策に力を入れましょう。
- Ⓒ 採点サービス利用者の中でのあなたの順位が示されます。

【問題ごとの正誤】
各問題のあなたの解答と正解が表示されます。間違っている問題については色で示されますので，別冊解答の解説を見直しましょう。

9

資料提供：公益財団法人 日本英語検定協会

英検準2級について

準2級では、「日常生活に必要な英語を理解し、また使用できる」ことが求められます。入試優遇や単位認定などに幅広く活用されています。目安としては「高校中級程度」です。

※2020年1月15日現在の情報です。
　最新情報は英検ウェブサイトをご確認ください。

英検Can-doリスト（英検合格者の実際の英語使用に対する自信の度合い）より

読む
簡単な説明文を理解したり、図や表から情報を得ることができる。

聞く
日常生活での話題や簡単な説明・指示を理解することができる。

話す
日常生活で簡単な用を足したり、興味・関心のあることについて自分の考えを述べることができる。

書く
興味・関心のあることについて簡単な文章を書くことができる。

試験内容

一次試験　筆記・リスニング

主な場面・状況	家庭・学校・職場・地域（各種店舗・公共施設を含む）・電話・アナウンスなど
主な話題	学校・趣味・旅行・買い物・スポーツ・映画・音楽・食事・天気・道案内・海外の文化・人物紹介・歴史・教育・科学・自然・環境など

筆記試験　⏱ 75分

問題	形式・課題詳細	問題数	満点スコア
1	短文の空所に文脈に合う適切な語句を補う。	20問	600
2	会話文の空所に適切な文や語句を補う。	5問	
3	パッセージ（長文）の空所に文脈に合う適切な語句を補う。	5問	
4	パッセージ（長文）の内容に関する質問に答える。	7問	
5	与えられた質問に対して自分の意見とその裏付けとなる理由を書く。（50〜60語）	1問	600

リスニング　⏱ 約25分　放送回数/1回

問題	形式・課題詳細	問題数	満点スコア
第1部	会話の最後の発話に対する応答として最も適切なものを補う。	10問	600
第2部	会話の内容に関する質問に答える。	10問	
第3部	短いパッセージの内容に関する質問に答える。	10問	

二次試験 面接形式のスピーキングテスト

主な場面・題材	日常生活の話題
過去の出題例	ホームシアター・ボランティアガイド・電子辞書・食品フェア・映画祭・プリペイドカードなど

スピーキングテスト 約6分

問題	形式・課題詳細	満点スコア
音読	50語程度のパッセージを読む。	600
No.1	音読したパッセージの内容についての質問に答える。	
No.2	イラスト中の人物の行動を描写する。	
No.3	イラスト中の人物の状況を説明する。	
No.4	カードのトピックに関連した内容についての質問に答える。	
No.5	日常生活の身近な事柄についての質問に答える。 （カードのトピックに直接関連しない内容も含む）	

4種類の英検®

英検には、実施方式が異なる4種類の試験があります。実施時期や受験上の配慮など、自分に合った方式を選択しましょう。なお、従来型の英検とその他の英検の**問題形式、難易度、級認定、合格証明書発行、英検CSEスコア取得等はすべて同じです。**

英検®（従来型）	紙の問題冊子を見て解答用紙に解答。二次試験（S）を受験するためには、一次試験（RLW）に合格する必要があります。
英検CBT®	コンピュータを使って1日で4技能を受験。Sはコンピュータを使った録音式で実施されます。
英検 2020 1 day S-CBT®	RLWは解答用紙に記入、Sはコンピュータを使った録音式。1日で4技能を受験することができます。
英検 2020 2 days S-Interview®	点字や吃音等、CBT方式では対応が難しい受験上の配慮が必要な方のみが受験可能。

RはReading、LはListening、WはWriting、SはSpeakingを表します。

受験する級によって選択できる方式が異なります。各方式の詳細および最新情報は英検ウェブサイト（https://www.eiken.or.jp/eiken/）をご確認ください。

◎ 合否判定方法

統計的に算出される英検CSEスコアに基づいて合否判定されます。Reading、Writing、Listening、Speakingの4技能が均等に評価され、合格基準スコアは固定されています。

■技能別にスコアが算出される！

技　能	試験形式	満点スコア	合格基準スコア
Reading（読む）	一次試験（筆記1〜4）	600	1322
Writing（書く）	一次試験（筆記5）	600	
Listening（聞く）	一次試験（リスニング）	600	
Speaking（話す）	二次試験（面接）	600	406

● 一次試験の合否は、Reading、Writing、Listeningの技能別にスコアが算出され、それを合算して判定されます。
● 二次試験の合否は、Speakingのみで判定されます。

■合格するためには、技能のバランスが重要！

英検CSEスコアでは、技能ごとに問題数は異なりますが、スコアを均等に配分しているため、各技能のバランスが重要となります。なお、正答数の目安を提示することはできませんが、2016年度第1回一次試験では、1級、準1級は各技能での正答率が7割程度、2級以下は各技能6割程度の正答率の受験者の多くが合格されています。

■英検CSEスコアは国際標準規格CEFRにも対応している！

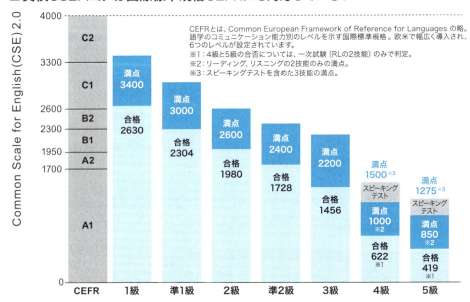

◆ 英検®（従来型）受験情報

■ 2020年度 試験日程

	第1回	第2回	第3回
申込受付	3月13日▶4月28日 （4月24日 書店締切）	8月3日▶9月10日 （9月4日 書店締切）	11月20日▶12月10日 （12月4日 書店締切）
一次試験	5月31日（日）	10月11日（日）	2021年 1月24日（日）
二次試験	A 6月28日（日） B 7月5日（日）	A 11月8日（日） B 11月15日（日）	A 2021年 2月21日（日） B 2021年 2月28日（日）

※二次試験にはA日程、B日程があり、条件により協会が指定します（日程の選択は不可）。詳しくは英検ウェブサイトをご覧ください。

■ 申込方法

団体受験：学校や塾などで申し込みをする団体受験もあります。詳しくは先生にお尋ねください。
個人受験：下記いずれかの方法でお申し込みください。

インターネット（願書不要）	英検ウェブサイトから直接申し込む。検定料は、クレジットカード、コンビニ、郵便局ATM、楽天ペイで支払う。
コンビニ（願書不要）	ローソン、ミニストップ、セブン-イレブン、ファミリーマートの店頭の情報端末に入力し、「申込券」が出力されたら検定料をレジで支払う。
英検特約書店（要願書）	書店で検定料を支払い、「書店払込証書」と「願書」を協会へ郵送。

※申込方法は変更になる場合があります。

■ 検定料

1級	準1級	2級	準2級	3級	4級	5級
10,300円	8,400円	7,400円	6,900円	5,900円	3,600円	3,000円

（本会場料金／税込）※検定料は変更になる場合があります。

※ 1〜3級の「一次免除者（一次試験に合格し、二次試験を棄権または不合格になった人は、一次試験を1年間免除され、二次試験から受験することができる）」の検定料は、通常の受験者と同額です。

お問い合わせ先

英検サービスセンター ☎ **03-3266-8311** 月〜金 9:30〜17:00（祝日・年末年始を除く）

英検ウェブサイト **www.eiken.or.jp/eiken/** 試験についての詳しい情報を見たり、入試等で英検を活用している学校の検索をすることができます。

2019年度の傾向と攻略ポイント

2019年度第1回検定と第2回検定を分析し，出題傾向と攻略ポイントをまとめました。準2級の合格に必要な正答率は6割程度と予想されます。正答率が6割を切った大問は苦手な分野だと考えましょう。

一次試験　筆記（75分）

1　短文の語句空所補充
1～2文程度の長さから成る文の空所に入る適切な語句を選ぶ。

問題数 **20問**　めやす **12分**

傾向
- 単語　例年通り，名詞4問，動詞4問，形容詞と副詞各1問が出題された。会話でよく用いられる sort（第1回(8)）や freezing（第2回(2)）が出題された。
- 熟語　全部で7問。基本的な before long（第1回(11)）や電話などで命令文でよく用いられる熟語 hold on（第2回(17)）などが出題された。
- 文法　接続詞の whenever や as の他，未来完了〈will have ＋過去分詞〉が出た。

攻略ポイント
単語・熟語では，派生語や関連表現もおさえよう。文法では，時制，仮定法や受動態，不定詞・動名詞・分詞など動詞に関する項目が特に重要である。

2　会話文の文空所補充
A・B，2人の会話文の空所に適切な文や語句を補う。

問題数 **5問**　めやす **8分**

傾向
空所の後に出てくる内容が解答の決め手になる場合が多い。全体の文脈から判断する問題がほとんどだが，直後の応答からそれに合う疑問文を選ぶ問題もある。

攻略ポイント
解答の際には，空所前の文までで会話の状況（誰と誰の会話か，場所，話題など）を把握し，空所後の文から決め手となる内容を見抜いて判断するのがコツ。

3　長文の語句空所補充
[A] 150語程度，[B] 250語程度の長文の空所に適切な語句を補う。

問題数 **5問**　めやす **15分**

傾向
選択肢は原則複数語からなり，空所は「一般動詞＋α」や be 動詞の後に続く部分がほとんどだが，短い文全体や直前にある名詞の修飾語句のこともある。

攻略ポイント
各段落の中心的内容をつかみ，文章全体の展開を理解しよう。空所前後の文は特に丁寧に読み，文脈から空所部分の意味を予測してから選択肢を選ぶのがコツ。

4　長文の内容一致選択
[A] 200語程度，[B] 300語程度の長文の内容に関する質問に答える。

問題数 **7問**　めやす **20分**

傾向
設問は各段落について1問ずつ出題される。[A] は個人的なメール，[B] は社会的・科学的な内容（第1回は消防の歴史，第2回はアボカドについて）である。

攻略ポイント
まず，質問の語句を手がかりに，問われている部分を本文中から探す。解答のカギはその前後にあることが多いので注意して読もう。段落ごとに解くのもよい。

5 英作文
質問に対する回答を英文で書く。

問題数 **1問**
めやす **20分**

傾向 ▸ 質問は，賛成・反対を問うものが基本だが二者選択など別のタイプもある。第1回では一軒家かアパートか，第2回では英語学習の開始に最適な年齢が問われた。

攻略ポイント ▸ 「意見（立場表明）」→「理由2つ」→「まとめ」という基本的な型を意識して書きたい。理由は2文程度に膨らませて書き，自分の選んだ立場を支持する内容になっていることを確認しよう。表現のバリエーションにも気をつけたい。

一次試験　リスニング（約25分）

第1部　会話の応答文選択
会話の最後の発言に対する応答として最も適切なものを補う。

問題数 **10問**

傾向 ▸ 大きく分けて，文脈から会話の最後の発言に対して適切な応答や感想を選ぶ問題と，最後が疑問文でそれに対する適切な答えを選ぶ問題に類別できる。

攻略ポイント ▸ 最初のやりとりから，この会話が誰と誰の会話で，どんな状況であるのかをすばやくつかむ。道案内や店やレストランでの会話，電話での問い合わせなどの典型的なやりとりについては，普段から意識して定型表現をおさえておきたい。

第2部　会話の内容一致選択
会話の内容に関する質問に答える。
問題数 **10問**

第3部　文の内容一致選択
短い文章の内容に関する質問に答える。
問題数 **10問**

傾向 ▸ 第2部では，友人・親子・夫婦などの会話の他に，店や通りでの会話が出題された。電話での会話も2題ほど出題される。第3部では，ある人物の体験・出来事の話が過半数を占めるが，他にアレクサンドロス大王（第1回）やアメリカ国旗（第2回）の説明，学校やバレエ劇場でのお知らせの放送などが出題された。

攻略ポイント ▸ 会話の状況とトピックをすばやく理解し，話の流れをつかんだ上で，質問を正確に聞き取るのがコツ。余裕があれば，放送が始まる前に選択肢にさっと目を通しておこう。質問内容を予想した上で聞くと効率良く解答できる。

二次試験　面接（約6分）

英語の文章と2つのイラストの描かれたカードが渡される。20秒の黙読の後，文章の音読をするよう指示される。それから5つの質問がされる。

No. 1 文章に関する質問。soやby doing soなどが指す部分を見抜くのがカギ。
No. 2 イラストAに描かれた人物の5つの動作について，現在進行形を用いて説明する。
No. 3 イラストBの人物について，解答のポイントを2点読み取り，説明する。
No. 4 / No. 5 受験者自身の意見を問う質問。No. 4は一般的な内容の質問，No. 5は個人的な事柄に関する質問である。Yes / Noと答えた後，その理由などを2文程度で説明する。はっきりと答えることやアイコンタクトなどの面接態度にも気を配ろう。

二次試験・面接の流れ

(1) 入室とあいさつ

係員の指示に従い，面接室に入ります。あいさつをしてから，面接委員に面接カードを手渡し，指示に従って，着席しましょう。

(2) 氏名と受験級の確認

面接委員があなたの氏名と受験する級の確認をします。その後，簡単なあいさつをしてから試験開始です。

(3) 問題カードの黙読

英文とイラストが印刷された問題カードを手渡されます。まず，英文を20秒で黙読するよう指示されます。英文の分量は50語程度です。

※問題カードには複数の種類があり，面接委員によっていずれか1枚が手渡されます。本書では英検協会から提供を受けたもののみ掲載しています。

(4) 問題カードの音読

英文の音読をするように指示されるので，英語のタイトルから読みましょう。時間制限はないので，意味のまとまりごとにポーズをとり，焦らずにゆっくりと読みましょう。

(5) 5つの質問

音読の後，面接委員の5つの質問に答えます。No.1～3は問題カードの英文とイラストについての質問です。No.4・5は受験者自身の意見を問う質問です。No.3の質問の後，カードを裏返すように指示されるので，No.4・5は面接委員を見ながら話しましょう。

(6) カード返却と退室

試験が終了したら，問題カードを面接委員に返却し，あいさつをして退室しましょう。

※二次試験にはA日程とB日程がありますが，受験級・申込方法・年齢・希望受験地等により，どちらかを指定されます。日程を選択・変更することはできません。詳しくは英検ウェブサイトをご確認ください。

2019-2

一次試験 2019.10.6 実施
二次試験 A日程 2019.11. 3 実施
　　　　 B日程 2019.11.10実施

Grade Pre-2

試験時間

筆記：75分

リスニング：約25分

一次試験・筆記　　　　　p.18～30
一次試験・リスニング　　p.32～35
二次試験・面接　　　　　p.36～39

＊解答・解説は別冊p.5～40にあります。
＊面接の流れは本書p.16にあります。

2019 年度第 2 回

Web 特典「自動採点サービス」対応
オンラインマークシート

※検定の回によって QR コードが違います。
※筆記1～4，リスニングの採点ができます。
※ PC からも利用できます（本書 p.8 参照）。

一次試験
筆 記

1 次の (1) から (20) までの (   ) に入れるのに最も適切なものを 1, 2, 3, 4 の中から一つ選び，その番号を解答用紙の所定欄にマークしなさい。

(1) *A:* Did you know that the singer Kim Ellis (   ) in a movie?
B: Yes. She played a nurse in the movie *Grand City Hospital.*
1 traded   **2** wondered   **3** acted   **4** received

(2) *A:* Scott, it's (   ) outside. Put on a warm jacket.
B: I will, Mom. I'm going to wear my gloves and hat, too.
1 emotional   **2** freezing   **3** delicious   **4** complete

(3) Most customers at Anthony's restaurant (   ) nonsmoking tables, so he made the restaurant nonsmoking only.
1 handled   **2** requested   **3** doubled   **4** crashed

(4) *A:* They have so many pretty dresses in this shop. Which one are you going to buy?
B: That's a difficult (   ). I like a lot of them.
1 surprise   **2** partner   **3** custom   **4** decision

(5) *A:* Excuse me. Are there any special events at this art museum right now?
B: Yes. We're having an (   ) of paintings by Russian artists of the 20th century.
1 exhibition   **2** environment   **3** explosion   **4** encounter

(6) The car company's newest car became very popular, and the company made a huge (   ). The president gave a large bonus to the car's designer.
1 border   **2** profit   **3** harvest   **4** matter

(7) Monica saw a beautiful statue of a horse on her trip to Paris. She walked around it to take pictures from different (   ).
1 angles   **2** ranks   **3** trades   **4** values

(8) Andrew cooked his steak for too long. When he started eating it, it was dry and difficult to (   ).
1 shoot   **2** draw   **3** chew   **4** weigh

(9) Cindy's son knows a lot about computers. Whenever Cindy's computer needs to be (   ), she asks him for help.

1 repaired **2** guessed **3** exercised **4** greeted

(10) *A:* Please fill out this application form carefully. If you don't write everything (   ), you'll have to fill out a new one.
B: OK. I'll be careful to do it right the first time.

1 lately **2** physically **3** mainly **4** correctly

(11) *A:* Why are you reading that book on European history, Jasmine? Is it for a class?
B: No. I'm just reading it (   ). I love history.

1 with luck **2** on time **3** by heart **4** for fun

(12) Peter was worried about starting his new job, but his co-workers were so friendly that they made him feel (   ) home right away.

1 in **2** at **3** on **4** for

(13) Alice (   ) a book on the top shelf, but she was not tall enough to get it. She asked her father to help her.

1 came out **2** turned off **3** took over **4** reached for

(14) *A:* I don't like it when Jim talks about his favorite soccer team.
B: I know. He doesn't seem to understand that we don't (   ) soccer. I wish he would talk about something else.

1 search for **2** look after **3** care about **4** hear from

(15) *A:* Alex, I told the class to stop writing. Why is your pencil still in your hand? Please (   ) on your desk.
B: I'm sorry, Mr. Smith. I just wanted to finish one more question on the test.

1 lay it down **2** run it over **3** make it out **4** show it off

(16) *A:* Excuse me. Can you tell me where the library is?
B: Sure. You just (   ) by it. It's behind you, on the right.

1 tried **2** passed **3** knew **4** rose

(17) *A:* Are you ready to go? We're going to be late for school.
B: Could you (　　) on? I need to finish my breakfast.
1 take　　　　**2** come　　　**3** hold　　　　**4** keep

(18) Carol wanted to keep swimming in the ocean. However,
(　　) it was getting dark, her mother told her that it was time
to go home.
1 as　　　　　**2** unless　　　**3** though　　　**4** until

(19) Jeremy collected $20 from all the members of his class to pay
for the graduation party, but it was not enough. He is going to
ask them all to pay (　　) dollar.
1 each other　　**2** the other　　**3** another　　**4** other

(20) The news report said that the police found the stolen diamonds
(　　) inside the man's bag. He was trying to get on a plane to
Mexico.
1 hidden　　　**2** hid　　　**3** hide　　　**4** to hide

2 次の四つの会話文を完成させるために, (21) から (25) に入るものとして最も適切なものを 1, 2, 3, 4 の中から一つ選び, その番号を解答用紙の所定欄にマークしなさい。

(21) **A:** Are you ready to go to the beach, Gary?
B: (**21**), Susie. I need to find my towel.
A: We were planning to leave an hour ago. Why aren't you ready yet?
B: Oh, I was making some sandwiches to take with us.

1 Let's get lunch first
2 I went there already
3 Help yourself
4 Just a minute

(22) **A:** Welcome to the Oregon Hotel. How can I help you?
B: Well, I don't have a reservation, but I'd like to stay here.
A: All right. We still have some rooms available. (**22**)?
B: I'm here for some business meetings, so I need to stay for a night.

1 How long will you stay
2 When did you book a room
3 Where are you staying
4 What type of room do you want

(23) **A:** Hi, Julia. I heard that you (**23**).
B: Yes, that's right. I'm going to start next week.
A: Where is your new office?
B: It's on Scarlet Street, next to the hospital.

1 are going to study online
2 moved to a new house
3 got a new job
4 will buy a new car

A: Welcome to Taco Reina. What would you like to eat?
B: First, (**24**   ). What's in the Taco Super Combo?
A: You get two tacos, one bag of chips, and a drink.
B: That sounds good. I'll get that.
A: OK, sir. And what drink would you like?
B: I think (**25**   ).
A: I'm sorry, sir. You can only get a cold drink.
B: I see. I'll have a cola, then.

(24)   **1**   I bought some tacos
       2   I have a question
       3   I've already ordered
       4   I'll just get a drink

(25)   **1**   I'll have a cup of coffee
       2   I'll try the frozen juice
       3   I'm very thirsty
       4   I have no money

19年度第2回　筆記

（筆記試験の問題は次のページに続きます。）

23

3 次の英文 [A], [B] を読み，その文意にそって (26) から (30) までの (　　) に入れるのに最も適切なものを 1, 2, 3, 4 の中から一つ選び，その番号を解答用紙の所定欄にマークしなさい。

[A]
Trying a New Recipe

　　Julie went to her friend Linda's house for dinner last month. Linda is an excellent cook, and she makes many kinds of dishes from all over the world. She often invites her friends over and lets them try her food. When Julie went to Linda's house, Linda had made lasagna. Julie thought it was delicious, and she wanted to (　**26**　). She asked Linda for the recipe so that she could cook it for her family.

　　On the weekend, Julie made the lasagna in her kitchen. Although she followed the recipe carefully, her lasagna did not taste as good as Linda's lasagna. She called Linda and asked for her advice. Linda said the lasagna needed to be (　**27**　). So, Julie put it back in the oven and took it out again 20 minutes later. This time, it tasted much better.

(**26**)　1　help to cook it　　　　　2　make it herself

　　　　　3　study about it　　　　　　4　heat it up

(**27**)　1　in a big pot　　　　　　　2　at her house

　　　　　3　eaten faster　　　　　　　4　cooked longer

[B]
School for Shepherds

A shepherd is a person who takes care of sheep. Shepherds work long hours in all kinds of weather. They watch sheep to protect them from wolves and other animals while the sheep are eating or sleeping. It is a hard job. When the sheep have finished eating all of the grass in one place, they move to a different place (**28**). This way, the sheep always have enough food to eat.

In the mountains of Catalonia in Spain, shepherds have worked for many centuries. Traditionally, shepherds taught their sons how to take care of sheep, and the same families have been working in the same areas for many years. However, nowadays, (**29**). Many young people do not want to work on their family's land, so shepherds are not able to teach their children important skills. In fact, in 2009, there were only 12 shepherds in Catalonia.

In order to attract more people, a school for shepherds was opened in 2009. Students spend several months studying about sheep. Then, they move out to the mountains to work with and learn skills from an experienced shepherd. Many of these students have already graduated from regular universities and worked at well-paying jobs in the city. However, they want to (**30**). They are interested in finding a job where they can work in nature and learn more about producing food. Hopefully, this will help to keep old traditions alive.

(28) **1** to stay safe from wolves   **2** with many animals
      3 when it is easier to move   **4** where there is more grass

(29) **1** there are fewer shepherds
      2 young people are moving there
      3 sheep are getting older
      4 more farms are being built

(30) **1** learn easy tasks   **2** work in the city
      3 try something new   **4** make more money

25

次の英文 [A], [B] の内容に関して, **(31)** から **(37)** までの質問に対して最も適切
なもの, または文を完成させるのに最も適切なものを **1, 2, 3, 4** の中から一つ
選び, その番号を解答用紙の所定欄にマークしなさい。

4

[A]

From: David Masters <dmasters88@ymail.com>
To: Bethany Masters <b-masters@intermail.com>
Date: October 6
Subject: Lifeguard

Hi Aunt Bethany,

How have you been? I've really missed you since you moved
to Washington. I've been busy at college. You know that I've
been on the swim team for a few years, and I've become really
good at swimming. This year, I applied for a job at a swimming
pool. I'll be a lifeguard, so it'll be my job to keep swimmers
safe.

One of my teammates suggested the job to me. In order to get
it, I had to take a swimming test. It was actually very hard. I
had to swim 400 meters without stopping. I also had to get a
5-kilogram brick from the bottom of the other end of the pool.
It was very heavy, and I had to carry it back in only one minute.

Anyway, I hope you get the chance to visit us soon. Dad really
misses you. He talks a lot about things you used to do together
when you were kids. Some of the stories are so funny! I hope
you can tell me some stories the next time I see you. Also,
Mom says that she liked the gardening book you sent her for
her birthday last month.

Your nephew,

David

(31) David tells Aunt Bethany that he

    1 will work at a swimming pool.
    2 joined the swim team this year.
    3 is going to move to Washington.
    4 has a lot of free time these days.

(32) What did David have to do in his swimming test?

    1 Find a way to keep his teammates safe.
    2 Win a race against all the other swimmers.
    3 Show that he can swim while carrying something heavy.
    4 Work together with his team to reach the bottom of the pool.

(33) What does David's father often do?

    1 Tell stories about what he and Bethany did.
    2 Visit his friends and family back in Washington.
    3 Spend time playing with his children.
    4 Read books about gardening for work.

[B]
A Fruit from a Different Time

The avocado grows on trees in warm countries like Mexico and Brazil. On the outside, avocados are dark, but on the inside they are bright green and have a large seed in the center. People enjoy eating them in salads or in other dishes. Because avocados are not sweet, many people think they are vegetables. However, according to scientists, they are a type of fruit since they have a seed inside.

The fruit and seed are important for plants such as avocados. When animals eat a fruit, they usually eat its seeds, too. They carry the seeds around in their stomachs. This is how seeds are spread from one place to the next. However, the avocado has a large seed that is too big for modern animals to eat. Daniel Janzen, a biology professor at the University of Pennsylvania, wanted to find the reason for this. In ancient times, there were huge elephants and horses. Janzen found out that these large animals ate avocados and spread the seeds around Central and South America.

Around 13,000 years ago, though, these large animals all died, so avocado seeds were not spread by them anymore. Then, around 10,000 years ago, a group of humans moved to these areas and began eating avocados. They enjoyed the taste, and soon, they started growing them on farms. Over time, avocados became one of the most important foods in Central and South America.

There are now over 500 types of avocados grown around the world. However, the Hass avocado is the most common. It was first grown in California by a man named Rudolph Hass. His avocado trees were popular because the avocados tasted good and each tree grew a large number of avocados. As a result, many farmers started to grow his trees. Now, around 80 percent of all avocados that are grown around the world are Hass avocados.

(34) What do many people believe about avocados?

1 They should eat ones that are dark on the inside.
2 They should buy ones that are grown in Mexico and Brazil.
3 They think that they are vegetables because of their taste.
4 They think that their seeds are too big to be eaten in salads.

(35) Daniel Janzen discovered that

1 plant seeds are spread by the animals that eat them.
2 large animals used to spread avocado seeds.
3 elephants and horses prefer seeds to vegetables.
4 many modern animals enjoy eating fruit with large seeds.

(36) What happened around 10,000 years ago?

1 Large animals stopped eating avocados.
2 Humans began to produce avocados for food.
3 The avocado plant was brought to Central and South America.
4 Many animals died because they had trouble finding food.

(37) What is true about the Hass avocado?

1 It does not taste as good as other types of avocados.
2 It is the most popular type of avocado.
3 Its trees can only be grown in California.
4 Its trees cannot produce as many avocados as other trees.

ライティング

5
- ●あなたは，外国人の知り合いから以下の QUESTION をされました。
- ● QUESTION について，あなたの意見とその理由を 2 つ英文で書きなさい。
- ●語数の目安は 50 語〜60 語です。
- ●解答は，解答用紙の B 面にあるライティング解答欄に書きなさい。なお，解答欄の外に書かれたものは採点されません。
- ●解答が QUESTION に対応していないと判断された場合は，0 点と採点されることがあります。 QUESTION をよく読んでから答えてください。

QUESTION
What is the best age for people to start learning English?

（リスニングテストは次のページにあります。）

一次試験
リスニング

準2級リスニングテストについて

1 このリスニングテストには，第1部から第3部まであります。
　☆英文はすべて一度しか読まれません。
　第1部：対話を聞き，その最後の文に対する応答として最も適切なものを，放送される
　　　　1，2，3の中から一つ選びなさい。
　第2部：対話を聞き，その質問に対して最も適切なものを1，2，3，4の中から一つ選
　　　　びなさい。
　第3部：英文を聞き，その質問に対して最も適切なものを1，2，3，4の中から一つ選
　　　　びなさい。
2 No. 30 のあと，10秒すると試験終了の合図がありますので，筆記用具を置いてください。

|||| 第1部 ||||||||||||||||||||||||||||||||||||||||||| ◀》 ▶MP3 ▶アプリ ▶CD 1 **1**～**11**

No. 1～No. 10（選択肢はすべて放送されます。）

|||| 第2部 ||||||||||||||||||||||||||||||||||||||||||| ◀》 ▶MP3 ▶アプリ ▶CD 1 **12**～**22**

No. 11
1 Make dinner.
2 Go to the store.
3 Call her husband.
4 Eat some ice cream.

No. 12
1 She likes hot weather.
2 She is good at cooking.
3 She will stay in a beautiful hotel.
4 She plans to take photos in France.

No. 13
1 It will move across the street.
2 It has sold out of *Fashion World* magazine.
3 It does not sell magazines.
4 It will not be getting any more books.

No. 14	1 By car.
	2 By plane.
	3 By bus.
	4 By train.

No. 15	1 She was lost.
	2 She sells maps.
	3 She lives on Grant Street.
	4 She works near a park.

No. 16	1 Change her plane ticket.
	2 Make some cookies.
	3 Buy some gifts.
	4 Take two suitcases to China.

No. 17	1 To ask her what she wants to eat.
	2 To give her a message from her mother.
	3 To ask about a hair salon.
	4 To find out why she is late.

No. 18	1 She is staying there.
	2 She is meeting a guest.
	3 She wants to work there.
	4 She wants to see the lobby.

No. 19	1 To ask about the restaurant's menu.
	2 To get directions to the restaurant.
	3 To make a reservation for dinner.
	4 To order some special food items.

No. 20	1 Buy Jill a new pencil case.
	2 Give Jill more homework.
	3 Lend Jill an eraser.
	4 Go to the computer room with Jill.

第 3 部 ◀) ▸MP3 ▸アプリ ▸CD1 23〜33

No. 21
1 Find a good pet shop.
2 Promise to take care of it.
3 Get better grades in school.
4 Walk with her parents every day.

No. 22
1 Try some new hobbies.
2 Travel to China.
3 Buy a computer.
4 Teach a cooking class.

No. 23
1 They must not take pictures of animals.
2 They are not allowed to leave the bus.
3 Giraffes are safe to touch.
4 Buses can be dangerous for animals.

No. 24
1 She read books about skiing.
2 She practiced by herself.
3 She trained all winter.
4 She had a lesson.

No. 25
1 A star was added for Hawaii.
2 More cities became stars on the flag.
3 Its colors were changed.
4 Numbers were put on the flag.

No. 26
1 She knows him very well.
2 She is a new student.
3 He seemed lonely.
4 He asked her to.

No. 27
1 There are no rivers near their house.
2 There is not enough time to go fishing.
3 They are not allowed to fish in the river.
4 They have not caught many fish lately.

No. 28

1 People must not take pictures.
2 People may use their phones at any time.
3 The performance will not start on time.
4 The performance will be recorded on video.

No. 29

1 He lost his soccer tickets.
2 He watched a soccer match.
3 He visited a soccer stadium.
4 He met a famous soccer player.

No. 30

1 He was the youngest orchestra member.
2 He could play music from memory.
3 He never went to a concert.
4 He never listened to music.

19
年度第
2
回

リスニング

面 接

問題カード（A日程）

Coffee Shops with Animals

It is often difficult for people living in apartments to keep pets. Today, however, these people can experience playing with animals at special coffee shops. Some coffee shops keep a variety of animals to play with, and by doing so they attract many customers. These places will probably become even more common.

A

B

Questions

No. 1   According to the passage, how do some coffee shops attract many customers?

No. 2   Now, please look at the people in Picture A. They are doing different things. Tell me as much as you can about what they are doing.

No. 3   Now, look at the man and the woman in Picture B. Please describe the situation.

Now, Mr. / Ms. ____, please turn over the card and put it down.

No. 4   Do you think people will eat at restaurants more often in the future?
Yes. → Why?
No. → Why not?

No. 5   There are many different kinds of housework. Do you do any housework?
Yes. → Please tell me more.
No. → Why not?

問題カード (B日程) MP3 アプリ CD1 39〜42

Visiting Islands

Many Japanese islands have plants and trees that cannot be found in other places. Because of this, they are popular places for visitors. Some nature guides offer tours of their islands, and by doing so they help visitors learn about special environments. These places will attract more people in the future.

A

B

Questions

No. 1   According to the passage, how do some nature guides help visitors learn about special environments?

No. 2   Now, please look at the people in Picture A. They are doing different things. Tell me as much as you can about what they are doing.

No. 3   Now, look at the boy in Picture B. Please describe the situation.

Now, Mr. / Ms. _____, please turn over the card and put it down.

No. 4   Do you think traveling in a group is better than traveling alone?
Yes. → Why?
No. → Why not?

No. 5   Many people enjoy going to amusement parks on weekends. Do you like to go to amusement parks?
Yes. → Please tell me more.
No. → Why not?

2019-1

一次試験 2019.6.2 実施
二次試験　A日程　2019.6.30 実施
　　　　　B日程　2019.7. 7 実施

Grade Pre-2

試験時間

筆記：75分

リスニング：約25分

一次試験・筆記　　　　　p.42〜54
一次試験・リスニング　　p.56〜59
二次試験・面接　　　　　p.60〜63

＊解答・解説は別冊p.41〜76にあります。
＊面接の流れは本書p.16にあります。

2019年度第1回

Web 特典「自動採点サービス」対応
オンラインマークシート

※検定の回によってQRコードが違います。
※筆記1〜4，リスニングの採点ができます。
※PCからも利用できます（本書 p.8 参照）。

一次試験
筆　記

1 次の (1) から (20) までの (　　) に入れるのに最も適切なものを 1, 2, 3, 4 の中から一つ選び，その番号を解答用紙の所定欄にマークしなさい。

(1) Josh and Samantha wanted to do their homework together this weekend, but they could not find a time to meet. They decided to work (　　) and check their answers before class on Monday.

1 noisily　　**2** exactly　　**3** clearly　　**4** separately

(2) Last Saturday, Pete and his family drove to the beach. In order to avoid the heavy (　　) on the highway, they left early in the morning.

1 traffic　　**2** pride　　**3** rhythm　　**4** temple

(3) *A:* I left my notebook somewhere. Do you have a (　　) of paper I could use to take notes?
B: Yes. Here you are.

1 board　　**2** flash　　**3** sheet　　**4** part

(4) Because William was gaining a lot of weight, his doctor (　　) him to start exercising and to eat healthier food.

1 stretched　　**2** planted　　**3** trusted　　**4** advised

(5) The teacher told the students to (　　) their chairs in a circle so that they would all be able to see each other while they talked.

1 arrange　　**2** block　　**3** skip　　**4** offer

(6) Mike has lived in Seattle for two years. He enjoys living there, but he does not like the cool, rainy (　　).

1 climate　　**2** surface　　**3** excuse　　**4** design

(7) Ms. Kirshman was surprised at the large number of people who (　　) her lecture on gardening. There were almost no empty seats in the room.

1 sailed　　**2** attended　　**3** guarded　　**4** failed

42

(8)   *A:* Brad, what (   ) of music do you usually listen to?
      B: I like hip-hop, but I also listen to jazz.
      1 position   **2** price   **3** sort   **4** shape

(9)   The street outside Lisa's apartment building is very (   ). It
      is only wide enough for one car, and trucks cannot enter at all.
      1 balanced   **2** careful   **3** narrow   **4** suitable

(10) Everyone says that Kathy (   ) her mother. They have the
      same large eyes and smile in the same way.
      1 instructs   **2** bothers   **3** seeks   **4** resembles

(11) *A:* Hello, Jane. Where are you? The movie will start soon.
      B: Sorry, I'll be there before (   ). Please wait for me for
      five more minutes.
      1 long   **2** little   **3** less   **4** late

(12) Mark started playing a new video game. It was really exciting,
      so he played it all (   ) the night. The next day, he was
      really tired.
      1 across   **2** on   **3** down   **4** through

(13) James asked his father to lend him the money to go on a trip
      with his friends. His father said it was (   ) the question and
      told James to get a part-time job instead.
      1 except for   **2** out of   **3** all about   **4** next to

(14) *A:* Let's have a barbecue in the park.
      B: No, that would be (   ) the park's rules. We can have one
      in our backyard, though.
      1 behind   **2** against   **3** under   **4** with

(15) Sam studied for his math test every evening last week. His hard
      work (   ) a very good score on the test.
      1 looked up   **2** resulted in **3** dropped by   **4** turned off

(16) Helen took someone else's jacket (   ) when she left school.
      She went back later to return it.
      1 for sure   **2** in part   **3** at heart   **4** by mistake

(17) Reiko told her parents that she would call them as soon as she got to Vancouver, but she did not keep her (   ). Her parents were worried about her.

1 mind   **2** place   **3** promise   **4** sight

(18) (   ) the train home last night, Amy remembered that it was her grandfather's birthday. She went to a store by the station to buy a present for him.

1 Ridden   **2** Ride   **3** Rode   **4** Riding

(19) *A:* Have you read that book I lent you?
B: I'm still reading it, but I (   ) it by tomorrow morning. I'll give it back to you then.

1 will have finished   **2** had finished
3 would be finished   **4** was finishing

(20) Emily has three children and works every day, so she is very busy. She likes to watch TV (   ) she has a chance to relax.

1 whenever   **2** whichever   **3** whoever   **4** whatever

44

2 次の四つの会話文を完成させるために，(21) から (25) に入るものとして最も適切なものを 1, 2, 3, 4 の中から一つ選び，その番号を解答用紙の所定欄にマークしなさい。

(21) *A:* Thank you for calling Edgy Hair Salon. How can I help you?
B: Hello, I got a haircut at your salon yesterday, and I think I left my blue scarf there.
A: OK, we found one last night. When (**21**)?
B: My office is nearby, so I'll stop by after I finish work at 5 p.m.

1 will you go to work
2 do you want a haircut
3 did you buy a new one
4 can you come to get it

(22) *A:* I was thinking about driving to the movie theater tomorrow. Do you want to meet me there?
B: I want to, but I don't have a car, and the bus doesn't go there from my house.
A: Well, (**22**).
B: That's perfect. I get home from work at 5:45.

1 I can meet you there at 6:15
2 I can pick you up at 6:00
3 you could ride a bus at 5:45
4 you could take a taxi at 5:30

(23) *A:* Mina, you're performing at the jazz music festival at Bluebird Park this weekend, right?
B: I was planning to, but (**23**).
A: Oh, really? Why? I thought it was a popular event.
B: It is, but the weather report says a storm is coming.

1 I don't like jazz music much
2 you're a wonderful performer
3 the event might be canceled
4 the weather will be sunny

45

A: Hello. Citrus Club Restaurant.

B: Hello, my name is Sarah Dunlop. I'd like to make a reservation for Friday evening.

A: All right. (**24**   )?

B: It may change, but I think there will be four adults and five children.

A: Thank you. We have a table for nine people available at 6:30 p.m. Is that OK?

B: Great. Oh, and it's a birthday dinner. Can we (**25**   )?

A: Certainly, we can keep it in the refrigerator for you. We'll serve it after you finish your meal.

B: That sounds great. Thank you!

(24) 1 How many people will there be
2 What is your phone number
3 When will you come
4 Where is the party going to be

(25) 1 cancel the reservation
2 bring our own cake
3 change the time
4 invite more people

19年度第1回　筆記

（筆記試験の問題は次のページに続きます。）

3 次の英文 [A], [B] を読み，その文意にそって (26) から (30) までの (　　) に入れるのに最も適切なものを 1, 2, 3, 4 の中から一つ選び，その番号を解答用紙の所定欄にマークしなさい。

[A]
Running Hard

After Jason graduated from college, he began working at a large company. Every day, he worked late and was very tired, so on weekends he usually rested at home. After a few years, he had gained a lot of weight. He decided to (**26**). He wanted to run a marathon, so he began training before work. It was difficult at first, but he started to enjoy it and lost a lot of weight.

However, one day when Jason was running, his left foot began to hurt. He went to the doctor, and the doctor told him to do some special exercises to make his foot stronger. Jason tried, but his foot still hurt. Then, Jason had an idea. He decided to (**27**). He found a special pair that was made for people who have pain in their feet. He wore them every day. After a few weeks, his foot stopped hurting, and Jason was happy.

(**26**)　**1** eat healthier food　　　　**2** find a new job
　　　　3 start exercising more　　　**4** take a vacation

(**27**)　**1** buy some new shoes　　　**2** stop running
　　　　3 go to the doctor again　　**4** try a different sport

[B]
Goldfish in the Wild

Goldfish are small, colorful fish that are popular pets. Goldfish originally lived only in China. However, these days, many live in rivers all around the world. These goldfish (**28**). This happened because some people did not want to keep their pets anymore. They took the goldfish to a nearby river, and it became the goldfish's new home.

In 2003, a team of scientists began to study the goldfish living in the Vasse River in Australia. The scientists found that goldfish travel long distances up and down the river. Along the way, they eat many plants at the bottom of the river. However, these plants are (**29**) the river's environment. The plants keep the water in the river clean, and they are also food for the other fish and animals that live there. After the goldfish eat many of the plants, the river becomes dirty and many other animals die.

However, the scientists believe that they may have found a way to solve the problem. Usually, the goldfish travel alone in different parts of the river. However, once a year, they all (**30**). This is where they lay their eggs. The scientists say that it is an easy time to catch a large group of goldfish and take them out of the river. They now hope to use this method to stop the goldfish from damaging rivers.

(28) 1 were very friendly to people 2 were put there by humans
   3 lived in China   4 needed more food

(29) 1 made by   2 far from
   3 important for   4 given to

(30) 1 leave the river   2 search for eggs
   3 gather in one spot   4 swim in different ways

次の英文 [A], [B] の内容に関して，(31) から (37) までの質問に対して最も適切なもの，または文を完成させるのに最も適切なものを 1, 2, 3, 4 の中から一つ選び，その番号を解答用紙の所定欄にマークしなさい。

[A]

From: Nicole Hoover <nhoover@summerfun.com>
To: Jeremy Dobbs <j-dobbs77@housemail.com>
Date: May 31
Subject: Summer Fun's Music Camp

Hi Jeremy,

This is Nicole from Summer Fun. Thanks for your e-mail. You asked about the dates of this year's music camps for teenagers and how to apply. Summer Fun has two music camps for teenagers. This year, the first camp is for singing and will be from June 24 to July 7, and the second one is for people who play instruments. It will be from July 22 to August 4. The fee for each camp is $1,500 per person.

Also, you said your younger brother would like to join you this year. Is he at least 13 years old? If so, he can also join. If not, he can still go to Summer Fun's Kid Camp. Those only last for one week. I can tell you the dates for those, too, if you want.

The application form is available on our website. Please print it out and mail it back to us by June 10. Please make sure to have your parents sign the application for you. Payments for the camp must be made by June 15. The explanation for how to pay is on the application. If you have any more questions, please let me know. Thank you.

Sincerely,
Nicole Hoover

(31) Why is Nicole Hoover writing to Jeremy?

1 To ask him what instrument he learned to play.
2 To check his schedule for his music lessons.
3 To answer the questions he asked about camps.
4 To invite him to an event for teenagers.

(32) What does Nicole Hoover say about children under 13?

1 Their camp lasts one week longer.
2 Their camp fee is not expensive.
3 They cannot go to any Summer Fun camps.
4 They can join a camp for kids.

(33) To apply for camp, one thing Jeremy must do is

1 send an e-mail to Nicole Hoover.
2 mail his application form by June 15.
3 get his parents to sign a form.
4 pay the fees by the end of June.

[B] *The History of Firefighting*

Nowadays, most towns and cities have firefighters to put out fires, but it was very different in the past. In early U.S. history, as towns started to grow into larger cities, fires were very dangerous. In the 1700s, most houses were made out of wood. Once a fire started, it could spread very quickly, putting thousands of people in danger. There were no fire departments, so neighbors and volunteers worked together to put out any fire that started in a neighborhood.

In order to put out a fire, people would make a line between the nearest river and the place where the fire was. They passed buckets of water that were collected at the river from one person to the next. Then, the people closest to the fire threw the buckets of water over it. They continued to do this until the fire was put out.

In the 1800s, there were many new inventions to fight fires. Although these tools helped put out fires, they were difficult to use. This meant that people needed to get special training to use them. As a result, special teams of men began to learn to use these tools. They were called firefighters.

By 1910, another important invention changed the way firefighters did their work. This was the fire engine — a type of truck that firefighters use. By using fire engines that carry water, it became faster and easier to put out fires. Because of this, fewer people were needed and the number of firefighters on a team got smaller. Today, firefighters do much more than just put out fires. They are trained for many kinds of emergencies. In fact, firefighters provide help in 70 percent of all emergency medical calls in the United States.

(34) What is one problem people had in U.S. cities in the 1700s?

1 Houses that were made of wood easily caught on fire.
2 People did not learn how to put out fires in their cities.
3 Nobody wanted to work as volunteers at fire departments.
4 It was difficult to find the wood that people needed to build fires.

(35) In the past, neighbors and volunteers

1 lived close to rivers so that there would be fewer fires.
2 bought buckets for firefighters to use for training.
3 collected water from rivers and used it to put out fires.
4 passed buckets to firefighters to help stop fires.

(36) Why did special groups start to train to be firefighters in the 1800s?

1 People thought it was better for men to put out fires than women.
2 New inventions began to cause fires that were difficult to put out.
3 Workers needed a lot of strength to use heavy firefighting tools.
4 It was difficult for people to learn how to use the new firefighting tools.

(37) The number of firefighters on a team became smaller because

1 trucks that carried water made their job easier.
2 the number of emergencies began to go down.
3 people began to call other groups for help.
4 an important invention stopped fires from happening.

ライティング
- ●あなたは，外国人の知り合いから以下の QUESTION をされました。
- ● QUESTION について，あなたの意見とその理由を 2 つ英文で書きなさい。
- ●語数の目安は 50 語〜60 語です。
5
- ●解答は，解答用紙の B 面にあるライティング解答欄に書きなさい。なお，解答欄の外に書かれたものは採点されません。
- ●解答が QUESTION に対応していないと判断された場合は，0 点と採点されることがあります。 QUESTION をよく読んでから答えてください。

QUESTION

Do you think it is better for people to live in a house or in an apartment?

（リスニングテストは次のページにあります。）

一次試験
リスニング

準2級リスニングテストについて

1 このリスニングテストには，第1部から第3部まであります。
 ☆英文はすべて一度しか読まれません。
 第1部：対話を聞き，その最後の文に対する応答として最も適切なものを，放送される
   1，2，3の中から一つ選びなさい。
 第2部：対話を聞き，その質問に対して最も適切なものを1，2，3，4の中から一つ選
   びなさい。
 第3部：英文を聞き，その質問に対して最も適切なものを1，2，3，4の中から一つ選
   びなさい。
2 No. 30のあと，10秒すると試験終了の合図がありますので，筆記用具を置いてください。

第1部 ◀)) ▶MP3 ▶アプリ ▶CD1 43～53

No. 1～No. 10 （選択肢はすべて放送されます。）

第2部 ◀)) ▶MP3 ▶アプリ ▶CD1 54～64

No. 11
1 Find a bus stop.
2 Call her hotel.
3 Go to the information desk.
4 Get on her airplane.

No. 12
1 Go shopping for him.
2 Help him cook dinner.
3 Finish her homework.
4 Clean up her room.

No. 13
1 It is not the chef's recipe.
2 It is not very popular.
3 He helped to create it.
4 Its recipe is a secret.

No. 14
1 By traveling around the world.
2 By learning to speak Italian.
3 By writing a story.
4 By training her dog.

No. 15
1 He usually sits there.
2 He heard the seats are better there.
3 His friends are sitting there.
4 There are no other seats available.

No. 16
1 Have lunch with Carl.
2 Eat French food for lunch.
3 Talk to an exchange student.
4 Go to France as an exchange student.

No. 17
1 Mr. Kay will announce the new play.
2 New members will exchange ideas.
3 He will give a speech.
4 A famous actor will come.

No. 18
1 To start his first day of work.
2 To get a job-application form.
3 To ask about a lost item.
4 To buy some food.

No. 19
1 Listen to her speech.
2 Check her spelling.
3 Call her tomorrow.
4 Come to a speech contest.

No. 20
1 Go to a restaurant.
2 Make dinner.
3 Work late.
4 Call Doug.

19年度第1回 リスニング

第 3 部　　　◀)) ▶MP3 ▶アプリ ▶CD 1 65～75

No. 21
1　She likes to study foreign languages.
2　She wants to become a Japanese teacher.
3　She is planning to go back to China soon.
4　She will enter an English speech contest next year.

No. 22
1　Playing soccer at a park.
2　Spending time with her father.
3　Practicing with her soccer team.
4　Taking cooking classes with her father.

No. 23
1　How to type on a keyboard.
2　How to turn on a computer.
3　How to use a mouse.
4　How to send e-mails.

No. 24
1　He eats at her house.
2　He enjoys fishing.
3　He goes swimming in a pool.
4　He goes to the aquarium.

No. 25
1　He saw his friend in a bicycle race.
2　He won a cycling race at his school.
3　He watched a movie about cycling.
4　He bought a bicycle he liked at a shop.

No. 26
1　It was afraid of going into battle.
2　Only Alexander could ride it.
3　Other horses were afraid of it.
4　It was more famous than Alexander.

No. 27
1　His friend works at an electronics store.
2　His grandparents told him to get one.
3　He wants to buy a present for his grandparents.
4　He needs more money for a smartphone.

No. 28

1 Play sports indoors.
2 Buy water bottles at school.
3 Use paper fans during class.
4 Stay in their classrooms.

No. 29

1 They made pizza for dinner.
2 They looked online for a restaurant to go to.
3 They wrote a review about a restaurant.
4 They planned a dinner party for their friends.

No. 30

1 They have a long tooth.
2 They eat other whales.
3 They cannot swim long distances.
4 They do not like cold water.

問題カード（A日程）

Students' Health

It is often said that breakfast is the most important meal of the day. However, many students go to school without eating breakfast, so they feel tired during their classes. Now, some schools are offering breakfast before classes begin. They hope that this will give students the energy they need for the day.

A

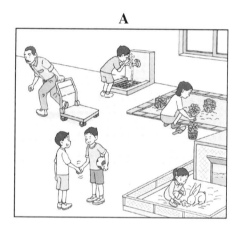

B

Questions

No. 1　According to the passage, why do many students feel tired during their classes?

No. 2　Now, please look at the people in Picture A. They are doing different things. Tell me as much as you can about what they are doing.

No. 3　Now, look at the boy in Picture B. Please describe the situation.

Now, Mr. / Ms. _____, please turn over the card and put it down.

No. 4　Do you think junior high schools should have more cooking classes for their students?
Yes. → Why?
No. → Why not?

No. 5　Today, there are many convenience stores in Japan. Do you often use these stores?
Yes. → Please tell me more.
No. → Why not?

61

問題カード（B日程）　◀» ▶MP3 ▶アプリ ▶CD1 81〜84

Active Lifestyles

These days, more and more people are interested in exercising. However, many have trouble exercising because of their busy lifestyles. Now, some fitness centers stay open 24 hours a day, and by doing so they help people find time for exercise. It is important for people to try to live active lifestyles.

A

B

Questions

No. 1 According to the passage, how do some fitness centers help people find time for exercise?

No. 2 Now, please look at the people in Picture A. They are doing different things. Tell me as much as you can about what they are doing.

No. 3 Now, look at the man in Picture B. Please describe the situation.

Now, Mr. / Ms. ____, please turn over the card and put it down.

No. 4 Do you think children should spend more time playing outside?
Yes. → Why?
No. → Why not?

No. 5 These days, there are many ways to learn English on the Internet. Do you use the Internet to learn English?
Yes. → Please tell me more.
No. → Why not?

2018-3

一次試験 2019.1.27 実施
二次試験 A日程 2019.2.24 実施
　　　　 B日程 2019.3.3 実施

Grade Pre-2

試験時間
筆記：75分
リスニング：約25分

一次試験・筆記　　　　　p.66〜78
一次試験・リスニング　　p.80〜83
二次試験・面接　　　　　p.84〜87

＊解答・解説は別冊p.77〜112にあります。
＊面接の流れは本書p.16にあります。

2018年度第3回　Web特典「自動採点サービス」対応
オンラインマークシート

※検定の回によってQRコードが違います。
※筆記1〜4，リスニングの採点ができます。
※PCからも利用できます（本書p.8参照）。

一次試験
筆 記

1 次の (1) から (20) までの (   ) に入れるのに最も適切なものを 1, 2, 3, 4 の中から一つ選び, その番号を解答用紙の所定欄にマークしなさい。

(1) Randy was going too fast on his motorbike, and he crashed into a tree. Randy's doctor told him that it was a (   ) that he had not been hurt badly.

1 miracle   **2** discussion   **3** protest   **4** license

(2) *A:* Would you like something to drink, Dana?
B: Yes, I would. I'm really (   ).

1 noisy   **2** proud   **3** familiar   **4** thirsty

(3) Vanessa is a successful (   ) at a large automobile company. She helps design and build new cars.

1 author   **2** pilot   **3** lawyer   **4** engineer

(4) Sarah's grades were not very good last year, but she studied hard and (   ) them. Her parents were surprised that her grades became so much better this year.

1 destroyed   **2** located   **3** improved   **4** selected

(5) While Rachel and Tony were on vacation in Hawaii, they spent a long time (   ) the beautiful view from the balcony of their hotel room.

1 performing   **2** admiring   **3** injuring   **4** sailing

(6) The store manager (   ) that the store would be closing in 10 minutes and that customers should finish their shopping.

1 traded   **2** explored   **3** repaired   **4** announced

(7) *A:* I'm having a dinner party on Friday, Brian. Do you have any (   ) about what food I should serve?
B: How about pizza? It tastes great and is fun to make.

1 suggestions   **2** characters   **3** puzzles   **4** figures

66

(8) When the weather is very hot and dry, there is the (   ) of a forest fire starting in some places.

1 danger   **2** opinion   **3** respect   **4** silence

(9) Tracy did not have any purple paint, so she (   ) red and blue paint together to make that color.

1 followed   **2** combined   **3** accepted   **4** rescued

(10) While Judy was on her way to meet her friend, it suddenly started to rain. (   ), she had an umbrella with her.

1 Simply   **2** Gradually   **3** Luckily   **4** Fairly

(11) *A:* Mom, where are we going to celebrate my birthday?
B: It's (   ) to you, Tim. It's your birthday, so you can decide.

1 off   **2** out   **3** in   **4** up

(12) William worked as a volunteer in Cambodia for a year. There was no electricity in his village, so he had to (   ) his computer while he was there.

1 line up   **2** do without   **3** drop by   **4** take after

(13) *A:* How have you been since you retired from work, Jack?
B: Well, sometimes I feel bored, but it's nice to be (   ) worries about work now.

1 sorry for   **2** good at   **3** found in   **4** free from

(14) The president has decided to (   ) problems with the environment in his speech tomorrow. He will not have time to talk much about other subjects.

1 focus on   **2** apply for   **3** come from   **4** hold up

(15) Although Bill tried to run fast, he could not (   ) up with the other runners. He ended up in last place for the race.

1 speak   **2** keep   **3** grow   **4** trip

(16) Jessica was offered a job at a marketing company, but she decided to (   ) the offer because the pay was not very good.

1 turn down   **2** stand in   **3** fall over   **4** lead on

(17) Ben's classmates do not like the way he (   ) all his expensive clothes. They want him to stop talking about how rich his family is.

1 shows off   **2** breaks off   **3** fills up   **4** cheers up

(18) *A:* Tony, I'll be at the east side of the station at 8:30. (   ) you can't find me, call me on my cell phone.

B: OK, Jim. See you tomorrow.

1 As if   **2** In case   **3** So that   **4** Not only

(19) *A:* How long have you lived in this town, Mrs. Griffith?

B: I moved here (   ) I was 25. That was 20 years ago.

1 why   **2** that   **3** where   **4** when

(20) *A:* Kelly, how old is your son?

B: He's one. He can't talk yet, but he seems (   ) what I say to him.

1 has understood   **2** to understand
3 understands   **4** understanding

68

2 次の四つの会話文を完成させるために，(21) から (25) に入るものとして最も適切なものを 1, 2, 3, 4 の中から一つ選び，その番号を解答用紙の所定欄にマークしなさい。

(21) *A:* I haven't been sleeping well lately, Dave.
B: Why is that, Megan? Are you (**21**)?
A: Yeah. I've studied a lot, but I still don't think I'll pass it.
B: I'm sure you'll do fine.

1 using your smartphone too much
2 drinking too much coffee
3 scared about the movie we watched
4 worried about the science test

(22) *A:* What did you do last weekend, Jane?
B: (**22**) at my grandma's house.
A: Wow, you must have been very tired.
B: Yes, but grandma needed my help.

1 I played basketball
2 I took care of the garden
3 I watched the news
4 I made some cookies

(23) *A:* Welcome to Bob's Bakery. How can I help you?
B: Hi. Do you have any strawberry shortcakes?
A: I'm sorry, but (**23**). We only make 10 a day.
B: All right. I guess I'll buy an apple pie instead.

1 we've sold out
2 we don't make them
3 they're too expensive
4 they don't have any strawberries

69

A: Excuse me. I need some help.
B: Yes? What can I do for you?
A: Well, I'm looking for a pair of skis, but (24   ).
B: That's easy to find out. How tall are you?
A: I'm 170 centimeters.
B: All right. Then, these should fit you.
A: Thank you. (25   )?
B: I'm sorry, but our machine is broken. You need to pay by cash.

(24) **1** I don't know my size
2 I don't have much money
3 I already have some boots
4 I already found a nice pair

(25) **1** Can I pay by credit card
2 Can you fix them for me
3 Do I need to show you
4 Do you know where they are

18年度第3回　筆記

（筆記試験の問題は次のページに続きます。）

3 次の英文 [A], [B] を読み，その文意にそって (26) から (30) までの ( ) に入れるのに最も適切なものを 1, 2, 3, 4 の中から一つ選び，その番号を解答用紙の所定欄にマークしなさい。

[A]
Study Abroad

Taro is a high school student who wanted to study abroad in Australia. He asked his parents, but they said no. They (**26**). They thought that Taro could not speak English very well, so he would have many problems. He told them that he really wanted to go abroad because he wanted to learn English and make new friends from other countries. His parents finally decided to let him study abroad for a year.

In Australia, Taro tried very hard to communicate with his classmates. At first, it was not easy, and he needed to use his dictionary often. However, he kept practicing and spoke with his classmates every day. After a few months, he began to (**27**). He did not need to use his dictionary anymore, which made it easier for him to talk to people. He made many friends, and by the time he returned to Japan, he was happy with his success.

(26) 1 started studying English 　2 were worried about him

  　 3 did not like Australia 　 4 did not have much money

(27) 1 watch TV shows 　 　 2 miss his parents

  　 3 call his school 　 　 4 speak English well

[B]
An Italian Shoe Shiner

Italian people are famous for wearing high-quality clothing and shoes. In particular, shoes and purses made from leather are popular in Italy. However, leather needs to be cleaned regularly, which is expensive and takes a lot of effort. Many people (**28**) to do this. As a result, they pay other people to clean their shoes. These people are called shoe shiners.

In the past, shoe shiners were poor men or boys who needed to make money to help their families. Nowadays, most men think that the job is too hard, so they do not want to become shoe shiners. However, recently, (**29**) have started taking over these jobs. One example is Rosalina Dallago, who used to be a fashion model. In 2000, she found an old man who was selling his shoe shining shop in Rome, and she bought it from him.

Since then, Dallago's business has grown. She says that some of her success is thanks to the location of her first shop. Because it is near government buildings, many politicians come and use her services. She later opened two more shops in Rome. Now, Dallago wants to help other businesswomen. Her new goal is to teach them how to (**30**). She works together with them to create new services, and she teaches classes to women who have started new businesses.

(28) 1 do not have time   2 do not have money
      3 have learned how   4 have many tools

(29) 1 fewer young people   2 more and more men
      3 a number of women   4 a group of old people

(30) 1 contact the government   2 build successful businesses
      3 become strong politicians   4 take care of shoes

4 次の英文 [A], [B] の内容に関して, (31) から (37) までの質問に対して最も適切なもの, または文を完成させるのに最も適切なものを **1**, **2**, **3**, **4** の中から一つ選び, その番号を解答用紙の所定欄にマークしなさい。

[A]

From: Christina Taylor <christina568@gotmail.com>
To: Betty Taylor <b-taylor8@thismail.com>
Date: January 27
Subject: Career day

Hi Aunt Betty,

How are you? I enjoyed seeing you last weekend at Grandma's house for dinner. She's a great cook, isn't she? I really liked the chicken that she made. Did you? And the cheesecake that you brought was delicious. I want you to show me how to make it someday.

Anyway, can I ask you for a favor? Next month, we're going to have a "career day" at my high school. The school is inviting people with different jobs to come and talk to the students. My teacher said that she wanted to find a nurse to come. She asked if anyone knew a nurse, and I told her about you.

You've been a nurse for five years, right? Would you like to come to the school and talk about your job? The career day will be held in the school gym on February 28. There will be different tables in the gym, and each table will have information about a different job. The students will go around to the tables and ask the people there about each job. For example, students might ask you about what you studied in college, or what you do at the hospital. Please let me know if you can help us!

Your niece,
Christina

(31) What did Aunt Betty do last weekend?

    1 She learned how to make cheesecake.
    2 She cooked chicken for dinner.
    3 She gave Christina a recipe.
    4 She had dinner with Christina.

(32) What will happen at Christina's school next month?

    1 There will be an event where students learn about jobs.
    2 There will be a health check with a nurse for students.
    3 The students will take a field trip to a hospital.
    4 The students will have the chance to try different jobs.

(33) Christina asked Aunt Betty to

    1 help her find a job at a hospital.
    2 recommend a good college for her.
    3 come to her school to talk to the students.
    4 set up tables in the gym.

[B]
White Rhinoceros Hero

The white rhinoceros lives in southern Africa and is one of the largest animals in the world. In the past, a lot of people believed that rhinoceros horns* had special powers, so the horns were used for medicine. As a result, many white rhinoceroses were killed. Scientists were worried that all the white rhinoceroses in the world would die. However, a man named Ian Player worked to save the white rhinoceros.

Player was born in South Africa in 1927. He loved sports, and in 1951, he took part in a special boat race. Although he traveled over 120 kilometers along a river, there were fewer wild animals than he thought he would see. He decided to do something to protect the animals living in South Africa. A year later, he started working at a national park called the Imfolozi Game Reserve, where he looked after wild animals.

The Imfolozi Game Reserve was set up in 1890 because people were worried about the small number of white rhinoceroses that were left. When Player arrived in 1952, there were only about 430 white rhinoceroses, and hunters were still killing them. Player began a breeding* program called "Operation Rhino" with zoos around the world. Thanks to the zoos' hard work, the number of white rhinoceroses quickly went up. Some of the young rhinoceroses were returned to the park.

At first, many local people did not like Player's program. Farmers often said that rhinoceroses killed their cows, sheep, and other animals, so they lost money. However, Player showed them that saving white rhinoceroses could help humans, too. He encouraged tourists to visit Imfolozi to see the rhinoceroses and other wild animals. As a result, more and more people began to pay money to go on tours, stay in hotels, and eat at restaurants in the area. This has helped people understand the value of white rhinoceroses.

*horns: 角
*breeding: 繁殖

(34) Why were white rhinoceroses being killed?

1 People thought that killing rhinoceroses would give them special powers.

2 People wanted a part of them so that they could make medicine.

3 Their meat could be used to feed a large number of people.

4 They caused many problems and killed a number of people.

(35) Ian Player began to work at the Imfolozi Game Reserve because he

1 was worried about how few wild animals were left in South Africa.

2 enjoyed working outdoors and riding his boat along a river.

3 could live in South Africa and join more boat races there.

4 wanted a chance to play with many different kinds of animals.

(36) What did Player do at the Imfolozi Game Reserve?

1 He taught people in the area the best way to hunt white rhinoceroses.

2 He learned special skills to take care of sick white rhinoceroses.

3 He started a program with zoos around the world to save white rhinoceroses.

4 He sold 430 white rhinoceroses to get money to protect the animals in the reserve.

(37) Player taught local people that

1 white rhinoceroses were used to save many people's lives.

2 there were many ways to stop rhinoceroses from killing farm animals.

3 they could make money if tourists came to see the white rhinoceroses.

4 people could use other types of animals to make medicine.

ライティング

5
- ●あなたは，外国人の知り合いから以下の **QUESTION** をされました。
- ● **QUESTION** について，あなたの意見とその理由を <u>2つ</u>英文で書きなさい。
- ●語数の目安は **50 語～60 語**です。
- ●解答は，解答用紙の **B** 面にあるライティング解答欄に書きなさい。<u>なお，解答欄の外に書かれたものは採点されません。</u>
- ●解答が **QUESTION** に対応していないと判断された場合は，<u>0 点と採点されることがあります。</u> **QUESTION** をよく読んでから答えてください。

QUESTION
Do you think it is important for students to learn how to give presentations at school?

（リスニングテストは次のページにあります。）

一次試験

リスニング

準2級リスニングテストについて

1 このリスニングテストには，第1部から第3部まであります。
　☆英文はすべて一度しか読まれません。
　第1部：対話を聞き，その最後の文に対する応答として最も適切なものを，放送される
　　　　1，2，3の中から一つ選びなさい。
　第2部：対話を聞き，その質問に対して最も適切なものを1，2，3，4の中から一つ選
　　　　びなさい。
　第3部：英文を聞き，その質問に対して最も適切なものを1，2，3，4の中から一つ選
　　　　びなさい。
2 No. 30 のあと，10秒すると試験終了の合図がありますので，筆記用具を置いてください。

第1部　　◀)) ▶MP3 ▶アプリ ▶CD2 **1**～**11**

No. 1〜No. 10 （選択肢はすべて放送されます。）

第2部　　◀)) ▶MP3 ▶アプリ ▶CD2 **12**～**22**

No. 11	1 She watched softball on TV.
	2 She went to Washington.
	3 Her cousin hurt her leg.
	4 Her team needs another player.

No. 12	1 Invite more friends.
	2 Go shopping.
	3 Celebrate with Becky later.
	4 Bake a cake with him.

No. 13	1 Help her cook dinner.
	2 Call his grandfather.
	3 Move a chair to the dining room.
	4 Clean his bedroom.

No. 14
1 He should not give up on math.
2 He should study by himself.
3 He is not good at math.
4 He is studying too much.

No. 15
1 Write a book.
2 Go to a book sale.
3 Sell her old books.
4 Borrow a library book.

No. 16
1 Leave Chicago.
2 Go to the gate.
3 Look for gifts.
4 Reserve a different flight.

No. 17
1 She prefers to play the trumpet.
2 She wants to try another sport.
3 She is not good at tennis.
4 She has friends in the school band.

No. 18
1 By giving him directions to another shop.
2 By telling him how he can get a discount.
3 By ordering a copy of *Sporting Life*.
4 By contacting other stores.

No. 19
1 The waiter forgot to bring ketchup.
2 The waiter brought the wrong order.
3 She does not like French fries.
4 She cannot find a seat.

No. 20
1 He went outside with his brother.
2 He went to volleyball practice.
3 He is out with his dog.
4 He is watching a game on TV.

|||| 第 3 部 |||||||||||||||||||||||||||||||||||||||||||||||||||||| ◀)) ▶MP3 ▶アプリ ▶CD 2 **23**〜**33**

No. 21
1 By cooking at a restaurant.
2 By going to a cooking class.
3 By watching cooking shows.
4 By teaching his classmates to cook.

No. 22
1 It can become very big in size.
2 It can move very quickly.
3 It does not like cold water.
4 It does not eat other jellyfish.

No. 23
1 By going to many parties.
2 By joining a club at her college.
3 By moving to a different college.
4 By visiting her high school friend.

No. 24
1 Shoppers can buy new paintings.
2 New art books have just arrived.
3 Cute pets are now sold there.
4 There is a sale on calendars.

No. 25
1 It is a type of vegetarian salad.
2 It is a drink made from lime juice.
3 People think it is a healthy dish.
4 People in Thailand eat it instead of rice.

No. 26
1 Go to the library to find a book.
2 Listen to a doctor talk about his job.
3 Read something she wrote to the class.
4 Start writing a story with her classmates.

No. 27
1 She did not enjoy the music.
2 She ate too many sausages.
3 The bands did not perform.
4 The food was too expensive.

82

No. 28

1 They are having a baby.
2 They are getting married soon.
3 Pete will be starting a new job.
4 Sarah's parents will be visiting them.

No. 29

1 She fell off her bike.
2 She was feeling sick.
3 Her son had an accident.
4 Her doctor told her to go.

No. 30

1 Get tickets to see the band next month.
2 Buy the band's brand-new CD.
3 Sing a song with the band.
4 Hear the band's new song.

二次試験
面 接

問題カード（A日程） ▶MP3 ▶アプリ ▶CD 2 34〜38

Helpful Machines

Today at supermarkets, a new kind of machine called a self-checkout machine has become popular. Customers can pay for items by themselves with these machines. More and more supermarkets use self-checkout machines, and by doing so they are helping customers pay quickly. Such services will probably be used at other stores, too.

A

B

Questions

No. 1   According to the passage, how are more and more supermarkets helping customers pay quickly?

No. 2   Now, please look at the people in Picture A. They are doing different things. Tell me as much as you can about what they are doing.

No. 3   Now, look at the girl and the boy in Picture B. Please describe the situation.

Now, Mr. / Ms. _____, please turn over the card and put it down.

No. 4   Do you think supermarkets should stay open 24 hours a day?
Yes. → Why?
No. → Why not?

No. 5   Today, many people enjoy buying and selling things at flea markets. Do you often go to flea markets to buy things?
Yes. → Please tell me more.
No. → Why not?

問題カード（B日程）

Smartphones and Health

These days, many young people have smartphones. They can use them to look for information or to communicate with their friends. However, some people spend a long time using smartphones at night, so they have difficulty getting enough sleep. Many doctors say that people should turn off their smartphones at night.

A

B

Questions

No. 1 According to the passage, why do some people have difficulty getting enough sleep?

No. 2 Now, please look at the people in Picture A. They are doing different things. Tell me as much as you can about what they are doing.

No. 3 Now, look at the boy and his mother in Picture B. Please describe the situation.

Now, Mr. / Ms. _____, please turn over the card and put it down.

No. 4 Do you think buying things on the Internet is a good idea?
Yes. → Why?
No. → Why not?

No. 5 Today, there are concerts for many different kinds of music. Do you go to concerts?
Yes. → Please tell me more.
No. → Why not?

2018-2

一次試験 2018.10.7実施
二次試験 A日程 2018.11. 4 実施
　　　　 B日程 2018.11.11実施

Grade Pre-2

試験時間

筆記：75分
リスニング：約25分

一次試験・筆記　　　　p.90〜102
一次試験・リスニングp.104〜107
二次試験・面接　　　　p.108〜111

＊解答・解説は別冊p.113〜148にあります。
＊面接の流れは本書p.16にあります。

2018年度第2回　Web 特典「自動採点サービス」対応
オンラインマークシート
※検定の回によってQRコードが違います。
※筆記1〜4，リスニングの採点ができます。
※ PC からも利用できます（本書 p.8 参照）。

一次試験

筆 記

1 次の (1) から (20) までの (　　) に入れるのに最も適切なものを **1**, **2**, **3**, **4** の中から一つ選び，その番号を解答用紙の所定欄にマークしなさい。

(1) When Wendy came out of the movie theater, the sunshine was so (　　) that it hurt her eyes.
1 square　　　**2** handsome　　**3** bright　　　**4** serious

(2) *A:* I'm going to my first driving lesson, Mom.
B: OK, Gary. Please drive (　　). Driving can be very dangerous.
1 safely　　　**2** lately　　　**3** barely　　　**4** clearly

(3) Moraine Lake in Canada is famous for its natural (　　). Many people go there to see the pure blue water and the green trees around it.
1 beauty　　　**2** knowledge　**3** license　　　**4** gesture

(4) *A:* That was a great tennis match, Joseph. But I'm too thirsty to play again right now.
B: Here's some lemonade. It will (　　) you so we can play another match.
1 refresh　　　**2** compare　　**3** advertise　　**4** sweep

(5) *A:* Sometimes, I like to just sit at home and read a book. The (　　) is relaxing.
B: I don't agree. I enjoy talking to people.
1 liquid　　　**2** silence　　　**3** opinion　　　**4** reality

(6) The teacher told her students to (　　) the poem in their textbooks. The students were able to do it easily because the poem was short.
1 offer　　　**2** require　　　**3** memorize　　**4** advise

(7) Doctors are always looking for new medicines to stop (　　) from killing people.
1 topics　　　**2** journeys　　**3** comedies　　**4** diseases

90

(8) Lisa wants to buy a new table and some chairs, so she will go to a (　　　) store this weekend to look at some.

1 clothing **2** magic **3** grocery **4** furniture

(9) When Charles gave a speech at his daughter's wedding, he was so nervous that his hands were (　　　) the whole time.

1 pressing **2** shaking **3** brushing **4** melting

(10) Justin is going to finish college in two months. After he (　　　), he will travel around Asia.

1 records **2** graduates **3** continues **4** provides

(11) Trent moved to a new town last year. He soon (　　　) friends with some of the students at his new school.

1 sent **2** gave **3** kept **4** made

(12) *A:* I don't want to do the art project with Maggie. She never likes the colors that I use or the pictures that I draw.
B: I know. She complains (　　　) everything.

1 until **2** with **3** about **4** down

(13) *A:* I can't believe Evan is so late. Are you sure you told him to meet us at six?
B: Yes, I'm (　　　) it because I wrote it in my schedule book.

1 sorry for **2** grateful for **3** typical of **4** certain of

(14) *A:* My job is so stressful these days. I think I'll take a vacation.
B: That's a good idea, Victor. Sometimes you just need to (　　　) work.

1 stand across from **2** get away from
3 go out with **4** keep up with

(15) There will be a meeting at City Hall next week to discuss the plans for a new sports stadium. The meeting will take (　　　) on Friday at 3 p.m.

1 place **2** note **3** orders **4** turns

(16) When Amy rode a bicycle (　　　) the first time, she fell off of it a few times.

1 over **2** for **3** in **4** at

91

(17) Martin had planned to travel to India next summer, but his friend (   ) that the weather would be nicer in spring. Martin decided to go there in March instead.

1 pointed out   **2** lined up   **3** cut off   **4** ran across

(18) *A:* Do you think it's fair (   ) Jenny can come to work late every day?

B: She has to drive her children to school in the morning, so I think it's fair.

1 whom   **2** which   **3** what   **4** that

(19) Mark's computer broke last week, but he does not have much money right now. He wishes that he (   ) rich, so he could buy a new one.

1 are   **2** were   **3** being   **4** have been

(20) *A:* Sorry I'm late, Kenji. Did I make you (   ) for a long time?

B: Don't worry. I just got here five minutes ago.

1 to wait   **2** waiting
3 wait   **4** to have waited

2 次の四つの会話文を完成させるために, **(21)** から **(25)** に入るものとして最も適切なものを 1, 2, 3, 4 の中から一つ選び, その番号を解答用紙の所定欄にマークしなさい。

(21) *A:* Dad, Sarah asked me to go camping with her family next week. Can I go?
B: I don't know. I think that you need to (**21**).
A: Yes, but that's on Thursday. Sarah's family is going camping on Saturday.
B: All right. Just make sure that you study hard and get a good grade.

1 ask her parents first
2 go camping every week
3 get ready for your test
4 clean your desk

(22) *A:* Mom, I'm trying to finish my German homework, but I don't know this word.
B: Why don't you just look it up?
A: Well, I want to, but (**22**).
B: All right. We can go to the bookstore to get one tonight.

1 my book isn't interesting
2 my computer is broken
3 I lost my dictionary
4 I don't have time

(23) *A:* Excuse me. Can you tell me how to get to the Hillbury Art Museum?
B: Sure. You should take the No. 50 bus over there.
A: Is the museum really that far? I thought (**23**).
B: It's possible, but it takes 45 minutes if you go on foot.

1 I could take the train
2 I could walk
3 it was near here
4 it was a different bus

A: Welcome to the Oceanside Hotel. How can I help you?
B: I'd like to check in. I reserved a room online last week.
A: All right. (　**24**　)?
B: Umm... I think I have it on my phone. Let me check. Yes, it's 432773.
A: Thank you, Ms. Parker. It says that you will be staying for three nights.
B: That's right. The room has a view of the ocean, right?
A: Of course. (　**25**　).
B: That's great. I didn't know that.

(24) 1 Can you tell me your name
　　　 2 When did you make the reservation
　　　 3 Do you have your passport
　　　 4 What's your reservation number

(25) 1 Every room has an ocean view
　　　 2 Every room has a phone
　　　 3 The ocean is far away
　　　 4 The beach is used by guests

（筆記試験の問題は次のページに続きます。）

18年度第2回　筆記

次の英文 [A], [B] を読み，その文意にそって (26) から (30) までの (　　) に入
3 れるのに最も適切なものを 1, 2, 3, 4 の中から一つ選び，その番号を解答用紙
の所定欄にマークしなさい。

[A]
A Family Vacation

Martha and Bill Wilson go on vacation with their two sons every summer. They want their sons to learn about the places that they visit, so Martha and Bill spend a lot of time looking up information about the places before they go. Last year, they were so tired from planning their vacation that they could not enjoy it. This year, they decided to (**26**). They looked online and found a tour to Italy.

In August, the family flew to Rome and met their tour guide for a one-week tour. He took them to many important sites in Italy and taught them about Italian history. Although the Wilsons learned a lot, (**27**). They enjoyed visiting many interesting places but did not have enough time to spend at each one. Next year, they will try going on a tour again but will choose one with fewer activities.

(26) **1** stay at home　　　　　　**2** go to the same town

3 try something new　　　　**4** ask their sons to study

(27) **1** they were very busy　　　**2** the sons felt bored

3 the weather was bad　　　**4** their bus was crowded

96

[B]

Pink and Blue

When we walk through a toy store, we often notice that there are two sections for toys — a pink section and a blue section. The pink section is filled with dolls, stuffed animals, and cooking sets. The blue section has cars, building blocks, and science sets. From a very early age, girls and boys are told to (**28**). Girls should choose toys from the pink section, and boys should pick ones from the blue section.

Recently, some people have begun to worry about this. They say that toys help children learn important things. For example, when children play with dolls, they learn to take care of people and to be kind. On the other hand, children who play with science sets and building blocks become more interested in science. Many parents want (**29**) all these things. They want their daughters to be interested in science and their sons to be kind. Therefore, more and more parents want all their children to play with both "girls' toys" and "boys' toys."

Some toy companies are listening to these parents' concerns. In the United States, one large chain store has stopped separating toys into a girls' section and a boys' section. In Europe, one toy company's catalogs show boys playing with baby dolls and girls playing with cars. Many parents are happy (**30**). This is because they believe that it is making the world a better place for boys and girls.

(28) **1** talk to each other nicely   **2** finish homework quickly

   3 play with different toys   **4** visit toy stores together

(29) **1** their daughters to stop doing

   2 their sons to stop doing

   3 both boys and girls to learn

   4 teachers and schools to prepare

(30) **1** to help their child   **2** to buy less

   3 with the old way   **4** with this change

4 次の英文 [A], [B] の内容に関して, **(31)** から **(37)** までの質問に対して最も適切なもの, または文を完成させるのに最も適切なものを 1, 2, 3, 4 の中から一つ選び, その番号を解答用紙の所定欄にマークしなさい。

[A]

From: Ellen Cole <ellen-cole@abcweb.com>
To: Paul Clark <p.clark6@raymail.com>
Date: October 7
Subject: Pie-baking contest

Hi Paul,

How was your science test last week? I remember you said you were having trouble with that subject and were studying a lot for it. Well, last week was good for me. Our class had a math test. It was easy, and I got an A on it. Also, since we had our school festival, our teacher didn't give us much homework.

By the way, my brother is a really good baker, and he owns a bakery in Timbertown. Next weekend, he is going to take part in a pie-baking contest at Riverfront Park. There will be about 30 bakers in the contest. The winner will go to the national contest in Washington, D.C.

During the contest, judges will try a bit of pie from each baker and choose a winner at the end of the day. Anyone can go to the contest to try some pie, too. It costs $15 to enter and each person gets five food tickets. They then use those tickets to try pie from five different bakers. I'm planning to go, so call me soon and tell me if you want to come.

Your friend,
Ellen

(31) Last week, Ellen

    1 did well on a test at school.
    2 visited her friend's school festival.
    3 studied hard for her science class.
    4 got a lot of homework from her teacher.

(32) What will Ellen's brother do next weekend?

    1 He will open a new bakery.
    2 He will take part in a contest.
    3 He is going to go to Washington, D.C.
    4 He is going to bake a pie for his family.

(33) What does Ellen ask Paul to do?

    1 Lend her $15 to buy the things she needs to bake a pie.
    2 Help the judges to choose the winner of the contest.
    3 Tell her if he is interested in going to a pie-baking contest.
    4 Call one of the bakers to get some food tickets.

18年度第2回　筆記

[B]
The Bajau

In the Pacific Ocean around the Philippines, Malaysia, and Indonesia, there is a group of people known as the Bajau. In the past, these people did not live on land. Instead, they spent their whole lives on small boats in the ocean. These days, many Bajau live in homes built on wooden poles in the sea, but they still spend a lot of their time on boats. They only sometimes go on land to buy things that they need.

The ocean is very important to the Bajau. They dive deep into the water to hunt for fish or collect seaweed to eat. Sometimes they catch extra fish, which they trade on land for rice, water, and other household goods. They also collect oysters so that they can get pearls, which they then sell for high prices.

Recent research on the Bajau language shows that the Bajau may have come from the island of Borneo in the 11th century. However, nobody is sure why the Bajau originally began to live on the ocean instead of on land. According to an old story, a princess from Borneo got lost in the ocean during a storm. Her father, the king, told some people living in his land that they must search for her in the ocean. He also said that they must not return until they found her. Because the princess was never found, those people stayed on the ocean forever.

Although the Bajau have a long history of living at sea, their way of life has started to change. One of the main reasons for this is damage to the environment. The ocean has become dirtier, and the number of fish is decreasing. As a result, the Bajau cannot get enough food, so they have to look for other ways to get it. By protecting the environment, we can also protect the Bajau's unique culture.

(34) What is true about the Bajau?

1 They are afraid of traveling in small boats.
2 They build houseboats and sell them to visitors.
3 They use wooden poles to catch fish in the sea.
4 They spend most of their time on the ocean.

(35) Why is the ocean important to the Bajau?

1 They are able to get most of the things that they need from it.
2 They use water from it to grow rice and other food.
3 They have special boats where they keep household goods.
4 They swim and dive in the ocean on their days off.

(36) What has recent research found about the Bajau?

1 Their princess brought them to the ocean during a storm many years ago.
2 Their first king thought that life would be better if they lived on the sea.
3 They learned how to speak a new language when they moved to Borneo.
4 They might have come from the island of Borneo around 1,000 years ago.

(37) The Bajau need to look for new ways to find food because

1 many young people do not like to eat fish any more.
2 damage to the ocean is causing the number of fish to go down.
3 their culture is changing quickly which makes it difficult to find food.
4 they do not want to hurt the environment of the ocean by catching fish.

18年度第2回　筆記

101

ライティング

5

- ●あなたは，外国人の知り合いから以下の QUESTION をされました。
- ● QUESTION について，あなたの意見とその理由を **2** つ英文で書きなさい。
- ●語数の目安は **50** 語～**60** 語です。
- ●解答は，解答用紙の **B** 面にあるライティング解答欄に書きなさい。なお，解答欄の外に書かれたものは採点されません。
- ●解答が QUESTION に対応していないと判断された場合は，**0** 点と採点されることがあります。QUESTION をよく読んでから答えてください。

QUESTION

Do you think it is better for students to study alone or in a group?

（リスニングテストは次のページにあります。）

一次試験
リスニング

準2級リスニングテストについて

1　このリスニングテストには，第1部から第3部まであります。
　☆英文はすべて一度しか読まれません。
　第1部：対話を聞き，その最後の文に対する応答として最も適切なものを，放送される
　　　　1，2，3の中から一つ選びなさい。
　第2部：対話を聞き，その質問に対して最も適切なものを1，2，3，4の中から一つ選
　　　　びなさい。
　第3部：英文を聞き，その質問に対して最も適切なものを1，2，3，4の中から一つ選
　　　　びなさい。
2　No. 30のあと，10秒すると試験終了の合図がありますので，筆記用具を置いてください。

第1部　◀)) ▶MP3 ▶アプリ ▶CD 2 43〜53

No. 1〜No. 10（選択肢はすべて放送されます。）

第2部　◀)) ▶MP3 ▶アプリ ▶CD 2 54〜64

No. 11
1　When to buy camping goods.
2　Where to stay in California.
3　What to do this summer.
4　Whether to sell their car.

No. 12
1　Help the man.
2　Go to the theater.
3　Watch a movie.
4　Find the police station.

No. 13
1　She wants him to buy his own.
2　She wants him to keep playing soccer.
3　She thinks he needs a new pair of soccer shoes.
4　She thinks he should use his old one.

No. 14	1 He found a useful website.
	2 He called the library for help.
	3 He borrowed some new magazines.
	4 He used some old books.

No. 15	1 To tell him his car is fixed.
	2 To tell him the dentist is sick.
	3 To ask if he can work overtime.
	4 To ask why he is late.

No. 16	1 Get his camera fixed.
	2 Show the woman a letter.
	3 Meet the gallery's director.
	4 Buy a copy of *Art Today* magazine.

No. 17	1 Eat at a nearby restaurant.
	2 Attend their meeting together.
	3 Have lunch at 1:30.
	4 Call their office.

No. 18	1 She has never cooked before.
	2 She does not like spaghetti.
	3 She is learning how to cook.
	4 She is writing a cookbook.

No. 19	1 She does not like her teacher.
	2 She cannot take the Tuesday class.
	3 She cannot find the language school.
	4 She has forgotten how to speak Italian.

No. 20	1 Buy movie tickets.
	2 Send someone to fix the TV.
	3 Find a different hotel.
	4 Help her check in.

18年度第2回 リスニング

第3部　🔊 ▶MP3 ▶アプリ ▶CD 2 65～75

No. 21
1 After tennis practice ends.
2 After she eats lunch.
3 Before classes begin.
4 Before she goes to bed.

No. 22
1 They are very dangerous.
2 They are afraid of humans.
3 People sometimes eat them.
4 People like to keep them as pets.

No. 23
1 Read stories about Santa Claus.
2 Take a photo with Santa Claus.
3 Send some Christmas cards.
4 Put decorations on a Christmas tree.

No. 24
1 He cannot rent ski boots.
2 He forgot where he put his skis.
3 His ski boots are too small.
4 His friend cannot go on a ski trip.

No. 25
1 They moved to a smaller house.
2 They went on a beach vacation.
3 They gave their sofa to Melanie.
4 They stayed at Melanie's house.

No. 26
1 They must be cooked with sugar.
2 They look like carrots in shape.
3 They are not very sweet.
4 They are not usually eaten in Europe.

No. 27
1 Tom forgot her birthday.
2 Tom gave her some food.
3 Tom invited her to a party.
4 Tom came to her house early.

106

No. 28
1 Meet a famous golfer.
2 Get a discount on golf balls.
3 Become a member of the club.
4 Make a reservation for the restaurant.

No. 29
1 By watching a movie.
2 By traveling to Mexico.
3 By going to a restaurant.
4 By having a party at home.

No. 30
1 She goes to a yoga class.
2 She works at a restaurant.
3 She exercises with her children.
4 She eats dinner with her husband.

二次試験

面 接

問題カード（A日程）　　　◀》　▶MP3　▶アプリ　▶CD 2 76〜80

Food Displays

In Japan, many restaurants have displays of their food at the entrance. The items in these displays are made of colorful plastic. Many visitors to Japan do not know much about Japanese food, so they find food displays a helpful way to choose dishes. These displays help restaurants get more customers.

A

B

Questions

No. 1   According to the passage, why do many visitors to Japan find food displays a helpful way to choose dishes?

No. 2   Now, please look at the people in Picture A. They are doing different things. Tell me as much as you can about what they are doing.

No. 3   Now, look at the man wearing glasses in Picture B. Please describe the situation.

Now, Mr. / Ms. _____, please turn over the card and put it down.

No. 4   Do you think it is good for people to eat fast food?
Yes. → Why?
No. → Why not?

No. 5   These days, many students use the Internet to learn new things. Do you use the Internet when you study?
Yes. → Please tell me more.
No. → Why not?

18年度第2回　面接

問題カード（B日程）

Guide Dogs

Some people who cannot see use dogs when they go outside. These dogs are called guide dogs. Training dogs to guide people costs a lot of money. Now, some groups are collecting money for training guide dogs, and by doing so they are trying to make these dogs more common.

A

B

Questions

No. 1 According to the passage, how are some groups trying to make guide dogs more common?

No. 2 Now, please look at the people in Picture A. They are doing different things. Tell me as much as you can about what they are doing.

No. 3 Now, look at the girl in Picture B. Please describe the situation.

Now, Mr. / Ms. _____, please turn over the card and put it down.

No. 4 Do you think it is good for children to have a pet?
Yes. → Why?
No. → Why not?

No. 5 Today, many people in Japan enjoy going to watch fireworks. Do you like to go to watch fireworks?
Yes. → Please tell me more.
No. → Why not?

2018-1

一次試験 2018.6.3実施
二次試験 A日程 2018.7.1実施
　　　　　B日程 2018.7.8実施

Grade Pre-2

試験時間

筆記：**75分**
リスニング：約**25分**

一次試験・筆記　　　　p.114〜126
一次試験・リスニングp.128〜131
二次試験・面接　　　　p.132〜135

＊解答・解説は別冊p.149〜184にあります。
＊面接の流れは本書p.16にあります。

2018年度第1回

Web 特典「自動採点サービス」対応
オンラインマークシート

※検定の回によってQRコードが違います。
※筆記1〜4，リスニングの採点ができます。
※PCからも利用できます（本書p.8参照）。

一次試験
筆　記

1 次の (1) から (20) までの (　　) に入れるのに最も適切なものを 1, 2, 3, 4 の中から一つ選び, その番号を解答用紙の所定欄にマークしなさい。

(1) *A:* Excuse me. Do you have any books about the history of Cambodia?
B: We only have two, but we have (　　) books about the history of Southeast Asia.
1 active　　　**2** tight　　　**3** confident　　　**4** several

(2) After Allen finished painting the house, his back (　　). He took a warm bath to make it feel better.
1 ached　　　**2** knitted　　　**3** filled　　　**4** replied

(3) *A:* Does the price of the hotel room (　　) breakfast?
B: No, I'm afraid not, but you can add breakfast for an extra $10.
1 trust　　　**2** bother　　　**3** include　　　**4** observe

(4) *A:* I cooked yesterday, so it's your (　　) to cook tonight, Phil.
B: Yes, I know.
1 victory　　　**2** cover　　　**3** turn　　　**4** lie

(5) The restaurant only accepts (　　) in cash. Credit cards cannot be used.
1 equipment　　**2** achievement　**3** treatment　　**4** payment

(6) Lucy gave a presentation yesterday. She was nervous during it, but she spoke (　　). Everyone told her that she seemed relaxed and did a great job.
1 strangely　　**2** calmly　　　**3** wrongly　　　**4** partly

(7) Kumiko flew from Tokyo to San Francisco last week. During the long flight, she often walked up and down the (　　) to stretch her legs.
1 object　　　**2** origin　　　**3** audience　　　**4** aisle

114

(8) **A:** Maggie, when you met Jack, what was your first (　　) of him?
B: Well, he seemed nice but really shy.
1 emergency　**2** employee　**3** impression　**4** injury

(9) **A:** I (　　) what time the movie starts.
B: Let's check online to find out.
1 wonder　　**2** gather　　**3** hope　　　**4** prefer

(10) Even though many Japanese schools do not have any classes in August, they (　　) open so that students can do club activities.
1 explore　　**2** divide　　**3** form　　　**4** remain

(11) Greg read the manual for his new camera for an hour, but he could not (　　) of it. In the end, he called the company and asked how to use it.
1 lose control　**2** make sense　**3** take care　　**4** get tired

(12) Ann goes running three times a week. She is (　　) great shape, and she feels very healthy.
1 in　　　　**2** for　　　　**3** over　　　**4** at

(13) The movie company put posters for its new movie near many high schools. They thought it would (　　) young people.
1 suffer from　**2** decide on　**3** appeal to　**4** bring up

(14) **A:** Have a nice business trip, honey. Don't forget to (　　) some presents for the children.
B: OK. I'll buy them something at the airport.
1 add to　　　**2** bring back　**3** depend on　**4** stand by

(15) Ms. Jones is a kindergarten teacher, and she is (　　) a class of 25 children. She often meets with parents to tell them how their children are doing.
1 jealous of　　　　　**2** poor at
3 responsible for　　　**4** due to

18
年度第
1
回

筆記

115

(16) Tom ( ) to eat dinner, but his sister called and said that their mother was in the hospital. He left his dinner on the table and went there quickly.

1 was about   **2** was forced
3 had no right   **4** had no reason

(17) *A:* Do you know how to cook, Victoria?
     B: Well, I'm not an expert, but I know how to make pastas, soups, and so ( ).

1 by   **2** on   **3** out   **4** under

(18) Jill's house is on an island, and she drives ( ) a big bridge every day to go to work. She enjoys the view from the bridge.

1 around   **2** across   **3** between   **4** inside

(19) Today, Alice went to the library to study with her friends. They stayed there ( ) their homework until 5 p.m.

1 do   **2** did   **3** doing   **4** done

(20) *A:* I don't remember where the restaurant is.
     B: ( ) do I. Let's call and ask for directions.

1 Neither   **2** Either   **3** So   **4** Also

2 次の四つの会話文を完成させるために，(21) から (25) に入るものとして最も適切なものを 1, 2, 3, 4 の中から一つ選び，その番号を解答用紙の所定欄にマークしなさい。

(21) *A:* Tanya, I didn't see you at Adam's party last weekend. Where were you?
B: Oh, (　21　), so I couldn't go.
A: Really? Where did you go?
B: We went to Hawaii. My parents and I went swimming every day.

1 I went to school
2 I went on a family trip
3 my mother visited me
4 my train was late

(22) *A:* Welcome to the Mapleton Airport Gift Shop. Can I help you?
B: Yes. I want to get a present for my little brother before I go home to Japan, but I only have $15 left.
A: Let's see. How about this (　22　)?
B: That's perfect. My bag is full, so I wanted something small and easy to carry.

1 stamp collection for $20
2 special pen for $15.50
3 large teddy bear for $15
4 postcard set for $14.50

(23) *A:* White Dental Clinic. Can I help you?
B: My name is Abbie West. I'm calling because (　23　).
A: I see. The dentist should check it as soon as possible. Can you come in today?
B: Yes, thank you. I can come this afternoon.

1 my tooth hurts
2 my daughter is sick
3 I need some medicine
4 I'm too busy today

117

A: Hello. Sammy's Sandwich Shop. How can I help you?
B: Hello. I'm having a party, and I'd like to order some sandwiches.
A: What kind would you like?
B: I'd like to order 10 tuna sandwiches, 5 chicken sandwiches, and (**24**).
A: I'm sorry. We don't sell any drinks.
B: I see. Just the sandwiches, then. By the way, (**25**)?
A: I'm sorry. You have to pick up your order at the store.
B: All right. I guess I'll come before the party, then.

(24) **1** some fruit salad
2 some french fries
3 five bottles of tea
4 two cakes

(25) **1** do you deliver
2 do I need to call again
3 can I pay by credit card
4 can I order another sandwich

（筆記試験の問題は次のページに続きます。）

3 次の英文 [A], [B] を読み，その文意にそって (26) から (30) までの (　　) に入れるのに最も適切なものを 1，2，3，4 の中から一つ選び，その番号を解答用紙の所定欄にマークしなさい。

[A]
Volunteer Activity

Last month, Sarah went to the beach with her friends. The weather was wonderful, and the water was warm. However, they were disappointed because (**26**). Sarah wanted to do something about the problem. She talked to her parents, and they suggested that she organize an event to clean up the beach.

Sarah and her friends decided to hold an event on May 20. They worked together to make posters. Then, they put the posters up around their town. On the day of the event, Sarah and her friends met at the beach. However, (**27**). When Sarah looked at the posters, she noticed that they had made a mistake. They had written May 27. Sarah and her friends went back to the beach again on the 27th to clean up.

(26)　1　the water was too cold　　2　the beach was dirty

　　　3　it was raining　　　　　　4　it was cloudy

(27)　1　their teachers were there　2　their parents were angry

　　　3　no one else came　　　　　4　nothing was left

120

[B]
Online Mapmaking

In the past, most people owned paper maps. They used these to find the places that they wanted to go to. People needed one map for each place that they wanted to visit, and they had to carefully plan which roads or trains to take. However, after the Internet was invented, people were able to use online maps. As a result, traveling (**28**). People could quickly look up directions to go anywhere in the world.

At first, online maps only showed the same information that paper maps did. Then, in 2005, some websites began to let people use their maps for other purposes. People began to add extra information to the maps. (**29**), some people added the best restaurants in their cities to maps. Other people made maps that showed where all the public toilets were in a city. These maps helped people find things that they wanted.

Nowadays, it is easy for anybody to add information to online maps. People can add new places, give details about them, or write reviews from their smartphones. Although most people are happy that they are able to add information to maps or create their own, some people are worried about this trend. They say that these maps may have (**30**). Sometimes the opening hours of shops are different from what is written on the map, and sometimes people tell lies when they write reviews. Because of this, some people believe that online maps should only be made by professional mapmakers.

(28) 1 cost more	2 became easier
3 caused problems	4 took time
(29) 1 Besides	2 However
3 After all	4 For example
(30) 1 the best places	2 the wrong information
3 some dangerous messages	4 many good points

次の英文 [A], [B] の内容に関して，(31) から (37) までの質問に対して最も適切
4 なもの，または文を完成させるのに最も適切なものを 1，2，3，4 の中から一つ
選び，その番号を解答用紙の所定欄にマークしなさい。

[A]

From: Veronica Helms <v-helms5@onenet.com>
To: Kevin Kovak <kevin.kovak@truemail.com>
Date: June 3
Subject: Concert

- -

Hi Kevin,
Guess what! Last week, my sister won two tickets to a
classical music concert. The concert is this Thursday evening.
She can't go because she's a nurse and she works in the
evenings at the hospital. She gave the tickets to me because
she knows I love classical music. I even studied it in college.
Do you want to go with me?
I'm trying to decide what to wear. These days, people can wear
what they want to concerts. Some people like to dress up in
nice clothes, but other people go in jeans and a T-shirt. If we
go, what do you want to wear? I'd like to dress nicely, but if
you want, we could dress in more comfortable clothes. Let me
know!
The concert starts at 7 p.m. and will be at the Taylorsville
Theater. That's on Main Street, and there are some nice
restaurants nearby. We could go for dinner before the concert
starts, if you like. Anyway, give me a call and let me know if
you can come. If not, I'll have to ask someone else soon. See
you!
Your friend,
Veronica

(31) What is true about Veronica?

   1 She won a music contest.
   2 She is a nurse at a hospital.
   3 She bought tickets to a concert.
   4 She studied music in college.

(32) Veronica says that, when people go to concerts, they

   1 can wear anything that they want to.
   2 have to wear something comfortable.
   3 should not wear jeans and T-shirts.
   4 must not wear nice clothing there.

(33) What does Veronica suggest doing before the concert?

   1 Getting their tickets nearby.
   2 Eating dinner at a restaurant.
   3 Taking a walk on Main Street.
   4 Asking some friends to go with them.

[B]
The History of a Doll

In Russia, there are sets of dolls called *matryoshka*. Each set usually has seven dolls that are all different sizes. The biggest doll in the set is usually around 15 centimeters tall. It can be opened, and inside there is another smaller doll. This can also be opened, and there is another doll inside of it. Except for the biggest doll, each of the dolls fits inside a larger one. The *matryoshka* is a famous part of Russian culture. However, the idea came from outside of Russia.

For nearly 1,000 years, the Chinese have made wood boxes that fit inside each other. People use them to keep important items or as decorations. In the 18th century, some of these boxes were made into dolls. These dolls were called nesting dolls, and they became popular with wealthy people. At that time, China and Japan traded many things, and these dolls were probably brought from China and sold in Japan.

Before nesting dolls were brought to Japan, there were already many types of Japanese dolls made from wood. Traditional doll makers used Japanese wood and special painting techniques to make dolls such as *daruma* and *kokeshi*. Then, in the 19th century, they began to use these techniques to make a new type of nesting doll. This was a set of seven dolls that were painted to look like the seven lucky gods. Like the Chinese nesting dolls, each doll could fit inside a larger one.

In the 1890s, a wealthy Russian man named Savva Mamontov received a set of Japanese nesting dolls. He loved traditional Russian culture and wanted to find a way to share it with more people. He asked a group of Russian artists to design a similar set of dolls. However, he wanted these dolls to wear traditional Russian clothing. This is how the first *matryoshka* was made.

(34) What is true about *matryoshka*?

    1 The dolls are not sold outside of Russia.
    2 The dolls are much smaller than Russian people think.
    3 The idea for the dolls did not actually come from Russia.
    4 The idea for the dolls came from a famous Russian story.

(35) What may have happened in the 18th century?

    1 Chinese people started using wood boxes as decorations.
    2 Chinese nesting dolls began to be sold in Japan.
    3 Japanese people began to make more money.
    4 Japanese things started to become popular in China.

(36) In the 19th century, Japanese doll makers

    1 first started making *daruma* using different kinds of wood.
    2 used traditional techniques to make a new kind of doll.
    3 learned special techniques for painting on wood.
    4 sold *kokeshi* that were larger than the old types.

(37) Savva Mamontov asked artists to make a set of dolls because he wanted to

    1 find a way to let people know about Russian culture.
    2 give them to the Japanese people he was visiting.
    3 see what traditional Russian clothing looked like.
    4 learn more about traditional Japanese culture.

18年度第1回　筆記

ライティング

●あなたは，外国人の知り合いから以下の **QUESTION** をされました。

● **QUESTION** について，あなたの意見とその<u>理由を 2 つ</u>英文で書きなさい。

5 ●語数の目安は **50 語～60 語**です。

●解答は，解答用紙の **B 面**にあるライティング解答欄に書きなさい。<u>なお，解答欄の外に書かれたものは採点されません。</u>

●解答が **QUESTION** に対応していないと判断された場合は，<u>0 点と採点されることがあります。</u> **QUESTION** をよく読んでから答えてください。

QUESTION

Do you think parents should let their children play video games?

（リスニングテストは次のページにあります。）

一次試験

リスニング

準2級リスニングテストについて

1　このリスニングテストには，第1部から第3部まであります。
　　☆英文はすべて一度しか読まれません。
　　第1部：対話を聞き，その最後の文に対する応答として最も適切なものを，放送される
　　　　　1，2，3の中から一つ選びなさい。
　　第2部：対話を聞き，その質問に対して最も適切なものを1，2，3，4の中から一つ選
　　　　　びなさい。
　　第3部：英文を聞き，その質問に対して最も適切なものを1，2，3，4の中から一つ選
　　　　　びなさい。
2　No. 30のあと，10秒すると試験終了の合図がありますので，筆記用具を置いてください。

第1部　　　　　　　　◀))　▶MP3　▶アプリ　▶CD3 **1**～**11**

No. 1～No. 10（選択肢はすべて放送されます。）

第2部　　　　　　　　◀))　▶MP3　▶アプリ　▶CD3 **12**～**22**

No. 11	1 A kind of pasta to buy.
	2 A bakery on Third Street.
	3 A place to go for dinner.
	4 A supermarket downtown.

No. 12	1 Go home to get money.
	2 Choose some more items.
	3 Put back all of his food.
	4 Pay by credit card.

No. 13	1 It has a new dolphin.
	2 It has few animals.
	3 It will have a special show.
	4 It will be closing next week.

128

No. 14

1 The weather was bad.
2 The neighbors were loud.
3 She had to study for an exam.
4 She was reading a library book.

No. 15

1 Whether there are cheap rooms available.
2 Whether they have a pool there.
3 Whether it is near a concert hall.
4 Whether a singer is staying there.

No. 16

1 He wants to buy a train ticket.
2 He got off at the wrong train station.
3 He missed the train to Toronto.
4 He found a wallet on a train.

No. 17

1 On a bus.
2 On foot.
3 By taxi.
4 By subway.

No. 18

1 She wants to sell used toys.
2 She is looking for a present.
3 She needs a poster.
4 She lost her *Space Race* DVD.

No. 19

1 They saw their friend from Italy.
2 The man will take a business trip.
3 They can take a vacation.
4 The man will change jobs.

No. 20

1 He was born in America.
2 He likes his baseball coach.
3 He thinks his English class is easy.
4 He wants to play baseball in America.

第3部　🔊　▶MP3　▶アプリ　▶CD 3 **23**〜**33**

No. 21
1　His car was broken.
2　The trains had stopped.
3　He wanted to explore the town.
4　The highway was damaged.

No. 22
1　Many people wear green clothes.
2　Many people clean up their local areas.
3　Many people have the day off.
4　Many people take pictures of flowers and trees.

No. 23
1　Work at a bank.
2　Study at a university.
3　Show tourists around.
4　Visit his granddaughter.

No. 24
1　Buy her a car.
2　Find her a job.
3　Take her to college.
4　Teach her to drive.

No. 25
1　Swim teams cannot use the indoor pool today.
2　High school students must not use the outdoor pool.
3　The indoor pool will be closed tomorrow morning.
4　The outdoor pool will be repaired at 12 p.m.

No. 26
1　They will go to see many hotels.
2　They will ask people at Natalie's church.
3　They will talk to some wedding planners.
4　They will get advice from Ted's sister.

No. 27
1　It is good at hiding in trees.
2　It eats the leaves of trees.
3　It rests for a short time.
4　It can change its color.

No. 28
1 Send an e-mail to his daughter.
2 Take pictures of the local library.
3 Get better at using his computer.
4 Borrow a book about computers.

No. 29
1 He left their sandwiches on a bus.
2 He forgot to buy tickets for the zoo.
3 He damaged the bus seat.
4 He lost their lunch money.

No. 30
1 Drive a car.
2 Take a break.
3 Learn about road rules.
4 Meet the instructors.

二次試験
面 接

問題カード（A日程）　　　◀))　▶MP3　▶アプリ　▶CD 3 34〜38

Students and the Internet

Students have many chances to use the Internet in class. For example, they collect information to write reports. However, some of this information is not true. Many students check online information carefully, and by doing so they are able to write better reports. There will probably be more classes about using online information.

A

B

Questions

No. 1   According to the passage, how are many students able to write better reports?

No. 2   Now, please look at the people in Picture A. They are doing different things. Tell me as much as you can about what they are doing.

No. 3   Now, look at the boy in Picture B. Please describe the situation.

Now, Mr. / Ms. _____, please turn over the card and put it down.

No. 4   Do you think schools should have more sports activities for their students?
Yes. → Why?
No. → Why not?

No. 5   Today, many people take a shopping bag when they go to the supermarket. Do you take your own shopping bag to the supermarket?
Yes. → Please tell me more.
No. → Why not?

133

問題カード（B日程）

Wild Plants

In Japan, many people like eating wild plants from the mountains because they are delicious and healthy. For this reason, more people are collecting these plants to use for cooking. However, some wild plants can make people sick, so they should not be eaten. People need to study wild plants before picking them.

A

B

Questions

No. 1   According to the passage, why should some wild plants not be eaten?

No. 2   Now, please look at the people in Picture A. They are doing different things. Tell me as much as you can about what they are doing.

No. 3   Now, look at the man in Picture B. Please describe the situation.

Now, Mr. / Ms. ____, please turn over the card and put it down.

No. 4   Do you think more people will make cookies and cakes at home in the future?
Yes. → Why?
No. → Why not?

No. 5   These days, there are a lot of news programs on TV. Do you watch news programs on TV?
Yes. → Please tell me more.
No. → Why not?

2017-3

一次試験 2018.1.21 実施
二次試験 A日程 2018.2.18 実施
　　　　 B日程 2018.2.25 実施

試験時間

筆記：75分

リスニング：約25分

一次試験・筆記　　　　p.138〜150
一次試験・リスニング p.152〜155
二次試験・面接　　　　p.156〜159

＊解答・解説は別冊p.185〜220にあります。
＊面接の流れは本書p.16にあります。

Grade Pre-2

2017年度第3回　Web 特典「自動採点サービス」対応
　　　　　　　オンラインマークシート

※検定の回によって QR コードが違います。
※筆記1〜4，リスニングの採点ができます。
※ PC からも利用できます（本書 p.8 参照）。

一次試験
筆 記

1 次の (1) から (20) までの (　　　) に入れるのに最も適切なものを **1**, **2**, **3**, **4** の中から一つ選び，その番号を解答用紙の所定欄にマークしなさい。

(1) Tracy had to write a paper about the moon for science class. She (　　) the Internet to find more information about the topic.
　1 noted　　　**2** announced　**3** packed　　　**4** searched

(2) *A:* This skirt is too (　　). Do you have one in a larger size?
　　　B: I'll just have a look for you, ma'am.
　1 near　　　　**2** fair　　　　**3** tight　　　　**4** thick

(3) *A:* I drank all the orange juice, Dad. Can we get some more?
　　　B: The whole liter? I can't believe you drank such a large (　　).
　1 amount　　　**2** approach　　**3** detail　　　**4** damage

(4) *A:* Janice got excellent scores on all of her exams this semester.
　　　B: Well, she (　　) studies hard.
　1 kindly　　　**2** certainly　　**3** lazily　　　**4** technically

(5) Many wild animals are put in danger when forests are cut down. Their homes are (　　), and it is hard for them to find new places to live.
　1 practiced　　**2** destroyed　　**3** confused　　**4** indicated

(6) Many years ago, the school made a (　　) that cell phones were not allowed in classrooms. This was to help the students study better.
　1 host　　　　**2** rule　　　　**3** success　　**4** prize

(7) In the movie, the hero (　　) the dragon with his sword. The hero was very strong, and he killed the dragon quickly.
　1 gathered　　**2** noticed　　**3** reminded　　**4** attacked

(8) *A:* This TV show is boring. Isn't there a baseball game on?
　　　B: I don't know. Let's check the other (　　).
　1 generations　**2** ribbons　　**3** channels　　**4** distances

138

(9) Whenever the teacher asks the class a question, Sarah is always the first person to (   ) her hand to answer it.

1 raise   **2** attract   **3** follow   **4** press

(10) Many people did not believe Alice when she said she saw the (   ) of her grandfather in her house. They said that it was probably her imagination.

1 career   **2** record   **3** prayer   **4** ghost

(11) Greg loves cooking, and he has just bought a very large oven that is (   ) baking four loaves of bread at one time. The oven can also cook a whole chicken.

1 dressed for   **2** capable of
3 interested in   **4** separate from

(12) Jennifer forgot to bring her glasses to school today. She could not (   ) what was written on the blackboard, so she asked her teacher if she could sit closer to it.

1 shake up   **2** push up   **3** sell out   **4** make out

(13) Carl's neighbors were having a party last night. Because of the noise, Carl could not fall (   ) until about two o'clock in the morning.

1 alike   **2** asleep   **3** alone   **4** aboard

(14) *A:* I'd like to visit you sometime this summer, Keiko. When will you be (   ) your summer plans?
B: I'll decide on them this week.

1 eager for   **2** open to   **3** fond of   **4** sure about

(15) The firefighter ran into the burning building (   ) his own life to save a family's dog. When he came out with the dog, people in the neighborhood praised him for being so brave.

1 by the side of   **2** at the risk of
3 in the course of   **4** on the edge of

(16) A long time ago, many people thought the world was flat. However, they (   ) to be wrong. The world is actually round.

1 turned out   **2** looked up   **3** watched out   **4** came up

(17) **A:** Have you saved enough money for your new bike?
B: Not yet. I've only saved $60 so (   ). It'll take me about a year.

1 far   **2** long   **3** well   **4** little

(18) Jason took a class on how to do well (   ) job interviews. He learned about ways to prepare, what to wear, and how to answer questions.

1 over   **2** in   **3** behind   **4** to

(19) **A:** I can't believe I did so badly on the math test. I should have studied harder.
B: Well, it's no use (   ) about it now. Just try to do better next time.

1 worried   **2** worry   **3** worries   **4** worrying

(20) **A:** Our vacation to Europe was great, wasn't it? I liked Paris and Rome a lot.
B: Yeah, they were nice, but I enjoyed London the (   ). I want to go back there sometime.

1 many   **2** more   **3** most   **4** much

2 次の四つの会話文を完成させるために, (21) から (25) に入るものとして最も適切なものを 1, 2, 3, 4 の中から一つ選び, その番号を解答用紙の所定欄にマークしなさい。

---

(21) *A:* Sally, how do you like the cookies? I made them myself.
B: They're delicious. I really like the cherry ones.
A: Thank you. (**21**)?
B: No, thank you. I'm already full.

1 Do you want some more
2 Do you want to sell some
3 Have you bought all of them
4 Have you made them yet

---

(22) *A:* Welcome to Harvey's Photo Shop. How can I help you?
B: I'd like to print some photos from my cell phone. How long will it take?
A: If you use the machine over there, (**22**).
B: That's perfect because I really need them soon. Thank you.

1 it'll cost less money
2 it'll take a few days
3 you can order them
4 you can print them right away

---

(23) *A:* Lizzy, do you want to do something together this week?
B: Sure. I'm busy on the weekend, but any other day is OK.
A: All right. Why don't we (**23**)?
B: That sounds great. I really need some exercise.

1 watch a movie on Thursday
2 play tennis on Friday
3 go ice-skating on Saturday
4 take a dance class on Sunday

17年度第3回 筆記

141

A: Excuse me, waiter.
B: Yes. How can I help you?
A: We'd like to (**24**). It's too cold here.
B: How about that table over there? It's far from the window, so it'll be warmer.
A: Thank you.... These seats are much better.
B: All right. Are you ready to order?
A: No. (**25**).
B: OK. Please let me know when you've decided.

(24) 1 sit near the window
    2 order our food
    3 buy a blanket
    4 change our seats

(25) 1 We'd like to know today's special
    2 We need a few more minutes
    3 I don't want any food
    4 I'd like to get the salad

（筆記試験の問題は次のページに続きます。）

17
年度第**3**回　筆記

3 次の英文 [A], [B] を読み, その文意にそって (26) から (30) までの (   ) に入れるのに最も適切なものを 1, 2, 3, 4 の中から一つ選び, その番号を解答用紙の所定欄にマークしなさい。

[A]
Phil's Party

This year, Jane decided to plan a birthday party for her husband, Phil. She wanted the party to be (26) because Phil was turning 70 years old. She secretly sent invitation cards to their family and friends and asked them to meet at Phil's favorite restaurant in town to celebrate together.

On the day of his birthday, Jane took Phil to the restaurant. When they got there, Phil was (27) so many people wishing him a happy birthday. At first he did not understand what was happening, but he soon realized that they all came for him. He thanked everyone, especially Jane, for such a fantastic party. It was the best birthday he has ever had.

(26) 1 held at home   2 much cheaper
        3 smaller than usual 4 very special

(27) 1 angry about talking to 2 surprised to see
        3 not able to meet with   4 not glad to call

144

[B]
Challenges for Children

Many people have memories of playing in playgrounds at parks. Some children like climbing on jungle gyms while others like the slides or swings. However, from the 1990s, more and more people began to think that playgrounds were too dangerous. As a result, many cities in the United States began to (**28**). In these new playgrounds, the climbing bars were lower, and the ground was softer. As a result, there were fewer chances for children to get hurt.

Even so, some people do not think that such changes are good for children. Ellen Sandseter, a professor at Queen Maud University College in Norway, says that playgrounds help children to grow. For example, when children try to climb to a high place, they often feel afraid. However, they keep trying to climb to high places. As a result, (**29**), they start to feel less scared. This shows that when children try difficult things by themselves again and again, they can learn not to be afraid. Sandseter believes that modern playgrounds do not have enough challenges.

This causes a problem for parents. They want their children to face challenges and learn new things, but they also do not want their children to get hurt. Hoping to solve this problem, local governments in the United States have started (**30**) for playgrounds. They hope to build playgrounds that will provide exciting and fun challenges for children in a safe environment.

(28) **1** change the swings   **2** stop building climbing bars
      3 build safer playgrounds   **4** close their parks

(29) **1** after many times   **2** with their parents' help
      3 in a safe place   **4** when they are careful

(30) **1** giving people money   **2** asking children to pay
      3 making different problems   **4** looking at new designs

次の英文 [A], [B] の内容に関して，**(31)** から **(37)** までの質問に対して最も適切なもの，または文を完成させるのに最も適切なものを **1, 2, 3, 4** の中から一つ選び，その番号を解答用紙の所定欄にマークしなさい。

4

[A]

From: Kelly Applebee <kelly-applebee@hemcast.net>
To: John Coleman <j-coleman97@linenet.com>
Date: January 21
Subject: Math test

Hi John,

Did you have fun practicing soccer this morning? I heard your team is going to play a big game this Friday. Are you ready for it? I think I'll be free that evening, so I might go and watch it with my brother. I hope you win!

Anyway, I wanted to ask you about our math test next week. I did really poorly on the last test, so I want to study hard and get a good grade on the next one. I remember you said you are having trouble in math class, so would you like to study together? I have some free time on Sunday. So, why don't we meet at the library?

If you are free, we could also do something fun afterward. There's a new movie at the Palace Theater this week called *The Man from Mars*. It's a science-fiction movie about an astronaut who goes to live on Mars for a year. When he comes back to Earth, everyone is gone, and he tries to find out what happened. Anyway, let me know what you think, and good luck getting ready for the game!

Your friend,
Kelly

146

(31) What is true about John?

    1 He won his last big game.
    2 He will be free on Friday evening.
    3 He plays on a soccer team.
    4 He often watches TV with his brother.

(32) Kelly tells John that

    1 she got a bad grade on her last math test.
    2 she has trouble finding time to study.
    3 she will borrow books from the library on Sunday.
    4 she wants to take a different math class.

(33) What does Kelly say about the movie *The Man from Mars*?

    1 It is about a man who was born on Mars.
    2 It is a new science-fiction movie.
    3 She wants to know if John enjoyed it.
    4 She saw it at the Palace Theater last week.

17
年度第3回

筆記

[B]
The Recycled Orchestra

In wealthy countries like the United States and Japan, recycling is a popular way to protect the environment. However, in many poorer countries, recycling is an important way for people to make money. Adults and children look through garbage to find metal and other valuable things to sell. In this way, they can make just enough money to pay for food and housing. In South America, there are towns where many of the people make their money by doing this. One such place is Cateura, Paraguay.

Life in Cateura is sometimes difficult. Families have little money, and most children have to quit school and start working when they are still young. However, a man named Favio Chavez has been trying to make their lives better. Chavez moved to Cateura in 2006 and soon started to offer music lessons to children in the area. These lessons became very popular, but he did not have enough musical instruments for all of them to practice with.

Chavez decided to work with local people to make new musical instruments using garbage collected in the town. First, he worked with Nicolas Gomez to create violins and guitars using old salad bowls and forks. Then, with Tito Romero, he created clarinets using bottle caps, spoons, and buttons. With hard work and care, the men were able to create instruments that sounded like the real ones.

Chavez was able to teach hundreds of children in Cateura how to play instruments. Now, many of the children play in an orchestra called the Recycled Orchestra. They have the chance to travel to different countries to give performances, and they use the money that they make to pay for school and to support their families. Thanks to the Recycled Orchestra, the children and their families now have a better future to look forward to.

(34) Why is recycling important in many poorer countries?

    1 It is the cheapest way to help protect the environment.
    2 It is a way for people to make the money they need to live.
    3 It can help keep towns there clean.
    4 It can help stop people from making garbage.

(35) When Favio Chavez moved to Cateura,

    1 the town did not have a school for children.
    2 the town did not have many families living there.
    3 he began to teach children there to play music.
    4 he was too busy to give music lessons anymore.

(36) How did Chavez get musical instruments?

    1 He used the money that he received from parents to buy new ones.
    2 He sold things that he did not need to get money to buy them.
    3 He asked local people to give him old ones that they did not use.
    4 He worked with local people to make them from garbage.

(37) Children in the Recycled Orchestra

    1 are able to travel and to help their families.
    2 have to pay money to take part in the group.
    3 ask their schools to help them buy musical instruments.
    4 go to other countries to teach other children to play music.

ライティング

5
- ●あなたは，外国人の知り合いから以下の QUESTION をされました。
- ● QUESTION について，あなたの意見とその<u>理由を 2 つ</u>英文で書きなさい。
- ●語数の目安は 50 語～60 語です。
- ●解答は，解答用紙の B 面にあるライティング解答欄に書きなさい。<u>なお，解答欄の外に書かれたものは採点されません。</u>
- ●解答が QUESTION に対応していないと判断された場合は，<u>0 点と採点される</u>ことがあります。 QUESTION をよく読んでから答えてください。

QUESTION
Do you think fast-food restaurants are a good thing for people?

（リスニングテストは次のページにあります。）

17年度第3回　筆記

一次試験
リスニング

準2級リスニングテストについて

1　このリスニングテストには，第1部から第3部まであります。
　☆英文はすべて一度しか読まれません。
　第1部：対話を聞き，その最後の文に対する応答として最も適切なものを，放送される
　　　　 1，2，3の中から一つ選びなさい。
　第2部：対話を聞き，その質問に対して最も適切なものを1，2，3，4の中から一つ選
　　　　 びなさい。
　第3部：英文を聞き，その質問に対して最も適切なものを1，2，3，4の中から一つ選
　　　　 びなさい。
2　No. 30のあと，10秒すると試験終了の合図がありますので，筆記用具を置いてください。

第1部　　　　◀))　▶MP3 ▶アプリ ▶CD 3 43～53

No. 1～No. 10（選択肢はすべて放送されます。）

第2部　　　　◀))　▶MP3 ▶アプリ ▶CD 3 54～64

No. 11
1 Study with a friend.
2 Have dinner with the man.
3 Work at her office.
4 Go shopping at a mall.

No. 12
1 She will take the train.
2 She will get a night bus.
3 She will drive her car.
4 She will go by airplane.

No. 13
1 Come and see him again.
2 Stay in the hospital.
3 Rest at home.
4 Take some medicine.

No. 14	1 Start studying Japanese.
	2 Travel to Japan.
	3 Play summer sports.
	4 Make video games.

No. 15	1 Call the museum.
	2 Sell some postcards.
	3 Put away his camera.
	4 Draw some pictures.

No. 16	1 Practice volleyball.
	2 Study for an exam.
	3 Exercise in the gym.
	4 Watch Gary's game.

No. 17	1 He wants to drink white wine.
	2 He enjoyed his meal.
	3 His pasta was cold.
	4 His food was too expensive.

No. 18	1 The mall's sale ended yesterday.
	2 The mall is not open today.
	3 He cannot find the mall's information desk.
	4 He lost his bag in the mall.

No. 19	1 He cannot see the movie he wanted to see.
	2 He could not rent a DVD for his grandson.
	3 *Bubbles the Dancing Bear* was boring.
	4 The Showtime Theater is closing soon.

No. 20	1 His birthday is not today.
	2 It looks like it was expensive.
	3 He already has one just like it.
	4 Nobody knew he liked photography.

17年度第3回 リスニング

|||||| 第 3 部 |||||||||||||||||||||||||||||||||||||||| ◀)) ▶MP3 ▶アプリ ▶CD 3 **65**～**75**

No. 21

1 He traveled to South Korea.
2 He called his parents.
3 He went to work.
4 He relaxed at home.

No. 22

1 In a classroom.
2 On a safari tour.
3 Outside a bookshop.
4 At a pet shop.

No. 23

1 Start a new business.
2 Go to design school.
3 Design a new kind of pen.
4 Work at her friend's shop.

No. 24

1 Going hiking by himsclf.
2 Meeting many nice people.
3 Trying new kinds of food.
4 Traveling with his friends.

No. 25

1 The cowboys slept in them.
2 Their wheels often fall off.
3 They can carry many people.
4 They were first used to carry food.

No. 26

1 Get a new computer.
2 Have a large copy of a photo made.
3 Take a photo of his family.
4 Buy his daughter a new camera.

No. 27

1 To help his friend.
2 To give it to sick people.
3 To pay for medical school.
4 To buy food for poor people.

No. 28

1 It tastes better when it is cold.
2 It does not smell good.
3 It is not safe to eat.
4 It is too soft.

No. 29

1 The airport in Tokyo is crowded.
2 The weather in Singapore is bad.
3 The flight will take nine hours.
4 The plane will be late.

No. 30

1 He joined a study program.
2 He found a college textbook.
3 He asked his brother to teach him.
4 He read books about math.

二次試験
面 接

問題カード（A日程）　

Volunteers at Libraries

These days, many students take part in volunteer activities for their communities. For example, volunteer activities at libraries are attracting attention. Student volunteers read stories to children, and by doing so they help them to become more interested in books. Such activities will probably become more popular in the future.

A

B

Questions

No. 1   According to the passage, how do student volunteers help children to become more interested in books?

No. 2   Now, please look at the people in Picture A. They are doing different things. Tell me as much as you can about what they are doing.

No. 3   Now, look at the woman in Picture B. Please describe the situation.

Now, Mr. / Ms. ____, please turn over the card and put it down.

No. 4   Do you think towns and cities should have more libraries?
Yes. → Why?
No. → Why not?

No. 5   These days, many people like to grow flowers or vegetables. Are you interested in gardening?
Yes. → Please tell me more.
No. → Why not?

問題カード（B日程）

▶MP3 ▶アプリ ▶CD3 81〜84

Language Learning

People usually use dictionaries when they learn a foreign language. These dictionaries are often big and heavy to carry. Now, however, there are dictionaries on the Internet. People use online dictionaries with their smartphones, and by doing so they can easily look up words anytime. Technology is changing the way we learn languages.

A

B

Questions

No. 1   According to the passage, how can people easily look up words anytime?

No. 2   Now, please look at the people in Picture A. They are doing different things. Tell me as much as you can about what they are doing.

No. 3   Now, look at the boy in Picture B. Please describe the situation.

Now, Mr. / Ms. _____, please turn over the card and put it down.

No. 4   Do you think more people will buy things on the Internet in the future?
Yes. → Why?
No. → Why not?

No. 5   These days, there are many Japanese athletes playing professional sports in foreign countries. Do you watch these players and athletes on TV?
Yes. → Please tell me more.
No. → Why not?

17
年度第
3
回

面接

159

2020年度版

文部科学省後援

英検®準2級
過去6回 全問題集
別冊解答

英検®は、公益財団法人 日本英語検定協会の登録商標です。

旺文社

2020 年度版

文部科学省後援

英検®準2級
過去6回 全問題集
別冊解答

英検®は、公益財団法人 日本英語検定協会の登録商標です。

旺文社

もくじ

Contents

2019年度 第2回検定 解答・解説 ……………………5

第1回検定 解答・解説 …………………… 41

2018年度 第3回検定 解答・解説 …………………… 77

第2回検定 解答・解説 ………………… 113

第1回検定 解答・解説 ………………… 149

2017年度 第3回検定 解答・解説 ………………… 185

2019-2

一次試験
筆記解答・解説　　　p.6〜18

一次試験
リスニング解答・解説　p.18〜35

二次試験
面接解答・解説　　　p.36〜40

解 答 一 覧

一次試験・筆記

1

(1)	3	(8)	3	(15)	1
(2)	2	(9)	1	(16)	2
(3)	2	(10)	4	(17)	3
(4)	4	(11)	4	(18)	1
(5)	1	(12)	2	(19)	3
(6)	2	(13)	4	(20)	1
(7)	1	(14)	3		

2

(21)	4	(23)	3	(25)	1
(22)	1	(24)	2		

3 A

(26)	2
(27)	4

3 B

(28)	4
(29)	1
(30)	3

4 A

(31)	1
(32)	3
(33)	1

4 B

(34)	3
(35)	2
(36)	2
(37)	2

5　　解答例は本文参照

一次試験・リスニング

第1部

No. 1	3	No. 5	1	No. 9	1
No. 2	3	No. 6	2	No.10	2
No. 3	2	No. 7	1		
No. 4	2	No. 8	3		

第2部

No.11	2	No.15	1	No.19	1
No.12	4	No.16	3	No.20	4
No.13	3	No.17	4		
No.14	4	No.18	2		

第3部

No.21	2	No.25	1	No.29	3
No.22	1	No.26	3	No.30	2
No.23	2	No.27	4		
No.24	4	No.28	1		

一次試験・筆記 1 | 問題編 p.18〜20

(1) ― 解答 3 ....

訳 A：君は歌手のキム・エリスが映画に出演したのを知っていた？
B：ええ。映画『グランドシティホスピタル』で看護師役を演じたのよ。

解説 直後で B が She played a nurse「彼女は看護師役を演じた」と答えているので，映画に出演したことについて尋ねたと考えて，正解は **3**。動詞 act は「行動する」という意味だが，このように「演じる」という意味もある。演じる人は actor「俳優」。trade「貿易をする」，wonder「不思議に思う」，receive「受け取る」。

(2) ― 解答 2 ....

訳 A：スコット，外はひどく寒いわ。暖かい上着を着なさいね。
B：そうするよ，お母さん。手袋と帽子も着けていくね。

解説 空所の次の文に「暖かい上着を着なさい」とあり，外は寒いと考えられるので，正解は **2**。freeze は動詞で「凍る」という意味だが，freezing は形容詞で「（凍りつくほど寒い→）ひどく寒い（＝freezing cold）」という意味である。emotional「感情的な」，delicious「おいしい」，complete「完全な」。

(3) ― 解答 2 ....

訳 アンソニーのレストランの客のほとんどが禁煙席を希望したので，彼はレストランを禁煙席だけにした。

解説 アンソニーが自分のレストランを禁煙席だけにしたのは，ほとんどの客がそれを希望したからだと考えて，正解は **2**。request は動詞として「〜を要請する，懇願する」という意味。なお，名詞として「要請，要望，リクエスト」という意味もある。handle「〜を扱う」，double「〜を 2 倍にする」，crash「〜を壊す，衝突させる」。

(4) ― 解答 4 ....

訳 A：この店にはかわいいドレスがすごくたくさんあるわね。あなたはどれを買うつもり？
B：それは難しい決断ね。気に入るものがたくさんあるわ。

解説 衣料品店でどれを選ぶのか尋ねられて，「それは難しい〜だ」と答えているので，正解は **4** の decision（発音注意 [dɪsíʒən]）。動詞 decide「決定する」の名詞形で，「決定，決心，決断」という意味である。surprise「驚き」，partner「パートナー」，custom「習慣」。

(5) ― 解答 1 ....

訳 A：すみません。今現在，この美術館で何か特別な催しは開催していますか。

6

B：はい。20 世紀のロシアの画家たちによる絵画の展覧会を開いております。

解説 A が美術館の special events「特別な催し」について尋ねたのに対し，「20 世紀のロシアの画家たちによる絵画の〜」をやっていると答えている。正解は **1**。exhibition（発音注意 [èksɪbíʃən]）は動詞 exhibit（発音注意 [ɪgzíbət]）「〜を展示する」の名詞形で，「展覧会，展示」という意味である。environment「環境」，explosion「爆発」，encounter「遭遇」。

(6) ― 解答 ②

訳 その白動車会社の最新の車はとても人気となり，会社は巨大な利益をあげた。社長はその車の設計者に多額のボーナスを与えた。

解説 新車が大人気となり，会社がどうなったのか考える。空所の次の文に「多額のボーナスを与えた」とあることからも，**2** の profit「利益」が適切とわかる。make a huge profit で「巨大な利益をあげる」という意味。border「へり，境界」，harvest「収穫」，matter「物質，問題」。

(7) ― 解答 ①

訳 モニカはパリ旅行で美しい馬の彫像を見た。彼女は，いろいろな角度から写真を撮るために，その周りを歩き回った。

解説 モニカが馬の彫像の周りを歩き回ったのは，いろいろな角度から写真を撮るためだと考えて，正解は **1**。angle は「角度，角」という意味である。ちなみに「三角形」を表す triangle は，「3 つの (tri-) 角」からきている。rank「階級，等級」，trade「貿易」，value「価値」。

(8) ― 解答 ③

訳 アンドリューはステーキを長く焼きすぎた。食べ始めると，それはぱさぱさで噛むのが大変だった。

解説 焼きすぎのステーキについて「それはぱさぱさで，〜するのが難しい」という文脈なので，正解は **3** の chew「〜を噛む」。difficult to chew で「噛みにくい」という意味である。shoot「〜を撃つ」，draw「〜を引く，描く」，weigh「〜の重さを量る，重さが〜である」。

(9) ― 解答 ①

訳 シンディの息子はコンピュータについて多くのことを知っている。シンディのコンピュータが修理される必要があるときにはいつでも，彼女は彼に助けを求める。

解説 コンピュータのことをよく知っている息子に助けを求めるのはコンピュータの修理が必要なときだと考えて，正解は **1**。repair は「〜を修理する」という意味で，need to be repaired で「修理される必要がある」。guess「〜を推測する」，exercise「〜を運動させる，鍛える」，greet「〜にあいさつする」。

(10) – 解答 **4**

訳 A：この申込用紙は慎重にご記入ください。すべてのことを正しく書か
ないと，新しい用紙にご記入いただかなければなりません。

B：わかりました。1回目で正しくできるように気をつけますね。

解説 申込用紙の記入について「もしすべてを～書かないと，新しい用紙に記
入しなければならない」という文脈なので，正解は **4** の correctly「正
しく」。形容詞 correct「正しい」の副詞形である。fill out ～「～に記
入する」，application form「申込用紙」も重要表現。lately「最近」，
physically「物理的に，肉体的に」，mainly「主に」。

(11) – 解答 **4**

訳 A：ジャスミン，君はなぜヨーロッパ史に関するその本を読んでいる
の？　授業のため？

B：いいえ。ただ楽しみのために読んでいるのよ。私，歴史が大好きな
の。

解説 直後に「歴史が大好き」とあるので，正解は **4** の for fun「楽しみのた
めに」。ジャスミンは，授業のためではなく，自分の興味からその本を
読んでいるのである。with luck は「運が良ければ」，on time は「定
刻に」，by heart は「暗記して，そらで」という意味。

(12) – 解答 **2**

訳 ピーターは新しい仕事を始めることを心配していたが，同僚たちはとて
も親切だったので，すぐに彼の気持ちを和ませてくれた。

解説 ピーターは新しい職場で不安だったが親切な同僚たちのおかげで安心し
たと考えて，正解は **2**。at home で「気楽で，くつろいで」という意味
である。使役動詞の用法〈make＋目的語＋動詞の原形〉「(目的語)に
～させる」と熟語表現 right away「直ちに」もおさえておこう。

(13) – 解答 **4**

訳 アリスは一番上の棚にある本を取ろうと手を伸ばしたが，それを取るに
は身長が足りなかった。彼女は父親に手伝ってくれるよう頼んだ。

解説 直後に「その本を取るには身長が足りなかった」とあるので，アリスは
一番上の書棚から本を取り出そうとしていたと考えて，**4** を選ぶ。
reach は「手を伸ばす」，for は「～を求めて」なので，reach for ～ で
「～を取ろうと手を伸ばす」。come out は「出る」，turn off ～ は「～
のスイッチを切る」，take over ～ は「～を引き継ぐ」。

(14) – 解答 **3**

訳 A：ジムが自分の大好きなサッカーチームについて話すのが好きじゃな
いんだ。

B：わかるよ。僕たちがサッカーに関心がないってことをわかっていな
いみたいだ。何か他のことについて話してくれるといいのになあ。

8

解説 ジムがサッカーチームの話をするのは相手がサッカーに関心がないことを知らないからだと考えて，**3** を選ぶ。care about 〜 は「〜に関心がある，〜を気にする」の意味。search for 〜 は「〜を捜す」，look after 〜 は「〜の世話をする」，hear from 〜 は「〜から連絡をもらう」。

(15) – 解答 ①

訳 A：アレックス，私はクラスのみんなに書くのをやめるように言いましたよ。なぜまだ鉛筆が手の中にあるのですか。机の上にそれを置いてください。

B：ごめんなさい，スミス先生。テストをもう1問解き終えたかっただけなんです。

解説 試験が終了しているのに書き続けている生徒に「それ（鉛筆）を机の上に置きなさい」と注意していると考えて，正解は**1**。lay は「〜を横にする」，down は「下に」ということから，lay down 〜 は「〜を（下に）置く」。run over 〜 は「（車などが）〜をひく」，make out 〜 は「〜を理解する」，show off 〜 は「〜を見せびらかす」。

(16) – 解答 ②

訳 A：すみません。図書館がどこか教えていただけませんか。

B：ええ。あなたはちょうどそこを通り過ぎたところですよ。あなたの後ろ，右側にあります。

解説 直後に「あなたの後ろ，右側ですよ」と述べていることから，A は目的地の図書館をちょうど通り過ぎたところだと考えられるので，正解は**2**。pass by 〜 は「〜のそばを通り過ぎる」という意味である。

(17) – 解答 ③

訳 A：行く準備はできた？　私たち，学校に遅れてしまうわ。

B：少し待ってもらえますか。朝食を食べ終わらなければならないのです。

解説 直後で「朝食を食べ終える必要がある」と言っていることから，正解は**3**。hold on は命令文でよく用いられ，「（少し）待つ」という意味。Hold on a minute. は「ちょっと待って」。また，電話で Hold on, please. と言われたら「切らずにお待ちください」という意味。

(18) – 解答 ①

訳 キャロルは海で泳ぎ続けたかった。しかし，暗くなってきたので，母親は彼女に帰る時間だと告げた。

解説 母親が帰る時間だと言ったのは暗くなってきたからだと考えられるので，正解は**1**。ここでの as は「〜なので」という意味で，理由を表す従属接続詞である。他の選択肢もすべて従属接続詞で，unless は「〜しない限り」，though は「〜けれども」，until は「〜するまで」という意味。

9

(19) – 解答 **3**

訳 ジェレミーは，卒業パーティーの支払いをするために，クラスの全員から 20 ドル集めたが，それでは足りなかった。彼はみんなにもう 1 ドル払うように頼むつもりである。

解説 1 人 20 ドルでは足りず，もう 1 ドル集めるつもりだと考えて，正解は **3**。another は「もう 1 つの，別の」。each other は「お互い」，the other は「残りすべての」，other は「他の」という意味であり，使い分けをおさえておく必要がある。

(20) – 解答 **1**

訳 ニュース報道によると，警察は盗まれたダイヤモンドがその男のカバンの中に隠されているのを発見したということだった。男はメキシコ行きの飛行機に乗ろうとしていた。

解説 〈find ＋目的語＋〜〉で「（目的語）が〜であるのがわかる」という意味。the stolen diamonds「盗まれたダイヤモンド」が「隠されている」のを見つけたと考えられるので，「〜される」という受身の意味をもつ過去分詞の **1** を選ぶ。hide「〜を隠す」は不規則動詞で，hide-hid-hidden と変化する。

┌──────────────────────┐
│ 一次試験・筆記 **2** 問題編 p.21〜22 │
└──────────────────────┘

(21) – 解答 **4**

訳 A：ゲイリー，海辺へ行く用意はできた？
B：少し待って，スージー。タオルを見つけないと。
A：1 時間前に出る計画だったのよ。どうしてまだ準備ができていないの？
B：ああ，持って行くサンドイッチを作っていたんだよ。

解説 海辺に向けて出発する場面である。空所の次の文に I need to find my towel.「タオルを見つける必要がある」とあり，タオルを捜していてまだ出発できないのだとわかるので，正解は **4**。Just a minute. は頻出の口語表現で「ちょっと待って」という意味。**1**「まず昼食を食べようよ」，**2**「もうそこに行ったよ」，**3**「自分で取って食べてね」。

(22) – 解答 **1**

訳 A：オレゴンホテルによるようこそ。どのようなご用でしょうか。
B：ええと，予約はしていないのですが，こちらに宿泊したいのです。
A：承知いたしました。まだお部屋はご用意できます。ご滞在の期間はどのくらいですか。
B：仕事の会議のために来ていますので，1 泊する必要があります。

解説 空所の直後で B は I need to stay for a night「1 泊する必要がある」と滞在期間を答えているので，正解は **1**。**2**「いつ部屋を予約されましたか」，**3**「どこにご滞在ですか」，**4**「どのようなお部屋のタイプをご希望ですか」。

(23) – 解答 ③

訳 A：やあ，ジュリア。新しい仕事が決まったって聞いたよ。
B：ええ，そうよ。来週から働き始めるの。
A：新しい仕事場はどこ？
B：スカーレット通りにあって，病院の隣よ。

解説 空所後で，B は I'm going to start next week.「来週から始めるつもりだ」と言い，さらに A は Where is your new office?「新しい仕事場はどこ？」と尋ねているので，B は転職したと考えられる。よって，正解は **3**。**1**「オンラインで勉強するつもりだ」，**2**「新居に引っ越した」，**4**「新しい車を購入するつもりだ」。

(24)(25)

訳 A：タコレイナへようこそ。何を召し上がりますか。
B：まず，質問があります。タコスーパーコンボには何が入っていますか。
A：タコスが 2 つとポテトチップスが 1 袋，それとお飲み物です。
B：それは良さそうですね。それをいただきます。
A：承知いたしました。それでは，お飲み物は何になさいますか。
B：コーヒーを 1 杯いただこうと思います。
A：申し訳ございません，お客さま。ご注文できるのは冷たいお飲み物のみでございます。
B：わかりました。それでは，コーラをいただきます。

(24) – 解答 ②

解説 レストランで注文をする場面での対話である。空所の後で What's in the Taco Super Combo?「タコスーパーコンボには何が入っていますか」と質問しているので，正解は **2**。**1**「タコスを買いました」，**3**「すでに注文しました」，**4**「飲み物だけいただきます」。

(25) – 解答 ①

解説 飲み物を選ぼうとしているところである。空所の後で，B は A に You can only get a cold drink.「冷たい飲み物だけ注文できる」と言われ，I'll have a cola, then.「それではコーラをもらう」と言っている。よって，初めは温かい飲み物を注文しようとしたと考えて，正解は **1**。**2**「フローズンジュースを飲んでみよう」，**3**「とてものどが渇いている」，**4**「お金を全く持っていない」。

| 一次試験・筆記 | **3A** | 問題編 p.24 |

ポイント 「新しいレシピを試してみる」というタイトルで、レシピについての話である。第1段落ではそのレシピを手に入れるまでの経緯、第2段落ではそのレシピで実際に料理をしたときの様子が説明されている。

全文訳 **新しいレシピを試してみる**

ジュリーは先月、友達のリンダの家に夕食に行った。リンダはとても料理の腕が良く、世界中のいろいろな種類の料理を作る。彼女はよく友達を招いて、自分の料理を試食させてくれる。ジュリーがリンダの家に行ったときには、ラザニアが作ってあった。ジュリーはそれをおいしいと思い、それを自分で作りたくなった。家族のために作れるように、リンダにレシピをくれるよう頼んだ。

週末、ジュリーは自分の台所でラザニアを作った。注意深くレシピ通りにしたが、彼女のラザニアはリンダのラザニアほどおいしくなかった。彼女はリンダに電話をかけ、アドバイスを求めた。リンダはそのラザニアはもっと長く加熱調理される必要があると言った。そこで、ジュリーはそれをオーブンに戻し、20分後に再び取り出した。今度はずっとおいしかった。

(26) – 解答 **2**

選択肢の訳 1 help to cook it「それを作る手伝いをする」
2 make it herself「それを自分で作る」
3 study about it「それについて勉強する」
4 heat it up「それを温める」

解説 出されたラザニアについて「それをおいしいと思い、～したくなった」という文脈である。その後で、レシピをくれるよう頼んでいることから、自分で作りたくなったと考えて、正解は **2**。

(27) – 解答 **4**

選択肢の訳 1 in a big pot「大きな鍋の中に（ある）」
2 at her house「彼女の家に（ある）」
3 eaten faster「もっと素早く食べられる」
4 cooked longer「もっと長く加熱調理される」

解説 空所を含む部分は「そのラザニアは～する必要がある」で、リンダのアドバイスの内容である。直後に「それをオーブンに戻して20分後に再び取り出した」とあり、もう一度加熱したことがわかるので、正解は **4**。

| 一次試験・筆記 | **3B** | 問題編 p.25 |

ポイント　「羊飼いの学校」というタイトル。羊飼いを取り巻く問題とその解決法についての文章である。第1段落では羊飼いの仕事について，第2段落ではスペインのカタロニアの山々で問題になっていること，第3段落ではその解決法の1つになる「羊飼いの学校」の内容をそれぞれ読み取ろう。

全文訳　**羊飼いの学校**

　羊飼いは羊の世話をする人である。羊飼いはあらゆる天候下で長時間働く。彼らは，羊がえさを食べたり眠ったりしている間，オオカミなどの動物から守るためにそれらを見張る。それは大変な仕事である。羊は，ある場所の草をすべて食べ尽くすと，もっと草のある別の場所へ移動する。このようにして，羊は常に十分な食べ物を得る。

　スペインのカタロニアの山々では，羊飼いが何世紀もの間働いてきた。伝統的に，羊飼いは自分の息子たちに羊の世話の仕方を教え，同じ家族が長年の間同じ地域で働いてきた。しかし，最近，羊飼いの数が減っている。多くの若者は自分の家族の土地で働きたがらないので，羊飼いは子供たちに大切な技術を教えることができないのである。実際，2009年には，カタロニアには羊飼いが12人しかいなかった。

　もっと多くの人を引きつけるために，2009年に羊飼いの学校が開校した。生徒は数か月かけて羊について勉強する。その後，山に出て経験豊かな羊飼いと一緒に働き，彼らから技術を学ぶ。これらの生徒の多くはすでに通常の大学を卒業しており，給料の良い都会での仕事に就いていた。しかし，彼らは新しいことに挑戦したいと思っているのである。彼らは，自然の中で働き，食料生産についてもっと多くのことを学べるような仕事を見つけることに関心を持っている。願わくは，このことが古き伝統が生き続ける助けになってほしいものである。

(28) — 解答 ④

選択肢の訳
1. to stay safe from wolves「オオカミから安全でいられるように」
2. with many animals「多くの動物と一緒に」
3. when it is easier to move「移動がもっと楽になると」
4. where there is more grass「もっと草のある」

解説　空所の次の文に「このようにして，羊は常に十分な食べ物を得る」とあるので，そのために羊がすることになるように**4**を選ぶ。ある場所の草を食べ終わると，もっと草のある別の場所へと移動するのである。

(29) — 解答

選択肢の訳
1. there are fewer shepherds「羊飼いの数が減っている」
2. young people are moving there「若者がそこへ移動している」
3. sheep are getting older「羊が年をとってきている」
4. more farms are being built「より多くの農場が建設されている」

> **解説** 空所後に,「多くの若者は自分の家族の土地で働きたがらない」とあり,さらに同段落最終文に「実際,2009年には,カタロニアには羊飼いが12人しかいなかった」とある。羊飼いの人数が減少していることを述べているので,正解は **1**。

(30) – 解答

> **選択肢の訳**
> 1 learn easy tasks「簡単な仕事を学ぶ」
> 2 work in the city「都会で働く」
> 3 try something new「新しいことに挑戦する」
> 4 make more money「もっとお金を稼ぐ」

> **解説** 空所後の「自然の中で働き,食料生産についてもっと多くのことを学べるような仕事を見つけることに関心を持っている」とはつまり,空所の直前の文に出てくる都会の仕事をやめて「新しいことに挑戦する」ことを望んでいるのだと考えて,正解は **3**。

一次試験・筆記 4A 問題編 p.26〜27

> **ポイント** デイビッドから彼のおばであるベサニーへの「プールの監視員」についてのメール。第1段落では監視員をすることになった経緯,第2段落ではその採用試験の内容が説明されている。第3段落では,メールのまとめとして,早く遊びに来るように誘っている。

全文訳

送信者:デイビッド・マスターズ <dmasters88@ymail.com>
受信者:ベサニー・マスターズ <b-masters@intermail.com>
日付:10月6日
件名:監視員

こんにちは,ベサニーおばさん
お元気にしていますか。おばさんがワシントンに引っ越して以来,おばさんがいなくて本当に寂しいです。僕は大学で忙しくしています。ご存じの通り,僕はここ数年スイミングチームに所属していて,水泳がとてもうまくなりました。今年は,プールの仕事に応募しました。監視員になるので,泳いでいる人の安全を確保するのが僕の仕事になります。

チームメイトの1人が僕にその仕事を勧めてくれました。その仕事に就くためには水泳のテストを受けなければなりませんでした。実際,それはとても大変でした。止まらずに400メートルを泳がなければなりませんでした。さらに,プールの反対側の端の底から重さ5キロのレンガを持って来なければなりませんでした。それはとても重かったし,たった1分で運んで戻って来なければならなかったんですよ。

それはともかく，おばさんが近いうちに僕たちを訪問する機会をつくってくれることを願っています。父はおばさんがいなくて本当に寂しがっています。おばさんたちが子供のころに一緒にしていたことについてたくさん話しています。中にはすごく面白い話もあるんですよ！　次に会うときにはおばさんも話を聞かせてくれることを願っています。それと，母は，先月おばさんが誕生日に送ってくれたガーデニングの本が気に入ったと言っています。
おいのデイビッドより

(31) - 解答 ①

質問の訳 デイビッドがベサニーおばさんに言っていることによると，彼は

選択肢の訳
1 プールで働く予定である。
2 今年スイミングチームに加わった。
3 ワシントンに引っ越すつもりである。
4 最近は暇な時間が多い。

解説 第1段落最後の2文に，今年デイビッドはプールでの仕事に応募して，監視員になる予定であることが述べられているので，正解は **1**。**2** のスイミングチームについては，I've been on the swim team for a few years「僕はここ数年スイミングチームに所属している」とあるので不適。

(32) - 解答 ③

質問の訳 デイビッドは水泳のテストで何をしなければなりませんでしたか。

選択肢の訳
1 チームメイトの安全を確保する方法を見つける。
2 他の泳者全員との試合に勝つ。
3 重いものを運びながら泳げることを示す。
4 プールの底にたどり着けるようにチームと協力する。

解説 水泳のテストの内容は，第2段落第4文以降にある。止まらずに400メートル泳ぎ切ることと，プールの反対側の端の底にある重さ5キロのレンガを1分で持ってくることである。後者の内容から，正解は **3**。

(33) - 解答 ①

質問の訳 デイビッドの父親はよく何をしていますか。

選択肢の訳
1 彼とベサニーがしたことについて話をする。
2 ワシントンに戻って友人や家族を訪問する。
3 子供たちと遊んで時間を過ごす。
4 仕事のためにガーデニングに関する本を読む。

解説 父親については第3段落第2文に Dad really misses you. と出てくる。さらにその次の文に「子供のころに（おばさんと）一緒にしていたことについてたくさん話している」とあるので，正解は **1**。**4** の「ガーデニングの本」は，ベサニーがデイビッドの母親へ贈ったものとして出

てくるが，父親が仕事のためにそれを読んだという説明はない。

一次試験・筆記 **4B** 問題編 p.28〜29

ポイント アボカドについての話である。第1段落はアボカドの一般的な紹介，第2段落はアボカドが中央・南アメリカに広がった理由，第3段落はアボカドがその地で主要な農産物になった経緯，第4段落は最も一般的な種類であるハスアボカドについて書かれている。

全文訳 **異なる時代から来た果物**

アボカドは，メキシコやブラジルのような暖かい国で木に実をつける。外側は黒っぽいが，中は明るい緑色で，真ん中に大きな種がある。サラダなどの料理に入れて食べて楽しむ。甘くないので，アボカドは野菜だと思っている人が多い。しかし，科学者たちによると，中に種があるため果物の一種であるということだ。

アボカドのような植物にとって，実と種は重要である。動物は，実を食べるとき，通常はその種も食べる。動物はその種を胃の中に入れて運んで回る。このようにして，種はある場所からまた次の場所へと拡散されるのである。しかし，アボカドには大きな種があり，それは現代の動物が食べるには大きすぎる。ペンシルベニア大学の生物学の教授であるダニエル・ジャンゼンは，このことの理由を見つけたかった。古代には，巨大なゾウや馬がいた。ジャンゼンは，これらの大型動物がアボカドを食べ，その種を中央・南アメリカ一帯に広めたことを発見した。

しかし，約1万3千年前，これらの大型動物はすべて死滅したので，アボカドの種はもはやそれらによって拡散されることはなかった。その後，約1万年前に人間の集団がこれらの地に移住してアボカドを食べ始めた。彼らはその味を楽しみ，まもなく，それを農場で栽培し始めた。やがて，アボカドは中央・南アメリカで最も重要な食料の1つになったのである。

今，世界中で育てられているアボカドには500以上の種類がある。しかし，ハスアボカドが最も一般的である。それは，ルドルフ・ハスという名の人物によりカリフォルニアで最初に栽培された。彼のアボカドの木が人気を集めたのは，アボカドの味が良く，1本の木にたくさんのアボカドが実ったからである。その結果，多くの農場主が彼の木を育て始めた。現在，世界中で栽培されているすべてのアボカドの80%ほどがハスアボカドである。

(34) **–解答 ③**

質問の訳 多くの人はアボカドについてどのようなことを信じていますか。

選択肢の訳 1 内側が黒っぽいものを食べるとよい。

2 メキシコとブラジルで栽培されたものを買うとよい。

3 味のせいでそれらは野菜だと思っている。

16

4 その種はサラダに入れて食べるには大きすぎると思っている。

解説 第1段落第4文に Because avocados are not sweet, many people think they are vegetables.「アボカドは甘くないので，それは野菜だと思っている人が多い」とあるので，正解は **3**。選択肢では「甘くないので」が because of their taste「その味のせいで」と言い換えられていることにも注意しよう。

(35) – 解答 ②

質問の訳 ダニエル・ジャンゼンの発見によると

選択肢の訳 **1** 植物の種はそれを食べた動物によって拡散される。
2 大型動物がかつてアボカドの種を拡散した。
3 ゾウと馬は野菜よりも種を好む。
4 多くの現代の動物は大きな種のある果物を好んで食べている。

解説 質問文に出てくる Daniel Janzen という人名は第2段落後半に出てくる。その段落の最終文に「これらの大型動物がアボカドを食べ，その種を中央・南アメリカ一帯に広めたことを発見した」とあるので，正解は **2**。**1** は，第2段落の前半に同内容の説明があるが，これはジャンゼンが発見したことではないので不適。

(36) – 解答 ②

質問の訳 1万年ほど前，何が起こりましたか。

選択肢の訳 **1** 大型動物がアボカドを食べるのをやめた。
2 人間が食料としてアボカドの栽培を始めた。
3 アボカドの苗が中央・南アメリカにもたらされた。
4 えさを見つけるのが困難だったために多くの動物が死んだ。

解説 質問文にある around 10,000 years ago は第3段落第2文に出てくる。その後に，人間が中央・南アメリカに移住し，アボカドを食べたところその味が気に入り，農場で栽培を始めるようになったことが述べられているので，正解は **2**。

(37) – 解答 ②

質問の訳 ハスアボカドについて正しいのはどれですか。

選択肢の訳 **1** 他の種類のアボカドほどおいしくない。
2 一番人気のある種類のアボカドである。
3 その木はカリフォルニアでしか栽培できない。
4 その木は他の木ほど多くのアボカドの実をつけることができない。

解説 the Hass avocado「ハスアボカド」については，第4段落最終文に「現在，世界中で栽培されているすべてのアボカドの80%ほどがハスアボカドである」とあるので，正解は **2**。同段落第4文後半にハスアボカドについて「味が良く1本の木にたくさんのアボカドが実った」とあるので，**1** と **4** は不適。

19年度第2回 筆記

17

一次試験・筆記 5 | 問題編 p.30

質問の訳 人々が英語を学び始めるのに最適な年齢は何歳ですか。

解答例 Twelve years old is the best. To start, it is important to learn your own language first. Twelve-year-old children know how to read and write already. This makes it easier for them to learn a new language. Also, they understand why English is important. Many young children do not know this, so they do not try hard.

解答例の訳 12歳が最適です。初めに，自分自身の言語を最初に学ぶことが重要です。12歳の子供はすでに読み書きの方法を知っています。このため，新しい言語を学ぶのがより容易になります。また，彼らは英語がなぜ重要であるのか理解しています。多くの幼い子供はこのことがわからないので，熱心に取り組みません。

解説 質問は，「英語を学び始めるのに最適な年齢は何歳か」である。これまでよく出題されていたDo you think ～?という形式とは異なるタイプの質問である。何歳を選んでもよいが，3歳などの幼児期，小学校入学時の6歳，中学校入学時の12歳あたりが思いつくのではないだろうか。解答例では12歳が選ばれている。ちなみに「12歳」は解答例のようにtwelve years oldの他にage twelveやthe age of twelveと表現することもできる。

　1つ目の理由はTo start (with)「初めに」で導入している。母語学習の重要性を指摘し，12歳ならすでに母語の読み書きの方法を知っているので，新たな言語も学びやすいと論じている。「12歳の子供」はtwelve-year-old childrenと表し，ハイフンで結ばれたyearは複数形にならないことに注意しよう。

　2つ目の理由はAlso「また」で導入し，12歳の子供は英語がなぜ重要かを理解していると書いている。次の文では，視点を12歳に達していない場合に変え，その場合に生じる問題点を「英語学習の重要性が理解できず熱心に取り組まない」と指摘している。

一次試験・リスニング 第1部 | 問題編 p.32

▶MP3 ▶アプリ
▶CD 1 **1**～**11**

〔例題〕－解答 ③

放送英文 ☆： Would you like to play tennis with me after school, Peter?

★： I can't, Jane. I have to go straight home.

☆： How about tomorrow, then?

1 We can go today after school.

2 I don't have time today.

3 That will be fine.

全文訳 ☆： ピーター，放課後一緒にテニスをしない？

★： できないんだ，ジェーン。まっすぐ家に帰らなきゃいけないんだよ。

☆： それなら，明日はどう？

選択肢の訳 **1** 今日の放課後に行けるよ。

2 今日は時間がないんだ。

3 それなら大丈夫だよ。

No.**1**－解答 ③

放送英文 ☆： Hey, Brian. What are you doing?

★： Oh, I'm writing a story. It's about a boy who travels around the world.

☆： Really? Is that for English class?

1 Yeah, I took English last year.

2 Well, traveling is a lot of fun.

3 No, writing is my hobby.

全文訳 ☆： ねえ，ブライアン。何をしているの？

★： ああ，物語を書いているんだ。世界中を旅する少年についての話だよ。

☆： 本当？　それは英語の授業のためのものなの？

選択肢の訳 **1** うん，僕は昨年英語を取ったよ。

2 ああ，旅行はすごく楽しいね。

3 いいや，書くのは僕の趣味なんだ。

解説 友人同士の対話。前半より男の子が物語を書いている状況であることをつかむ。最後の「それは英語の授業のためのものなの？」に対して適切な応答は，授業のためではなく趣味で書いていると答えている **3**。

No.**2**－解答 ③

放送英文 ☆： Broadway Theater.

★： Hi. I'd like to reserve two tickets for Friday night's play.

☆： Sorry, sir. Friday night's play is sold out. We have a few tickets for the Saturday show, though.

1 Actually, I don't need more tickets.

2 Well, that's my favorite actor.

3 OK. I'll take two of those, then.

全文訳 ☆： ブロードウェイ劇場です。

★： もしもし。金曜日の夜のお芝居のチケットを 2 枚予約したいのですが。

☆： 申し訳ございません，お客さま。金曜の夜の劇は売り切れです。でも，土曜日の回のチケットでしたら数枚ございます。

19

選択肢の訳　1　実は，これ以上チケットは必要ありません。

2　ええと，それは私の好きな俳優です。

3　**わかりました。それでは，それを 2 枚いただきます。**

解説　劇場への問い合わせの電話。男性は金曜日の夜のチケットの予約をしたかったが売り切れとわかり，土曜日の回ならあると言われる。正解はそれを 2 枚買うと言っている **3**。be sold out は「売り切れである」。

No.3 – 解答 ②

放送英文　☆： Welcome to Terry's Sports.

★： Hi. Do you sell soccer shoes? I need to get some for my son.

☆： Yes, we do, sir. They're on the third floor.

1　Well, I'll try your other store, then.

2　Great. I'll go have a look.

3　Hmm. I think he's a size 10.

全文訳　☆： テリーズスポーツへようこそ。

★： こんにちは。サッカーシューズは売っていますか。息子に買ってあげる必要があるのです。

☆： はい，ございます，お客さま。それらは 3 階にございます。

選択肢の訳　1　それなら，別の店舗を当たってみます。

2　**よかった。見に行ってみます。**

3　うーん。彼はサイズ 10 だと思います。

解説　スポーツ用品店での店員と客の対話である。サッカーシューズについて尋ねたところ，They're on the third floor.「それらは 3 階にある」と言われる。適切な応答は，I'll go have a look.「見に行く」と言っている **2**。

No.4 – 解答 ②

放送英文　★： Where are you going, Carol?

☆： Oh, I'm headed to band practice. I play the guitar.

★： Band practice! I didn't know you could play the guitar.

1　Hmm. It's actually a new song.

2　Yeah. I've been playing for three years.

3　Well, I'd rather be in a band.

全文訳　★： キャロル，どこへ行くの？

☆： あら，バンドの練習に向かっているところよ。私はギターを弾くの。

★： バンドの練習！　君がギターを弾けるとは知らなかったよ。

選択肢の訳　1　うーん。実は新曲なの。

2　**そうよ。3 年間弾いているわ。**

3　ええと，むしろバンドに入りたいのよ。

解説　友人同士の対話。男性は，キャロルからバンドの練習に行くところだと

20

聞き,「君がギターを弾けるとは知らなかった」と言う。それに対して適切な応答は「私は（ギターを）3年間弾いている」と答えている **2**。

No.**5**－解答 ①

放送英文 ☆： What's the matter, Tony? You look upset.

★： I can't find my wallet. I think someone may have stolen it.

☆： Maybe you lost it, and someone found it. Have you been to the police station?

1 Actually, I'm on my way there now.

2 Well, I don't think it was stolen.

3 Yeah. They gave it back to me.

全文訳 ☆： トニー，どうしたの？　慌てているみたいだけど。

★： 財布が見つからないんだ。誰かが盗んだのかもしれないと思って。

☆： もしかするとあなたがそれを落として，誰かが見つけてくれたかもしれないわ。警察には行った？

選択肢の訳 **1**　実は，今そこに向かっている途中なんだ。

2　そうだな，盗まれたのではないと思うよ。

3　うん。僕にそれを返してくれたよ。

解説 友人同士の対話。男性が財布をなくして動揺している様子をつかむ。最後の女性の発言 Have you been to the police station?「警察には行った？」に対して適切な答えは，そこに向かっているところだと答えている **1**。

No.**6**－解答 ②

放送英文 ★： Here's your check, ma'am.

☆： Hmm. Waiter, this is too expensive. I only had a salad and a cup of tea.

★： Oh no! I made a mistake. I'll be right back with a new check.

1 Don't worry, just bring me my salad.

2 Don't worry, take your time.

3 Don't worry, here's the money.

全文訳 ★： お客さま，こちらが伝票でございます。

☆： うーん。ウエーターさん，これは高すぎるわ。私はサラダと紅茶1杯しかいただいていないわよ。

★： ああ，しまった！　間違えてしまいました。すぐに新しい伝票を持ってまいります。

選択肢の訳 **1**　大丈夫よ，サラダだけ持ってきてね。

2　大丈夫よ，慌てないでね。

3　大丈夫よ，お金をどうぞ。

解説 レストランでのウエーターと客の対話。会計の伝票を渡す場面。伝票の

19年度第2回 リスニング

21

間違いを指摘され，新しい伝票を持ってくるというウエーターに適切な
応答は **2**。Take your time. は「ごゆっくりどうぞ」という意味である。

No.7 – 解答 ①

放送英文 ☆： Look how dark it's getting outside, Dave.

★： Yeah, the weather report said that it's going to rain this morning.

☆： Oh no. I guess I should wait until later to put the laundry outside.

1 Yeah. The rainstorm should be over quickly.

2 Well, I did the laundry already.

3 No, it's colder than they said.

全文訳 ☆： デイブ，見て，外がとても暗くなってきているわ。

★： うん，天気予報で今朝は雨が降ると言っていたよ。

☆： まあ，困ったわね。洗濯物を外に出すのは後まで待った方がいいかしら。

選択肢の訳 **1** うん。暴風雨はすぐに過ぎるはずだよ。

2 ええと，もう洗濯はしたよ。

3 いや，彼らが言っていたよりも寒いよ。

解説 男女が天気を見て洗濯物について話している。対話最後の「洗濯物を外
に出すのは後まで待った方がいいかしら」という女性の発言に適切な応
答は，「暴風雨はすぐに過ぎる」と言ってそれに賛同している **1**。

No.8 – 解答 ③

放送英文 ☆： Excuse me, do you buy used books at this store?

★： We don't do that here, but our other store does.

☆： Oh, I see. Could you tell me where that is?

1 Well, we don't lend out books here.

2 Yeah, that book is very popular.

3 Sure. It's on Hamilton Avenue.

全文訳 ☆： すみません，こちらの店では中古の本を買い取っていますか。

★： こちらではしていませんが，私どもの別の店舗ではしております。

☆： あら，そうですか。それがどこにあるか教えていただけますか。

選択肢の訳 **1** そうですね，ここでは本の貸し出しはしておりません。

2 ええ，その本はとても人気があります。

3 もちろんです。ハミルトン通りにあります。

解説 店員と客の対話。客は中古の本を売りたいと思っている。最後に Could
you tell me where that is?「それがどこにあるか教えていただけます
か」と場所を聞いているので，正解は場所を答えている **3**。

No.9 – 解答 ①

放送英文 ☆： Here, try one of these cookies, Jake.

★： Wow! That's really good. Where did you buy them?

☆： I didn't. I made them by myself at home.

　　　　1　Wow. I wish I could make cookies.
　　　　2　No, I don't really like cookies.
　　　　3　Oh, I buy those cookies sometimes, too.

全文訳　☆：さあ，ジェイク，このクッキーを1つ食べてみてよ。
　　　　★：うわあ！　すごくおいしいね。どこで買ったの？
　　　　☆：買ったんじゃないわ。家で自分で作ったのよ。
選択肢の訳　1　わあ。僕もクッキーが作れたらなあ。
　　　　2　いや，クッキーはあまり好きじゃないんだ。
　　　　3　ああ，僕もそのクッキーを時々買うよ。
解説　友人同士の対話。女性はクッキーを勧めている。おいしかったのでどこで買ったのかと男性が尋ねると，女性は I made them by myself at home. 「家で自分で作った」と答える。正解は，感嘆して自分も作れたらなあと感想を述べている **1**。

No.10 解答 ②

放送英文　★：Hello.
　　　　☆：Hi, Billy. It's Jane. Do you know what the homework is for Mr. Baker's class?
　　　　★：Actually, I don't. I was sick today, so I stayed home.
　　　　1　Hmm. I thought today's class was really boring.
　　　　2　Oh. I'll try calling someone else, then.
　　　　3　Well, Mr. Baker said we had to read page 57.

全文訳　★：もしもし。
　　　　☆：こんにちは，ビリー。ジェーンよ。ベイカー先生の授業の宿題が何だか知っている？
　　　　★：実は，知らないんだ。今日は具合が悪くて，家にいたんだよ。
選択肢の訳　1　うーん。今日の授業は本当につまらなかったと思うわ。
　　　　2　あら。それなら，別の人に電話をかけてみることにするわ。
　　　　3　ええと，ベイカー先生は57ページを読むように言っていたわ。
解説　友人同士の電話。女の子の用件は宿題の内容を聞くこと。それに対して，男の子が Actually, I don't (know). 「実は知らないんだ」と答えているので，適切な応答は別の人に電話してみると言っている **2**。

| 一次試験・リスニング | 第2部 | 問題編 p.32～33 |  |

No.11 解答 ②

放送英文　★：Where are you going, Mom?
　　　　☆：To the store. I need to get some food for dinner tonight. Could

you call your father at work and see what time he'll be home?

★： OK. By the way, are you going to get some ice cream?

☆： No. We already have some in the freezer.

Question: What is the woman going to do now?

全文訳 ★： 母さん，どこに行くところなの？

☆： お店よ。今晩の夕食の食料を買う必要があるの。仕事中のお父さんに電話して，何時に帰って来るか確認してもらえるかしら。

★： わかったよ。ところで，アイスクリームは買うつもり？

☆： いいえ。冷凍庫の中にもうあるわよ。

Q：女性は今から何をするつもりですか。

選択肢の訳 **1** 夕食を作る。

2 店に行く。

3 夫に電話する。

4 アイスクリームを食べる。

解説 息子と母親の対話。冒頭部分で息子が Where are you going, Mom? 「母さん，どこに行くところなの？」と尋ね，母親が To the store. 「お店よ」と答えているので，正解は **2**。母親は息子に父親に電話するように頼んでいるので，**3** は不適。

No.12 解答 ④

放送英文 ☆： Guess what, Bill? I'm going to France for two weeks this summer.

★： That's great, Karen. French food is so good, and there are lots of beautiful places to see.

☆： Yeah. I'm planning to take a lot of photos.

★： Be sure to show them to me when you get back.

Question: What is one thing we learn about Karen?

全文訳 ☆： ねえ聞いて，ビル。私，今年の夏に２週間フランスに行くのよ。

★： それはすごいね，カレン。フランス料理はすごくおいしいし，見るべき美しい場所がたくさんあるよ。

☆： そうね。写真をたくさん撮ろうと思っているの。

★： 戻ってきたら必ず僕に見せてね。

Q：カレンについてわかることの１つは何ですか。

選択肢の訳 **1** 暑い天気が好きである。

2 料理が得意である。

3 きれいなホテルに滞在する予定である。

4 フランスで写真を撮るつもりである。

解説 友人同士の対話。冒頭の Guess what? 「ねえ，聞いてよ」は話題を切り出すときに用いられる表現である。その直後の女性の発言から，話題

は女性のフランス旅行であることをつかむ。後半部分で女性はI'm planning to take a lot of photos. と言っていることから，正解は **4**。

No.13 解答 ③

放送英文
★： Welcome to Sherlock's Bookstore. Can I help you?
☆： Do you have magazines here? I'm looking for a copy of *Fashion World*.
★： Sorry, ma'am, we don't sell magazines here. We sell mostly mystery and science-fiction books. You could try the supermarket across the street, though. They sell magazines.
☆： Oh, I see. I'll go over there and look, then.
Question: What does the man tell the woman about the bookstore?

全文訳
★： シャーロックス書店へようこそ。何かお探しですか。
☆： ここに雑誌はありますか。『ファッションワールド』を1冊探しているのですが。
★： 申し訳ございません，お客さま，ここでは雑誌の販売はしておりません。私どもが販売しているのはほとんどがミステリーとSFものでございます。でも，通り向かいにあるスーパーを当たってみたらいかがでしょうか。そこには雑誌がありますので。
☆： まあ，そうですか。それでは，あちらに行って見てみます。
Q：男性は女性にその書店について何と言っていますか。

選択肢の訳
1 通りの向かいに移転する。
2 『ファッションワールド』誌は売り切れた。
3 雑誌は販売していない。
4 もうこれ以上本が入ってこない。

解説 書店での店員と客の対話。女性が目的の雑誌があるかどうか質問すると，店員は Sorry, ma'am, we don't sell magazines here.「申し訳ございません，お客さま，ここでは雑誌の販売はしておりません」と答えているので，正解は **3**。

No.14 解答 ④

放送英文
☆： Ben, what's the best way to get to Reedville? I'm going there on Friday.
★： Going by car will take a long time. I suggest you take the train.
☆： Well, that's good, because I hate driving. But what about flying? Wouldn't that be quicker than the train?
★： There's no airport. Even if you flew to the nearest airport, you'd still have to rent a car and drive to Reedville.
Question: How will the woman probably go to Reedville?

全文訳　☆：ベン，リードビルまで行く一番いい方法は何かしら。金曜日にそこに行く予定なの。

★：車で行くとかなり時間がかかるよ。電車で行くのがお勧めだな。

☆：あら，それはよかったわ。私は車の運転が大嫌いなの。でも，飛行機で行くのはどう？　電車よりも速くないかしら。

★：空港がないんだよ。一番近くの空港まで飛行機で行っても，そこから車を借りてリードビルまで運転しなければならないよ。

Q：おそらく女性はどのようにしてリードビルまで行くでしょうか。

選択肢の訳　**1**　車で。

2　飛行機で。

3　バスで。

4　電車で。

解説　友人同士の対話。話題は冒頭の女性の発言にある what's the best way to get to Reedville「リードビルまで行く一番いい方法は何か」である。男性が電車を勧めると，女性は飛行機での行き方を尋ねている。それに対して，男性は近くに空港がなくて不便だと説明しているので，正解は**4**。

No.15 解答 ①

放送英文　★：Excuse me. Do you need help?

☆：Yes. I can't find where I am on this map.

★：You're right here — on Grant Street, just south of Benson Park.

☆：Really? I thought I was north of the park. Thanks for your help.

Question: What is one thing we learn about the woman?

全文訳　★：失礼ですが，お手伝いが必要ですか。

☆：ええ。この地図で自分がどこにいるのかわからないのです。

★：あなたはちょうどここにいますよ。ちょうどベンソン公園の南側，グラント通りです。

☆：本当ですか。私は公園の北側にいるものだと思っていました。助けてくれてありがとうございます。

Q：女性についてわかることの1つは何ですか。

選択肢の訳　**1**　道に迷っている。

2　地図を売っている。

3　グラント通りに住んでいる。

4　公園の近くで働いている。

解説　初対面の男性と女性の対話。男性が声をかけると女性は I can't find where I am on this map.「この地図で自分がどこにいるのかわからない」と答えており，道に迷っていることがわかるので正解は**1**。

26

No.16 解答 ③

放送英文
☆: Hi. I want to buy something for my friends in China, but I have to hurry. My plane leaves in 30 minutes.
★: Well, these cookies are very popular. And if you buy two bags, you'll get one more free.
☆: That sounds good. I'll take two bags, then.
★: Good choice.
Question: What does the woman want to do?

全文訳
☆: こんにちは。中国にいる友人たちに何か買いたいのですが，急がなければなりません。飛行機が30分後に出るんです。
★: そうですね，このクッキーがとても人気ですよ。それに，2袋ご購入いただくと，無料でもう1袋お付けいたします。
☆: それはいいですね。それでは，2袋いただきます。
★: お得な選択ですよ。
Q：女性は何をしたがっていますか。

選択肢の訳
1　飛行機のチケットを変更する。
2　クッキーを作る。
3　贈り物を買う。
4　2つのスーツケースを中国へ持って行く。

解説 みやげ物店での客と店員の対話。冒頭で客の女性が I want to buy something for my friends in China「中国にいる友人たちに何か買いたい」と言っているので，正解は **3**。後半で I'll take two bags, then.「それでは2袋もらう」と言っていることからも，買い物をしていることがわかる。

No.17 解答 ④

放送英文
☆: Hello?
★: Hi, Alice. Where are you? Dinner's already on the table.
☆: Sorry, Dad, but I'm still at the hair salon. It's taking a little more time than I thought.
★: Well, we'll go ahead and eat, then.
Question: Why did the man call his daughter?

全文訳
☆: もしもし。
★: やあ，アリス。どこにいるんだい。夕食がもうテーブルの上に用意できているんだよ。
☆: ごめんなさい，お父さん。まだ美容室にいるのよ。思ったよりも少し時間がかかっているの。
★: そう，それなら，私たちは先に食べているからね。
Q：男性はなぜ娘に電話したのですか。

選択肢の訳 　1　何を食べたいか尋ねるため。
　　　　　　2　母親からの伝言を伝えるため。
　　　　　　3　美容室について尋ねるため。
　　　　　　4　なぜ遅くなっているのか知るため。

解説　娘と父親の電話での会話。父親が Where are you? Dinner's already on the table.「どこにいるんだい。夕食がもうテーブルの上に用意できているんだよ」と言っていることから，娘が夕食に遅れていることがわかるので，正解は **4**。最後に出てくる「私たちは先に食べているよ」からも推測可能。

No.**18** 解答 ②

放送英文　★： Welcome to the Grand Hotel. How can I help you?
　　　　　☆： My name is Jane Barker. I'm here to meet Mr. Larry Carter. He's a guest here.
　　　　　★： All right. Please take a seat in the lobby. I'll call his room.
　　　　　☆： Thank you.
　　　　　Question: Why is the woman at the hotel?

全文訳　★： グランドホテルにようこそ。どのようなご用でしょうか。
　　　　☆： 私はジェーン・バーカーと申します。ラリー・カーター氏に会いにここに来ました。彼はここの宿泊客です。
　　　　★： 承知いたしました。ロビーのいすにおかけください。カーターさまのお部屋に電話いたします。
　　　　☆： ありがとうございます。
　　　　Ｑ：女性はなぜそのホテルにいるのですか。

選択肢の訳 　1　そこに泊まっている。
　　　　　　2　宿泊客に会おうとしている。
　　　　　　3　そこで働きたい。
　　　　　　4　ロビーが見たい。

解説　ホテルのフロントでの従業員と客の対話。客の女性は，I'm here to meet Mr. Larry Carter.「ラリー・カーター氏に会いにここに来ました」と言い，さらに He's a guest here.「彼はここの宿泊客です」と言っているので，正解は **2**。ホテルの宿泊客は guest。

No.**19** 解答 ①

放送英文　☆： Napoli Pizza House. Can I help you?
　　　　　★： Hi. I have a question. Does your restaurant only serve pizza?
　　　　　☆： No, sir. We have a wide variety of other Italian dishes, too. Actually, our pasta dishes are quite popular.
　　　　　★： Oh, that's great. Thank you so much for your time.
　　　　　Question: Why is the man calling the restaurant?

全文訳 ☆： ナポリピザハウスです。ご用をお伺いいたします。

★： こんにちは。質問があります。そちらのレストランではピザしか提供していないのですか。

☆： いいえ，お客さま。他のイタリア料理も広く取りそろえておりますよ。実際に，私どものパスタ料理は非常に人気があります。

★： ああ，それはよかった。教えてくれてありがとうございました。

Q：男性はなぜそのレストランに電話しているのですか。

選択肢の訳 **1** レストランのメニューについて尋ねるため。

2 レストランへの行き方を知るため。

3 夕食の予約をするため。

4 特別な食品を注文するため。

解説 ピザレストランへの客からの電話。客の最初の発言 I have a question. を聞いたら，次に質問内容が述べられると予測する。Does your restaurant only serve pizza?「そちらのレストランではピザしか提供していないのですか」と，メニューについて質問しているので，正解は **1**。

No.20 解答 **4**

放送英文 ☆： Mr. Conner, I think I left my pencil case in the computer room.

★： Oh, OK, Jill. Do you want to check if it's there?

☆： Yes, please. I really need it to do my math homework tonight. My calculator is inside.

★： OK. Let's go see.

Question: What will Mr. Conner do next?

全文訳 ☆： コナー先生，私，コンピュータ教室にペンケースを忘れてしまったと思うのです。

★： そうか，わかったよ，ジル。君はそこにあるか確認したいのかい？

☆： ええ，お願いします。今夜数学の宿題をするためにそれがすごく必要なのです。計算機が中に入っているので。

★： わかった。見に行こう。

Q：コナー先生は次に何をするでしょうか。

選択肢の訳 **1** ジルに新しいペンケースを買う。

2 ジルにもっと宿題を出す。

3 ジルに消しゴムを貸す。

4 ジルと一緒にコンピュータ教室に行く。

解説 生徒と教師の対話。前半から，生徒がコンピュータ教室に忘れ物をしたことをつかむ。教師は Do you want to check if it's there?「それがそこにあるか確認したいのかい？」と尋ね，最後に Let's go see.「見に行こう」と言っているので，正解は **4**。

29

| 一次試験・リスニング | 第**3**部 | 問題編 p.34〜35 | ▶MP3 ▶アプリ ▶CD 1 **23**〜**33** |

No.**21** 解答 **2**

(放送英文) Last week, Samantha asked her parents for a puppy. However, they told her that having a pet is difficult. Dogs need to go for walks, and someone must feed them and play with them. Her parents said that if Samantha promises to do these things, they will get her a puppy.

Question: What does Samantha have to do to get a pet?

(全文訳) 先週，サマンサは両親に子犬が欲しいと言った。しかし，彼らは彼女にペットを飼うのは大変だと言った。犬には散歩に出かけることが必要だし，誰かがえさをやったり一緒に遊んでやったりしなければならない。両親は，もしサマンサがこれらのことをすると約束するなら，子犬を手に入れてあげると言った。

Q：サマンサはペットを手に入れるために何をしなければなりませんか。

(選択肢の訳) **1** 良いペット店を見つける。

2 その世話をすることを約束する。

3 学校でもっと良い成績をとる。

4 毎日両親と散歩する。

(解説) 子犬が欲しいサマンサの話。両親に犬を飼うことは大変だと言われ，その大変なことの例として，散歩やえさやり，一緒に遊んでやることが挙げられる。最後に if Samantha promises to do these things, they will get her a puppy「サマンサがこれらのことをすると約束すれば，子犬を手に入れてあげる」と述べられているので，正解は **2**。

No.**22** 解答 **1**

(放送英文) Last year, Mike wanted to try some new things. He decided to start a new hobby every month. He took cooking classes, learned to play golf, and studied Chinese. He wrote about the hobbies he tried on a website, and a lot of people read it. This year, Mike is thinking about trying even more things.

Question: What did Mike decide to do last year?

(全文訳) 昨年，マイクは新しいことに挑戦したいと思った。彼は毎月新しい趣味を始めることに決めた。料理教室を受講し，ゴルフを習い，中国語を勉強した。彼は，ウェブサイトに自分が挑戦した趣味について書き，多くの人がそれを読んだ。今年，マイクはさらにもっと多くのことに挑戦することを考えている。

Q：マイクは昨年何をすることにしましたか。

選択肢の訳　**1　いくつかの新しい趣味に挑戦する。**

2　中国に旅行する。

3　コンピュータを購入する。

4　料理教室を教える。

解説　マイクの新しいことへの挑戦の話。冒頭で，昨年マイクが新しいことに挑戦したいと思ったと述べられ，続いて He decided to start a new hobby every month.「毎月新しい趣味を始めることに決めた」と説明されているので，正解は **1**。後に出てくる料理，ゴルフ，中国語などの趣味活動や，最後の「さらに多くのことに挑戦しようと考えている」という部分もヒントになる。

No.23 解答　②

放送英文　Good afternoon, everyone. Thank you for coming to Wild Safari Park. You can see many amazing animals here, like giraffes and lions. Please remember that the animals are wild, and they can be very dangerous. Stay inside the safari bus during your visit. Thank you, and have a great time.

Question: What does the speaker tell the visitors?

全文訳　皆さん，こんにちは。ワイルドサファリパークにお越しいただきありがとうございます。ここでは，キリンやライオンのようなすごい動物をたくさん見ることができます。動物は野生であり，それらはとても危険なことがあることを忘れないでください。ご来園中はサファリバスの中にいるようにしてください。よろしくお願いします。素晴らしい時をお過ごしください。

Q：話し手は来園者に何と言っていますか。

選択肢の訳　1　動物の写真を撮ってはいけない。

2　バスから出てはいけない。

3　キリンは触っても安全である。

4　バスは動物にとって危険なことがある。

解説　サファリパークへの入園時のアナウンス。園の簡単な紹介の後，動物は野生なので危険なことがあると注意があり，さらに Stay inside the safari bus during your visit.「来園中はサファリバスの中にいてください」と指示しているので，正解は **2**。

No.24 解答　④

放送英文　Last winter, Olivia went on her first ski trip with her friends. They tried to teach her to ski, but she kept falling down. On the second day, Olivia decided to take a lesson with an instructor in the morning. By the afternoon, she was able to ski with her friends before they went home.

31

Question: How did Olivia get better at skiing?

全文訳　昨年の冬，オリビアは友達と一緒に初めてのスキー旅行に行った。彼らは彼女にスキーを教えようとしたが，彼女は転んでばかりいた。2日目，オリビアは午前中に指導員のレッスンを受けることにした。午後までに，帰宅する前に彼女は友達と一緒にスキーができるようになった。

Q：オリビアはどのようにしてスキーがうまくなりましたか。

選択肢の訳　**1**　スキーについての本を読んだ。
2　自分で練習した。
3　冬の間ずっと訓練した。
4　レッスンを受けた。

解説　オリビアのスキーの話。2日目の活動として Olivia decided to take a lesson with an instructor「オリビアは指導員のレッスンを受けることにした」と述べられ，その後で she was able to ski with her friends「友達と一緒にスキーができるようになった」と述べられているので，正解は **4**。

No.25 解答 ①

放送英文　Today, the flag of the United States of America has 50 stars. However, the first flag only had 13 stars because there were only 13 states at that time. Later, the number of states increased, so new stars were added to the flag. Hawaii is the newest state. Its star was added in 1959.

Question: What happened to the U.S. flag in 1959?

全文訳　今日，アメリカ合衆国の旗には50個の星がある。しかし，最初の旗には星が13個しかなかった。というのは，当時は13州しかなかったからである。のちに州の数が増えたので，新しい星が旗に加えられていった。ハワイが最も新しい州である。その星は1959年に加えられた。

Q：1959年にアメリカの国旗に何が起こりましたか。

選択肢の訳　**1**　ハワイのために星が1つ加えられた。
2　より多くの都市が旗の星になった。
3　その色が変えられた。
4　旗に数が載った。

解説　アメリカ合衆国の国旗にある星の数についての話。前半部分から，最初13個だった星が，州が増えるにつれ増やされていったことをつかみたい。最後に，ハワイが一番新しい州であることが紹介され，Its star was added in 1959.「その星が1959年に加えられた」と述べられているので，正解は **1**。

No.26 解答 ③

放送英文　A few weeks ago, a new student came to Mary's school. Mary

32

noticed that he ate lunch by himself. She thought he might be lonely, so last week, she sat next to him. Mary started talking to him and learned that his name is Tim, and that he enjoys art class, just like her. Now, they eat lunch together every day.

Question: Why did Mary sit next to Tim?

全文訳 2，3週間前，メアリーの学校に転入生がやって来た。メアリーは彼が1人で昼食を食べていることに気づいた。彼女は，彼が寂しい思いをしているかもしれないと思ったので，先週，彼の隣に座った。メアリーは彼と話し始め，彼の名前がティムであること，ちょうど彼女と同じように，美術の授業を楽しんでいることを知った。今，彼らは毎日一緒に昼食を食べている。

Ｑ：メアリーはなぜティムの隣に座ったのですか。

選択肢の訳 1 彼のことをよく知っているから。

2 自分が転入生だから。

3 彼が寂しそうだったから。

4 彼が彼女にそうするように頼んだから。

解説 メアリーの学校に転入生として来たティムの話。前半で She thought he might be lonely, so last week, she sat next to him.「彼女は，彼が寂しい思いをしているかもしれないと思ったので，先週，彼の隣に座った」と述べられているので，正解は **3**。

No.27 解答 ④ ・・・・・・・・・・・・・・・・・・・・・・・・・・・・・・・

放送英文 Bill and his father often go fishing together. They usually go to the river near their house. Recently, however, they have not caught many fish in the river. Bill thinks they should try to find a new place to fish. His father thinks so, too, so next week they will try fishing at a lake in another town.

Question: What problem do Bill and his father have?

全文訳 ビルと彼の父親はよく一緒に魚釣りに行く。彼らは普段は自宅近くの川に行く。しかし，最近，その川ではあまり多く魚が釣れない。ビルは，新しい釣り場を見つける努力をした方がよいと考えている。彼の父親もそう思っているので，来週彼らは試しに別の町の湖で釣ってみる予定である。

Ｑ：ビルと父親はどんな問題を抱えていますか。

選択肢の訳 1 自宅近くに川がない。

2 魚釣りに行く時間が十分にない。

3 川で釣りをすることが認められていない。

4 最近，あまり多くの魚が釣れない。

解説 ビルと彼の父親の魚釣りの話。2人が普段，自宅近くの川に一緒に釣り

に行くことが紹介された後で，Recently, however, they have not caught many fish in the river. 「しかし，最近その川ではあまり多く魚が釣れない」と述べられているので，正解は **4**。

No.28 解答 ①

(放送英文) Thank you for attending tonight's performance at the Chicago Ballet Theater. We would like to remind you that taking pictures or videos is not allowed. Also, please do not speak in a loud voice during the show. The show will be starting in a few minutes, so we would like you to turn off your phones now. Thank you.

Question: What is one thing that the speaker says?

(全文訳) 今夜のシカゴバレエ劇場での公演にお集まりいただきありがとうございます。写真や動画の撮影は認められていないことを再度お伝えいたします。さらに，公演中は大きな声でのお話はなさらないようお願いいたします。公演はあと数分で始まりますので，すぐに携帯電話の電源をお切りください。よろしくお願いします。

Q：話し手が言っていることの1つは何ですか。

(選択肢の訳) **1** 写真を撮ってはいけない。
2 いつでも自分の電話を使ってよい。
3 公演は定刻に始まらない。
4 公演はビデオに録画される。

(解説) バレエ公演の開演前の注意の放送。注意点は taking pictures or videos is not allowed 「写真や動画の撮影は認められていない」，do not speak in a loud voice during the show 「公演中は大きな声で話してはいけない」，turn off your phones 「携帯電話の電源を切る」ことである。1番目の内容から，正解は **1**。

No.29 解答 ③

(放送英文) Kenji loves soccer. Last year, he went to England on a school trip. His class visited Manchester, which is famous for its soccer team. Kenji was happy because he was able to take a tour of their stadium. The next time he visits England, Kenji wants to buy tickets to see a soccer match there.

Question: What did Kenji do in England?

(全文訳) ケンジはサッカーが大好きである。昨年，彼は修学旅行でイングランドに行った。彼のクラスはマンチェスターを訪れたが，そこはサッカーチームで有名である。ケンジはそのチームのスタジアムの見学ツアーに参加できてうれしかった。ケンジは，今度イングランドを訪れるときには，現地でサッカーの試合が見られるようにチケットを買いたいと思っ

ている。
Q：ケンジはイングランドで何をしましたか。

選択肢の訳
1 サッカーのチケットをなくした。
2 サッカーの試合を見た。
3 サッカーのスタジアムを訪れた。
4 有名なサッカー選手に会った。

解説 サッカー好きのケンジが修学旅行でイングランドを訪れた話。Kenji was happy because he was able to take a tour of their stadium.「ケンジは彼ら（＝マンチェスターのチーム）のスタジアムの見学ツアーに参加できてうれしかった」と述べられているので，正解は **3**。**2** は，サッカーの試合を見るのは次に来るときにしたいと思っていることなので不適。

No.30 解答

放送英文
There was a famous musician from the United States whose name was George Gershwin. When he was a boy, he went to many orchestra concerts. After he got home, he could play the music he had heard on the piano in his room. Everyone was surprised that Gershwin was able to play difficult music without looking at a music book.

Question: Why were people surprised by George Gershwin?

全文訳 ジョージ・ガーシュウィンという名前のアメリカ出身の有名な音楽家がいた。彼は，少年のころ，たくさんのオーケストラのコンサートに行った。家に帰ると，彼は聞いた音楽を自分の部屋のピアノで弾くことができた。ガーシュウィンが楽譜を見ずに難しい音楽を演奏できることに誰もが驚いた。
Q：人々はなぜジョージ・ガーシュウィンに驚いたのですか。

選択肢の訳
1 一番若いオーケストラの団員だったから。
2 記憶を頼りに音楽が演奏できたから。
3 決してコンサートに行かなかったから。
4 決して音楽を聞かなかったから。

解説 アメリカの音楽家ジョージ・ガーシュウィンの話。最後に Everyone was surprised that Gershwin was able to play difficult music without looking at a music book.「ガーシュウィンが楽譜を見ずに難しい曲を演奏できるということに誰もが驚いた」と述べられているので，正解は **2**。その前の，コンサートで聞いた音楽を帰ってからピアノで弾くことができたという説明からも推測可能。

| 二次試験・面接 | 問題カード **A** 日程 | 問題編 p.36〜37 | ▶MP3 ▶アプリ ▶CD 1 **34**〜**38** |

全文訳 **動物と一緒に過ごせるコーヒーショップ**

　　アパートで暮らす人々にとって動物を飼うのは難しいことがよくある。しかし，今日，このような人々は特別なコーヒーショップで動物と遊ぶ経験をすることができる。いくつかのコーヒーショップでは，一緒に遊べるさまざまな動物を飼っていて，そうすることで，多くの客を引きつけている。このような場所はおそらくさらに一層広がっていくことだろう。

質問の訳 No. 1　文章によると，いくつかのコーヒーショップはどのようにして多くの客を引きつけていますか。

No. 2　さて，Aの絵の人々を見てください。彼らはいろいろなことをしています。彼らが何をしているのか，できるだけたくさん説明してください。

No. 3　さて，Bの絵の男性と女性を見てください。この状況を説明してください。

それでは，〜さん，カードを裏返しにして置いてください。

No. 4　今後，人々はもっと頻繁にレストランで食事をするようになると思いますか。

　　　　Yes. →なぜですか。　　　No. →なぜですか。

No. 5　多くのさまざまな種類の家事があります。あなたは何か家事をしていますか。

　　　　Yes. →もっと説明してください。　　　No. →なぜですか。

No.1

解答例 By keeping a variety of animals to play with.

解答例の訳 一緒に遊べるさまざまな動物を飼うことによってです。

解説 質問文に出てくる attract many customers は文章の第3文の最後に出てくる。その前にある by doing so「そうすることによって」の do so がさらにその前にある keep a variety of animals to play with を指していることを見抜く。質問は how 〜?「どのようにして〜?」なので，By keeping 〜. と答える。

No.2

解答例 A woman is closing a window. / A woman is taking an apple out of a box. [A woman is putting an apple into a box.] / A man is counting money. / A man is eating spaghetti. / A girl is drawing a picture.

解答例の訳 女性が窓を閉めています。／女性が箱からリンゴを取り出しています。[箱にリンゴを入れています。]／男性がお金を数えています。／男性が

36

スパゲティを食べています。／女の子が絵を描いています。

解説 「A を B から取り出す」は take *A* out of *B* であり，反対に「A を B に入れる」は put *A* into *B* である。「お金を数える（＝count money）」は「お金を確認している」と考えて check the money でもよい。「絵を描く」は，線画なら draw a picture，絵の具などで塗る絵の場合には paint a picture と言う。

No.3

解答例 He ordered orange juice, but she brought him ice cream.

解答例の訳 男性はオレンジジュースを注文しましたが，女性は彼にアイスクリームを持ってきました。

解説 「男性はオレンジジュースを注文した」ことと「女性はアイスクリームを持ってきた」ことの 2 点を説明する。「オレンジジュースを注文する」は order orange juice だが，「オレンジジュースを飲みたかった」と考えて，he wanted to drink orange juice でもよい。

No.4

解答例 （Yes. と答えた場合）

People can eat many different dishes at restaurants. Also, eating at restaurants is convenient.

解答例の訳 レストランでは多くのさまざまな料理を食べることができるからです。また，レストランで食べることは便利です。

解答例 （No. と答えた場合）

It's expensive to go to restaurants to eat. People can save money by cooking food at home.

解答例の訳 レストランに食事に行くのはお金がかかるからです。家で食べ物を料理することでお金を節約できます。

解説 Yes. の場合には，最近の人々の生活スタイルについて考えて「最近人々は忙しくなってきている（People are getting busy these days.）」とまず言い，さらに「家で料理をする時間をとるのが難しい（It is difficult for them to have time to cook at home.）」と答えることもできる。No. の場合には，レストランの料理に着目し，「レストランの料理の中には健康に良くないものもある（Some foods at restaurants are unhealthy.）」と言った上で，「家で料理するように努力するべきだ（People should try to cook at home.）」とも言える。

No.5

解答例 （Yes. と答えた場合）

I help my parents do the dishes every night. Also, my sister and I clean our rooms on the weekend.

解答例の訳 私は毎晩両親が皿洗いをするのを手伝っています。また，姉［妹］と私

は週末に自分の部屋の掃除をします。

解答例 (No. と答えた場合)

I don't have the time to do any housework. I'm too busy studying for my classes at school.

解答例の訳 私には家事をする時間がないからです。学校の授業のための勉強をするのに忙しすぎるのです。

解説 Yes. の場合には,「夕食を作る(cook dinner)」や「洗濯をする(do the laundry [wash clothes])」など具体的に自分がやっている家事を説明すればよい。No. の場合には,「両親の家事を助けたいと思っている(I want to help my parents with their housework.)」や「自分も家事をしなければならないとわかっている(I know I also have to do some housework.)」などと前置きしてから,家事ができない理由を述べてもよいだろう。

二次試験・面接 問題カード B 日程 問題編 p.38〜39

全文訳 **島を訪れること**

多くの日本の島には,他の場所では見られない草や木がある。このため,それらは観光客に人気の場所である。自然ガイドの中には自分の島の見学ツアーを提供する人もいて,そうすることで,彼らは観光客が特別な自然環境について学ぶ手助けをしている。これらの場所は今後もっと多くの人々を引きつけることだろう。

質問の訳
No. 1 文章によると,一部の自然ガイドはどのようにして観光客が特別な自然環境について学ぶ手助けをしていますか。

No. 2 さて,Aの絵の人々を見てください。彼らはいろいろなことをしています。彼らが何をしているのか,できるだけたくさん説明してください。

No. 3 さて,Bの絵の男の子を見てください。この状況を説明してください。

それでは,〜さん,カードを裏返しにして置いてください。

No. 4 グループで旅行することは1人で旅行することよりも良いと思いますか。
Yes. →なぜですか。　　No. →なぜですか。

No. 5 多くの人が週末に遊園地に行って楽しんでいます。あなたは遊園地に行くのが好きですか。
Yes. →もっと説明してください。　　No. →なぜですか。

No.1

解答例 By offering tours of their islands.

解答例の訳 自分の島の見学ツアーを提供することによってです。

解説 質問文の help visitors learn about special environments は，文章の第 3 文の最後の部分に出てきて，その直前にある by doing so「そうすることによって」の do so がさらにその前にある offer tours of their islands を指していることを見抜く。質問は how ～?「どのようにして～?」なので，By offering ～. という形にして答えればよい。

No.2

解答例 A woman is taking off [putting on] her sunglasses. / A man is fishing. / A man is stretching. / A girl is brushing her hair. / A boy is drinking some water.

解答例の訳 女性がサングラスをはずしています［かけています］。／男性が魚釣りをしています。／男性がストレッチをしています。／女の子が髪をとかしています。／男の子が水を飲んでいます。

解説 「サングラスをはずす［かける］」は take off [put on] (*one's*) sunglasses と言う。take off ～ [put on ～] は，衣服の着用の他に，メガネ・帽子・靴などの着用についても用いることができる。「ストレッチをする」は「運動する」と考えて exercise を用いても可。「髪を（ブラシで）とかす」は brush *one's* hair だが，comb *one's* hair「髪を（くしで）とかす」という表現もある。

No.3

解答例 His dog is dirty, so he's going to wash it.

解答例の訳 彼の犬が汚いので，洗ってやるつもりです。

解説 「犬が汚い」ことと「犬を洗ってやるつもりである」の 2 点を説明し，前者が後者の理由であることを示したい。Because his dog is not very clean, he is thinking of washing it.「犬があまりきれいでないので，洗おうと考えている」などの表現を使って答えてもよい。

No.4

解答例 （Yes. と答えた場合）

It's more fun to travel with other people. People can enjoy talking with each other while traveling.

解答例の訳 他の人と旅行する方が楽しいからです。旅行中にお互いにおしゃべりをして楽しむことができます。

解答例 （No. と答えた場合）

It's difficult to have enough free time in a group. Also, people have to visit places they aren't really interested in.

解答例の訳 グループで十分な自由時間をとることは難しいからです。また，自分が

あまり興味のない場所に行かなくてはなりません。

解説 Yes. の場合には，「グループ旅行の方が安いことが多い（Traveling in a group is often cheaper.）」なども考えられる。No. の場合には，解答例にあるようにグループ旅行のマイナス面を述べることもできるが，「多くの人が1人で旅することを好む（Many people prefer traveling alone.）」などと述べた上で「自分が好きなところにどこへでも行ける（We can go anywhere we like.）」や「好きなときに食事ができる（We can eat (at) any time we like.）」などと一人旅のプラス面を説明することもできる。

No.5

解答例 （Yes. と答えた場合）

I often go to an amusement park near my house. It has a lot of exciting things to do.

解答例の訳 私はよく自宅近くの遊園地に行きます。そこにはするのにわくわくするようなことがたくさんあります。

解答例 （No. と答えた場合）

Amusement parks are too crowded. Also, most amusement parks are very expensive.

解答例の訳 遊園地は混みすぎているからです。また，ほとんどの遊園地はお金がとてもかかります。

解説 Yes. の場合には，自分が行く遊園地や「ジェットコースター（a roller coaster）」や「メリーゴーランド（a merry-go-round）」などの自分が好きな乗り物，さらに「修学旅行で行った（I went there on my school trip.）」など，自分の体験を具体的に話せばよい。No. の場合には，「混雑している（be crowded）」や「値段が高い（be expensive）」が思いつきやすいが，「自宅の近くに遊園地がない（There is no amusement park near my house.）」なども考えられる。

40

2019-1

一次試験
筆記解答・解説　p.42〜54

一次試験
リスニング解答・解説　p.54〜71

二次試験
面接解答・解説　p.72〜76

解 答 一 覧

一次試験・筆記

1

(1)	4	(8)	3	(15)	2
(2)	1	(9)	3	(16)	4
(3)	3	(10)	4	(17)	3
(4)	4	(11)	1	(18)	4
(5)	1	(12)	4	(19)	1
(6)	1	(13)	2	(20)	1
(7)	2	(14)	2		

2

(21)	4	(23)	3	(25)	2
(22)	2	(24)	1		

3 A

(26)	3
(27)	1

3 B

(28)	2
(29)	3
(30)	3

4 A

(31)	3
(32)	4
(33)	3

4 B

(34)	1
(35)	3
(36)	4
(37)	1

5　解答例は本文参照

一次試験・リスニング

第1部

No. 1	3	No. 5	2	No. 9	2
No. 2	2	No. 6	2	No.10	3
No. 3	3	No. 7	1		
No. 4	1	No. 8	3		

第2部

No.11	3	No.15	2	No.19	1
No.12	4	No.16	3	No.20	1
No.13	4	No.17	1		
No.14	3	No.18	2		

第3部

No.21	1	No.25	3	No.29	3
No.22	2	No.26	2	No.30	1
No.23	4	No.27	4		
No.24	4	No.28	3		

一次試験・筆記 **1** | 問題編 p.42〜44

(1) ― 解答 ④

訳 ジョシュとサマンサは今週末，一緒に宿題をしたいと思っていたが，会う時間が見つけられなかった。彼らは**別々に**取り組んで月曜日の授業前に答えを確認することにした。

解説 空所前にある前半部分に「一緒に宿題をしたかったが，会う時間が見つけられなかった」とあることより，2 人は別々に宿題をすることにしたと考えられるので，正解は **4** の separately（[sépərətli] アクセント注意）「別々に，単独で」。noisily「騒がしく」，exactly「正確に」，clearly「はっきりと」。

(2) ― 解答 ①

訳 この前の土曜日，ピートと彼の家族は車で海辺へ出かけた。幹線道路の**交通**渋滞を避けるために，彼らは朝早く出発した。

解説 海辺に行くのに朝早く出発したのは幹線道路の渋滞を避けるためだと考えて，**1** を選ぶ。traffic は「交通（量）」という意味で，heavy traffic は「交通量が多いこと」，すなわち「交通渋滞，道路の混雑」である。pride「誇り，自尊心」，rhythm「リズム」，temple「寺」。

(3) ― 解答 ③

訳 A：どこかにノートを忘れてきちゃった。メモを取るのに使える紙を 1 **枚**持ってる？

B：ええ。はい，どうぞ。

解説 a (　　) of paper (which) I could use to take notes で「私がメモを取るために使える 1 枚の紙」という意味になると考えて，正解は **3**。sheet は a sheet of 〜 で「1 枚の〜」と，紙などの薄い形状の物質名詞を数えるときに用いる。ちなみに，「2 枚の紙」と言うときは two sheets of paper。board「板」，flash「きらめき」，part「部分」。

(4) ― 解答 ④

訳 ウィリアムはとても体重が増えてきたので，医師は運動を始めてより体に良い食べ物を食べるように彼**に忠告した**。

解説 太ってきたウィリアムに対して医師がしたのは「忠告」だと考えて，正解は **4**。advise [ədváɪz]（発音・アクセント注意）は，主に〈advise ＋ 人 ＋ to *do*〉「（人）に〜するように忠告する」の形で用いられる。名詞形は advice [ədváɪs]「忠告，アドバイス」。stretch「〜を伸ばす」，plant「〜を植える」，trust「〜を信頼する」。

(5) ― 解答 ①

訳 先生は生徒たちに，話し合うときに全員お互いが見えるよう，丸くいす

42

を並べるよう言った。

解説 「全員お互いが見えるようにいすを丸く～する」という文脈なので，正解は **1** の arrange「～を配列する」。arrange ～ in a circle は「～を丸く並べる」，arrange ～ in a row は「～を1列に並べる」である。block「～をふさぐ」，skip「～を飛ばす，抜かす」，offer「～を申し出る」。

(6) ― 解答 **1**

訳 マイクは2年間シアトルに住んでいる。彼はそこでの暮らしを楽しんでいるが，肌寒くて雨の多い気候は好きではない。

解説 the cool, rainy (　　) で，シアトルの「肌寒くて雨の多い～」という意味なので，**1** の「気候」が正解。climate は「（ある地域の長期的な）気候」という意味。それに対して「短期的な天気，天候」は weather である。surface「表面」，excuse「言い訳，弁解」，design「デザイン，設計」。

(7) ― 解答 **2**

訳 キルシュマンさんは，ガーデニングに関する彼女の講義に出席する人の多さに驚いた。部屋にはほとんど空席がなかった。

解説 2文目に「部屋には空席がほとんどなかった」とあるので，出席者が多かったと考えて，正解は **2**。attend は「～に出席する」という意味で，例えば，attend a meeting は「会議に出席する」，attend school は「学校に通う」である。sail「～を航海する」，guard「～を守る」，fail「～に不合格になる」。

(8) ― 解答 **3**

訳 Ａ：ブラッド，あなたは普段どんな種類の音楽を聞くの？
Ｂ：僕はヒップホップが好きだけど，ジャズも聞くよ。

解説 B は質問に対して hip-hop「ヒップホップ」や jazz「ジャズ」と答えているので，A は音楽の種類を尋ねていると考えて，正解は **3**。sort は「種類」という意味で，kind と同義である。position「位置」，price「価格」，shape「形」。

(9) ― 解答 **3**

訳 リサのアパートの建物の外側の通りはとても狭い。車1台が通るのがやっとの広さであり，トラックは全く入ることができない。

解説 空所後にある「車1台がやっとの広さで，トラックは全く入れない」ということから，通りの幅が狭いと考えて，正解は **3**。narrow は「幅が狭い」。反対に「幅が広い」は wide である。balanced「バランスのとれた」，careful「注意深い」，suitable「適した」。

(10) ― 解答 **4**

訳 キャシーは彼女の母親に似ているとみんなが言う。2人は同じ大きな目を持ち，同じようにほほえむ。

解説 「同じ大きな目で同じようにほほえむ」ということから，キャシーは母親に似ていると判断して，正解は **4**。resemble は「〜に似ている」という意味の他動詞で，後ろに前置詞が不要であることにも注意しよう。instruct「〜に教える，指示する」，bother「（人）を悩ます」，seek「〜を捜す」。

(11) – 解答 ①
訳 A：もしもし，ジェーン。あなた，どこにいるの？　映画がもうすぐ始まるわよ。
B：ごめんなさい，もうすぐ着くわ。あともう5分待って。
解説 before long で「まもなく（＝soon）」という意味である。I'll be there before long. は直訳すると「私はまもなくそこにいるだろう」なので，「まもなくそこに到着する」という意味。

(12) – 解答 ④
訳 マークは新しいテレビゲームを始めた。それは本当に面白かったので，彼はそれを一晩中やった。その翌日，彼はくたくただった。
解説 「その翌日，彼はくたくただった」のは，ゲームを一晩中やり続けたからだと考えて，正解は **4**。all through the night で「一晩中，夜通し」という意味。all through the year「一年中」といった表現もあわせておさえておこう。

(13) – 解答 ②
訳 ジェームズは父親に，友達と旅行に行くお金を貸してくれるように頼んだ。父親はそれは問題外だと言い，代わりにアルバイトを見つけるようジェームズに言った。
解説 out of the question で「問題外で，不可能で」という意味である。口語でよく用いられる表現で，That's out of the question. は「それは問題外だ，とてもできない」という意味である。except for 〜 は「〜を除いては，〜以外は」，next to 〜 は「〜の隣に」という意味。

(14) – 解答 ②
訳 A：公園でバーベキューをしようよ。
B：いや，それは公園の規則違反だろうね。でも，うちの裏庭でならできるよ。
解説 空所の後の rules に着目して，**2** の against「〜に反して」を選ぶ。B は公園でのバーベキューは規則違反だと指摘しているのである。この against の意味は，against a contract「契約に反して」，against etiquette「エチケットに反して」，against *one's* will「（〜の）意志に反して」などの用例でも覚えておこう。

(15) – 解答 ②
訳 先週サムは毎晩数学のテスト勉強をした。彼の熱心な勉強は，そのテス

トでのとても良い得点につながった。

解説 「彼の熱心な勉強はテストの高得点に～した」という文脈なので，正解は **2**。result は名詞として「結果」という意味もあるが，動詞としてresult in ～ とすると「（結果として）～になる，～につながる」という意味。look up ～ は「～を調べる」，drop by ～ は「～に立ち寄る」，turn off ～ は「～のスイッチを切る」である。

(16) – 解答 **4**

訳 ヘレンは学校から帰るときに間違えて誰か他の人の上着を持ってきてしまった。その後，彼女はそれを返しに戻った。

解説 後半に「返しに戻った」とあることから，ヘレンは上着を間違えたと考えて，正解は **4**。by mistake は「間違えて」という意味である。for sure は「確かに」，in part は「ある程度，部分的には」，at heart は「心の底では」という意味である。

(17) – 解答 **3**

訳 レイコは両親に，バンクーバーに着いたらすぐに電話をかけると言ったが，彼女は約束を守らなかった。両親は彼女のことを心配した。

解説 両親が心配したのは，レイコが電話をする約束を守らなかったからだと考えられるので，正解は **3**。keep *one's* promise で「約束を守る」という意味である。反対に「約束を破る」は break *one's* promise。

(18) – 解答 **4**

訳 昨晩帰りの電車に乗っているとき，エイミーは祖父の誕生日であることを思い出した。彼女は祖父へのプレゼントを買うために駅の近くの店に入った。

解説 空所は分詞構文が関係する部分で，Riding the train home last night で「昨晩帰りの電車に乗っているとき」という意味を表す。分詞構文は接続詞と主語が省略され分詞で始まる構文である。

(19) – 解答 **1**

訳 Ａ：私があなたに貸したあの本，読んだ？
Ｂ：まだ読んでいるところだけど，明日の朝までには読み終わるわ。そうしたら，返すわね。

解説 will have finished it by tomorrow morning で「明日の朝までには読み終わっているだろう」という意味である。未来完了は，〈will have ＋過去分詞〉という形で，未来のある時点を基準とした完了・経験・継続を表す。

(20) – 解答 **1**

訳 エミリーには子供が 3 人いて，毎日働いているので，とても忙しい。彼女は，のんびりする機会があるときはいつでもテレビを見るのが好きである。

45

解説 a chance to relax は「リラックスする機会」という意味。「リラックスできるときにはいつでもテレビを見るのが好き」と考えて，**1** を選ぶ。接続詞 when は「〜するとき」という意味であるが，whenever はその意味を強調して「〜するときはいつでも」という意味である。

一次試験・筆記 **2** 問題編 p.45〜46

---

(21) – **解答** ④ ・・・

訳 Ａ：エッジー美容室にお電話ありがとうございます。ご用件を承ります。

Ｂ：もしもし，昨日そちらの美容室でカットしてもらったのですが，そこに青いスカーフを忘れたと思うのです。

Ａ：そうですね，昨夜それを見つけました。いつ**それを受け取りにお越しになれますか**。

Ｂ：会社が近くですので，午後 5 時に仕事を終えた後で立ち寄ります。

解説 美容室への忘れ物の問い合わせの電話である。空所後で「5 時に仕事を終えてから立ち寄る」とあるので，正解は取りに来る時を尋ねている **4**。**1**「（いつ）仕事に行くのですか」，**2**「（いつ）髪を切りたいのですか」，**3**「（いつ）新しいものを買ったのですか」。

(22) – **解答** ② ・・・

訳 Ａ：明日，映画館まで車で行こうかと思っていたんだ。そこで待ち合わせない？

Ｂ：そうしたいんだけど，私は車を持っていないし，私の家からそこまで行くバスがないのよ。

Ａ：それなら，**僕が 6 時に車で迎えに行けるよ**。

Ｂ：それはちょうどいいわね。5 時 45 分に仕事から帰ってくるわ。

解説 Ａは映画館まで車で行くと言い，Ｂは自力で映画館まで行けないと言っている状況をつかむ。空所直後に Ｂ が That's perfect.「それはちょうどいい」と言い，その後で自分の帰宅時間を伝えているので，Ａ が迎えに行くことを提案していると考えて，正解は **2**。**1**「僕は 6 時 15 分にそこで会うことができるよ」，**3**「君は 5 時 45 分にバスに乗れるよ」，**4**「君は 5 時半にタクシーに乗れるよ」。

(23) – **解答** ③ ・・・

訳 Ａ：ミナ，君は今週末，ブルーバード公園でのジャズ音楽祭で演奏するんだよね？

Ｂ：その予定だったんだけど，**そのイベントは中止**になるかもしれないの。

Ａ：ええっ，本当に？　どうして？　人気のあるイベントだと思ったけ

ど。

B：その通りよ。でも，天気予報によると嵐が来るそうなのよ。

解説 空所部分の発言に対して A は Oh, really? Why?「ええっ，本当に？どうして？」と驚き，その後で B は「嵐が来る」と言っていることから，イベントは嵐で中止になるかもしれないと考えて正解は **3**。**1**「私はジャズ音楽はあまり好きではないの」，**2**「あなたは素晴らしい演奏家だわ」，**4**「天気は晴れそうよ」。

(24)(25)

訳 A：もしもし。シトラスクラブレストランです。

B：もしもし。私はサラ・ダンロップと申します。金曜日の夜に予約をしたいのですが。

A：承知いたしました。何人でお越しになりますか。

B：変更になるかもしれませんが，大人4人と子供5人になると思います。

A：ありがとうございます。9名のお席は午後6時半にご用意できます。それでよろしいでしょうか。

B：結構です。ああ，誕生日祝いの食事なのです。自分たちでケーキを持って行ってもいいでしょうか。

A：もちろんです。冷蔵庫で保管しておけます。お食事が済んだ後でお出ししましょう。

B：それは素晴らしそうですね。ありがとうございます！

(24) – 解答 ①

解説 レストランへの予約の電話である。B が「大人4人と子供5人になると思う」と答えているので，正解は人数を尋ねている **1**。**2**「あなたの電話番号は何ですか」，**3**「いついらっしゃいますか」，**4**「パーティーはどこであるのでしょうか」。

(25) – 解答 ②

解説 直後に「それを冷蔵庫で保管できます。それをお食事の後に出しましょう」とあり，「それ」が指すものはケーキだと考えられるので，正解は **2**。**1**「予約をキャンセルする」，**3**「時間を変更する」，**4**「もっと多くの人を招待する」。

一次試験・筆記 3A | 問題編 p.48

ポイント 「一生懸命に走る」というタイトルで，ジェイソンの走りのトレーニングの話。第1段落ではトレーニングを始めようと思ったのはなぜなのか，第2段落ではその後どんな問題が発生してどのように解決したかを読み取ろう。

19年度第1回　筆記

47

全文訳　**一生懸命に走る**

　ジェイソンは，大学卒業後，大企業で働き始めた。毎日遅くまで働きとても疲れていたので，週末はたいてい家で休んでいた。数年後，体重がとても増えてしまった。彼はもっと運動し始めることにした。マラソンをしたかったので，仕事前にトレーニングを始めた。最初は大変だったが，だんだん楽しくなり，体重も大きく減った。

　しかし，ある日ジェイソンが走っていると，左足が痛み始めた。医師のところに行くと，医師は彼に足を強くするための特別な運動をいくつか行うように指示した。ジェイソンはやってみたが，それでも足はまだ痛かった。その後，彼はあることを思いついた。新しい靴を買うことにしたのだ。彼は足に痛みがある人のために作られた特別な靴を見つけた。そしてそれを毎日履いた。2，3週間後，足の痛みは止まり，ジェイソンはうれしかった。

(26) – 解答 ③

選択肢の訳　1　eat healthier food「もっと体に良い食べ物を食べる」
　　2　find a new job「新しい仕事を見つける」
　　3　start exercising more「もっと運動し始める」
　　4　take a vacation「休暇を取る」

解説　空所の前の文に he had gained a lot of weight「とても体重が増えた」とあり，空所後にはマラソンのためにトレーニングを始めたことが述べられている。「彼は〜することに決めた」という文脈なので，正解は **3**。**1** は運動とは関係ないので不適。

(27) – 解答 ①

選択肢の訳　1　buy some new shoes「新しい靴を買う」
　　2　stop running「走るのをやめる」
　　3　go to the doctor again「もう一度医師のところに行く」
　　4　try a different sport「違うスポーツを試してみる」

解説　空所直後の文中の a (special) pair とは a pair of shoes のことで，文全体は「足に痛みがある人のために作られた特別な靴を見つけた」という意味である。よって，ジェイソンは新しい靴を購入することにしたと考えて，正解は **1**。

一次試験・筆記　**3B**　｜　問題編 p.49

ポイント　タイトル通り「野生の金魚」についての話である。第1段落ではなぜ野生の金魚が多くの場所に生息し始めたのか，第2段落ではそれがどんな問題を引き起こしたのか，第3段落ではその問題に対して考えられている解決方法は何かをそれぞれ読み取る。

全文訳 **野生の金魚**

　金魚は小さくてカラフルな魚で，人気のあるペットである。金魚はもともと中国にしか生息していなかった。しかし，このごろでは，世界中の川に数多く生息している。これらの金魚は人間たちによってそこに放たれたのである。これは，ペットをもう飼いたくなくなった人がいたために起こった。彼らは金魚を近くの川に持って行き，そこがその金魚の新しいすみかとなったのである。

　2003年に，科学者たちのチームがオーストラリアのバス川にすむ金魚を調査し始めた。その科学者たちは，金魚が川を上ったり下ったりして長距離移動することを発見した。その道すがら，金魚は川底に生えている多くの植物を食べる。しかしながら，これらの植物は川の環境にとって重要なのである。その植物は川の水をきれいに保ち，そこにすむ他の魚や動物のえさにもなる。金魚がその植物の多くを食べてしまった後は，川は汚れ，他の多くの動物たちが死んでしまう。

　しかし，科学者たちはその問題を解決する方法を発見したかもしれないと思っている。通常，金魚は川のさまざまな場所を単独で移動する。しかし，1年に1回，すべてが1か所に集まる。これは金魚が産卵する場所である。科学者たちは，それが金魚の大群を捕獲して川から駆除しやすいときだと言う。彼らは，今，金魚が川を害するのをくい止めるためにこの方法を使いたいと考えている。

19年度第1回　筆記

(28) – 解答 ②

選択肢の訳　1　were very friendly to people「人々にとてもよくなついていた」
　　　　　　2　were put there by humans「人間たちによってそこに放たれた」
　　　　　　3　lived in China「中国に生息していた」
　　　　　　4　needed more food「もっと多くのえさを必要とした」

解説　直後に「ペットをもう飼いたくない人がいたためにこれが発生した」とあり，さらにその後に「彼らは金魚を近くの川へ持って行った」とある。よって，金魚は人間によって放たれたと考えられるので，正解は**2**。

(29) – 解答 ③

選択肢の訳　1　made by「～によって作られて」
　　　　　　2　far from「～から遠い」
　　　　　　3　important for「～にとって重要で」
　　　　　　4　given to「～に与えられて」

解説　空所後の文に「その植物は川の水をきれいに保ち，そこにすむ他の魚や動物のえさにもなる」とある。よって，その植物は川の環境にとって大切なものだと考えられるので，正解は**3**。

(30) – 解答 ③

選択肢の訳　1　leave the river「川を去る」
　　　　　　2　search for eggs「卵を捜す」
　　　　　　3　gather in one spot「1か所に集まる」

49

4 swim in different ways「さまざまな方法で泳ぐ」

解説 空所の前の文に「通常，金魚は川のさまざまな場所を単独で移動する」とあり，空所を含む文の「しかし，1年に1回，すべてが〜する」という内容の後，「これは金魚が産卵する場所だ」と続くので，正解は場所について述べている **3**。産卵のために集まるときが野生の金魚を駆除するのに最適なときなのである。

一次試験・筆記 　**4A**　｜　問題編 p.50〜51

ポイント ヘッダーから，ニコール・フーバーからジェレミー・ドブズへのメールで，用件はサマーファンという組織の音楽合宿についてだとわかる。日程，ジェレミーの弟の参加の可否，申し込み方法の3点について回答されていることを読み取る。

全文訳

送信者：ニコール・フーバー <nhoover@summerfun.com>
受信者：ジェレミー・ドブズ <j-dobbs77@housemail.com>
日付：5月31日
件名：サマーファンの音楽合宿

こんにちは，ジェレミー

　サマーファンのニコールです。メールをありがとうございます。ティーンエイジャー対象の今年の音楽合宿の日程とその申し込み方法についてご質問いただきました。サマーファンにはティーンエイジャー対象の音楽合宿が2つあります。今年は，1つ目の合宿が歌唱を目的としたもので6月24日から7月7日までで，2つ目のものは楽器を演奏する人が対象です。それは7月22日から8月4日までです。それぞれの合宿の参加費は1人当たり1,500ドルです。

　また，今年は弟さんも参加をご希望だそうですね。弟さんは少なくとも13歳に達していますか。もしそうでしたら，弟さんも参加可能です。そうでなくても，サマーファンのキッズ合宿に行くことができます。期間は1週間だけです。ご希望でしたら，それらの日程もお伝えいたします。

　申し込み用紙はわれわれのウェブサイトにて入手できます。それを印刷し，6月10日までにご返送ください。必ずご両親に申し込み用紙に署名していただくようお願いいたします。合宿の参加費は6月15日までにお支払いいただく必要があります。お支払い方法についての説明は申し込み用紙に記載されています。さらにご質問がございましたら，ご連絡ください。よろしくお願いいたします。

　敬具
　ニコール・フーバー

50

(31) – 解答 **3**

質問の訳　ニコール・フーバーはなぜジェレミーにメールを書いているのですか。

選択肢の訳　**1**　彼に何の楽器を演奏できるようになったか尋ねるため。
2　彼の音楽レッスンの予定を確認するため。
3　合宿について彼が尋ねた質問に答えるため。
4　彼をティーンエイジャー対象のイベントに招待するため。

解説　第1段落の第3文に「あなたはティーンエイジャー対象の今年の音楽合宿の日程とその申し込み方法について尋ねた」とあり，直後には日程，第3段落には申し込み方法について説明が書かれているので，正解は**3**。

(32) – 解答 **4**

質問の訳　ニコール・フーバーは13歳未満の子供について何と言っていますか。

選択肢の訳　**1**　彼らの合宿はさらに1週間長く続く。
2　彼らの合宿の参加費は高くない。
3　彼らはサマーファンのどの合宿にも行くことができない。
4　彼らは子供対象の合宿に参加できる。

解説　第2段落の第2文に「あなたの弟は少なくとも13歳に達しているか」という質問があり，第4文に「達していなくても，サマーファンのキッズ合宿に参加できる」とあるので，正解は**4**。第5文に「期間は1週間」とあるが，**1**のone week longerは「（通常のものよりも）1週間長く」という意味なので，不適。

(33) – 解答 **3**

質問の訳　合宿に申し込むためにジェレミーがしなければならないことの1つは

選択肢の訳　**1**　ニコール・フーバーにメールを送ることである。
2　申し込み用紙を6月15日までに郵送することである。
3　両親に申し込み用紙に署名してもらうことである。
4　6月末までに参加費を支払うことである。

解説　第3段落の第3文に「必ず両親に申し込み用紙に署名してもらうようにしてください」とあるので，正解は**3**。**1**は，メールを送ることは求められていないので不適。**2**は，申し込み用紙の締め切りは6月10日なので不適。**4**は，参加費の支払いは6月15日までなので不適。

一次試験・筆記 **4B**　問題編 p.52〜53

ポイント　消防の歴史についての文章。年代に沿って内容を整理していこう。第1段落では1700年代の町の状況を，第2段落ではその当時の火事の消火の仕方を読み取ろう。第3段落では1800年代に消防士という役割ができたのはなぜなのか，第4段落では1910年までに誕生した消防車が消防士の仕

51

事をどう変えたのかが説明されている。

全文訳 **消防の歴史**

今日では，ほとんどの町や市に火事を消す消防士たちがいるが，昔は全く違っていた。初期のアメリカ史において，町が次第に大きな都市になっていくにつれて，火事はとても危険なものとなった。1700年代，ほとんどの家は木造であった。いったん火事が発生すると，それは瞬く間に広がりかねず，何千人もの人々を危険にさらした。消防署がなかったので，近隣で発生したどんな火事も隣人やボランティアの人々が協力して消火した。

消火するために，人々は最寄りの川と火事の現場との間に列を作った。彼らは川でくんだ水の入ったバケツを次から次へと受け渡していった。そして，火に最も近い人がそのバケツの水を火にかけたのである。彼らはこれを火が消えるまで続けた。

1800年代には，火事と闘う新しい発明品がたくさん出てきた。これらの道具は消火するのに役立ったが，使うのが難しかった。つまり，それらを使うためには特別な訓練を受ける必要があったのである。その結果，男性たちが特別なチームとなってこれらの道具を使うことを習い始めた。彼らは消防士と呼ばれた。

1910年までに，もう1つ別の重要な発明品が消防士の仕事の仕方を変えた。これは，消防車，つまり消防士が使う一種のトラックであった。水を運ぶ消防車を使うことで，火事の消火がより速くより簡単になった。このため，必要とされる人の数が減り，1チームの消防士の数が少なくなった。今日，消防士は単なる火事の消火だけではないもっと多くのことをしている。彼らはさまざまな種類の緊急事態に対して訓練されている。実際，アメリカではすべての緊急医療通報のうち70％に消防士が救援を行っている。

(34) – 解答 ①

質問の訳 1700年代にアメリカの都市で人々が抱えていた問題の1つは何ですか。

選択肢の訳 **1 木造の家が燃えやすかった。**
2 人々が自分の市の火事の消し方を学んでいなかった。
3 誰も消防署でボランティアとして働きたがらなかった。
4 火を起こすのに必要な木を見つけるのが難しかった。

解説 質問文にある in the 1700s は第1段落の第3文冒頭にある。その直後に「ほとんどの家が木造であった」とあり，その次の文に「いったん火事になると，瞬く間に広がり，何千人もの人々を危険にさらした」とあるので，正解は**1**。

(35) – 解答 ③

質問の訳 過去において，隣人やボランティアたちは

選択肢の訳 1 火事が少なくなるように川の近くで暮らした。
2 消防士が訓練のために使用するバケツを購入した。

3 川から水をくみ，それを消火に使った。
4 火事を消すのを助けるために消防士にバケツを手渡した。

解説 第1段落最終文に neighbors and volunteers が協力して消火したとあり，第2段落全体で，その消火の仕方が説明されている。川から火事現場まで人が列を作って並び，川からくんだ水をバケツリレーして，現場に一番近い人が火に水をかける。よって，正解は **3**。この時代にはまだ消防士は誕生していないので，**4** は不適。

(36) -解答 4

質問の訳 1800年代に特別な集団はなぜ消防士になるために訓練をし始めたのですか。

選択肢の訳
1 消火するのに女性よりも男性の方が適任だと人々が考えたから。
2 新しい発明品が消火の難しい火事を引き起こし始めたから。
3 重い消火道具を使うために，作業をする人たちが強い力を必要としたから。
4 新しい消火道具の使い方を学ぶのが難しかったから。

解説 特別なチームの訓練については第3段落の第4文にある。As a result「その結果」とあるが，何の結果であるのかを考えよう。同段落第1文に1800年代に消火のための新しい発明品が多く登場したこと，第2文に「これらの道具は消火に役立ったが，使うのが難しかった」ことが説明されているので，正解は **4**。

(37) -解答

質問の訳 1チームの消防士の数が少なくなった理由は

選択肢の訳
1 水を運ぶトラックが作業をより簡単にしたからである。
2 緊急事態の数が減り始めたからである。
3 人々が他の集団に援助を求め始めたからである。
4 ある重要な発明品が火事の発生を防いだからである。

解説 質問文にある「1チームの消防士の数の減少」については，第4段落の第4文にある。その冒頭にある Because of this「このために」が指すものは，その前文の「水を運ぶ消防車を使うことで，消火がより速く簡単になった」ということなので，正解は **1**。

一次試験・筆記 5 問題編 p.54

質問の訳 あなたは一軒家に住む方が人々にとって良いと思いますか。それともアパートの方が良いと思いますか。

解答例 I think that apartments are better. First, I think that houses are more expensive than apartments. If people live in an apartment, they can use their money for other things. Also, these days, many people live alone. If you live alone, you do not need a lot of space. Therefore, I think people should live in apartments.

解答例の訳　私はアパートの方が良いと思います。1つ目に，一軒家の方がアパートよりもお金がかかると思います。もしアパートに住めば，他のことにお金を使うことができます。また，このごろは，多くの人が一人暮らしをしています。もし一人暮らしなら，多くのスペースは必要ありません。したがって，私は人々はアパートに住むべきだと思います。

解説　質問は「一軒家に暮らすのとアパートに暮らすのとではどちらの方が良いと思うか」で，解答例は「アパートの方が良い」という立場である。まず，I think that ～ で始めて自分の意見を明確に述べる。

　1つ目の理由は First「1つ目に」で導入する。一軒家の方がアパートよりもお金がかかることを指摘し，さらに，その次の文で，アパートに暮らすメリットとして，浮いたお金を他のことに使えると書いている。

　2つ目の理由は Also「また」で導入する。まず，一人暮らしが多い現状を指摘し，その次の文で，一人暮らしなら広さは必要ないと論じている。

　最後に結論を書く。Therefore「したがって」で始めて，冒頭で述べた意見を繰り返して書けばよい。ただし，解答例では，冒頭で述べた apartments are better を people should live in apartments「人々はアパートに住むべきだ」と言い換えてバリエーションを持たせている。

  問題編 p.56

〔例題〕－解答　**3**

放送英文　☆：Would you like to play tennis with me after school, Peter?
　　　　　★：I can't, Jane. I have to go straight home.
　　　　　☆：How about tomorrow, then?
　　　　　　　1 We can go today after school.
　　　　　　　2 I don't have time today.
　　　　　　　3 That will be fine.

全文訳　☆：ピーター，放課後一緒にテニスをしない？
　　　　★：できないんだ，ジェーン。まっすぐ家に帰らなきゃいけないんだよ。
　　　　☆：それなら，明日はどう？

選択肢の訳　**1** 今日の放課後に行けるよ。
　　　　　　2 今日は時間がないんだ。
　　　　　　3 それなら大丈夫だよ。

54

No.1 –解答 3

放送英文 ☆： I heard that you're writing a book, Howard.

★： Yeah. It's an adventure story. I'm almost finished with it.

☆： Wow, that's great! What are you going to call it?

    1 My book came out last month.

    2 I've always wanted to be a writer.

    3 I haven't thought of a name yet.

全文訳 ☆： ハワード，あなたが本を書いているって聞いたけど。

★： うん。冒険物語なんだ。ほとんど書き終わったよ。

☆： まあ，それはすごいわ！　何という名前にするつもり？

選択肢の訳 **1**　僕の本は先月出たよ。

    2　いつも作家になりたいと思っていたんだ。

    3　まだ名前は考えていないよ。

解説 友人同士の対話。前半より男性が物語を書いていることをつかむ。対話最後の What are you going to call it?「それを何と呼ぶつもりか」は物語のタイトルを尋ねている。正解は **3**。

No.2 –解答 2

放送英文 ★： Hello. Could you help me find some medicine?

☆： Certainly, sir. What seems to be the problem?

★： Well, I have a sore throat and a bad cough.

    1 Sure. Come back when you're feeling better.

    2 OK. I know just the right kind for you.

    3 Hmm. I don't have a cough.

全文訳 ★： こんにちは。薬を見つけるお手伝いをしていただけますか。

☆： もちろんです，お客さま。どこがお悪いのですか。

★： そうですね，のどが痛くてせきがひどいのです。

選択肢の訳 **1**　もちろんです。体調が良くなったらまた来てください。

    2　わかりました。お客さまにぴったりのものを知っています。

    3　うーん。私はせきは出ません。

解説 薬局での客と薬剤師の対話。最後に男性が「のどが痛くてせきがひどい」と症状を説明しているので，正解は **2**。I know just the right kind (of medicine) for you. は「あなたにぴったりの薬を知っている」という意味である。

No.3 –解答 3

放送英文 ★： *Ciao*, Karen. That means "hello" in Italian.

☆： Well, *ciao* to you, too. Are you studying Italian?

★： Yeah. I'm learning some words and phrases. I'm taking a vacation in Italy next month.

19年度第1回　リスニング

55

1 Great. I'm glad you had a good time.

2 No. I'm trying to save my money.

3 Wow. I've always wanted to go there.

全文訳 ★： チャオ，カレン。それはイタリア語で「こんにちは」という意味だよ。

☆： それなら，あなたにもチャオね。あなたはイタリア語を勉強しているの？

★： うん。単語や語句をいくつか学んでいるんだ。来月イタリアで休暇を過ごすつもりだよ。

選択肢の訳 1 いいわね。あなたが楽しい時間を過ごせたことがうれしいわ。

2 いいえ。私はお金をためようとしているの。

3 まあ。私はいつもそこに行ってみたいと思っていたのよ。

解説 友人同士の対話。話題はイタリア語。対話最後の男性の発言I'm taking a vacation in Italy next month.「来月，イタリアで休暇を取るつもりだ」に対して適切な応答は，自分も行ってみたいと思っていたと答えている **3**。

No.**4** – 解答 **①**

放送英文 ★： Julie, hurry up. We're going to be late for your dance lesson.

☆： I know, Dad, but I can't find my dance shoes.

★： I put them in your bag for you.

1 Oh, thanks. I'm ready to go, then.

2 Yes, but I don't have my shoes.

3 Well, I just got them last month.

全文訳 ★： ジュリー，急いで。ダンスのレッスンに遅れてしまうよ。

☆： わかっているわ，お父さん，でも，ダンスシューズが見つからないのよ。

★： 僕が君のカバンに入れておいてあげたよ。

選択肢の訳 1 あら，ありがとう。それならもう行けるわ。

2 ええ，でも靴がないの。

3 そうねえ，先月買ったばかりよ。

解説 父親と娘の対話。ダンスのレッスンのために家を出る直前の場面である。「ダンスシューズが見つからない」という娘に「カバンに入れておいてあげた」と父親が答えている。それに対して適切な応答は，お礼を述べている **1**。

No.**5** – 解答 **②**

放送英文 ☆： Hi, honey, I'm home.

★： Hi. What took you so long? Did you have to work late again?

☆： No, but traffic was really bad.

1 Well, I hope you finished making dinner.

2 Well, please call and tell me next time.

3 Well, I got the car repaired.

全文訳 ☆： ただいま，あなた。今帰ったわ。

★： おかえり。何にそんなに時間がかかったんだい？　また残業しなければならなかったの？

☆： いいえ，でも，交通状況が本当にひどかったのよ。

選択肢の訳 **1** そう，君が夕食を作り終わっているといいな。

2 そう，次は僕に電話して知らせてね。

3 そう，車を修理してもらったよ。

解説 夫婦の対話。仕事から帰宅した妻に夫は遅くなった理由を尋ねている。交通状況がひどかった（＝道が混んでいた）という理由を聞いた夫の応答として適切なのは，次からは連絡してくれと頼んでいる **2**。

No.**6** –解答 ②

放送英文 ☆： Welcome to the Silverton Zoo. Can I help you?

★： I'd like to see the lions. Where are they?

☆： Sorry, but the lion house is closed for repairs. It'll be open again next week.

1 Well, that's too expensive.

2 Well, I guess I'll come back then.

3 Well, I thought you still had tickets.

全文訳 ☆： シルバートン動物園にようこそ。何かお困りですか。

★： ライオンが見たいのです。どこにいますか。

☆： 申し訳ございませんが，ライオン舎は修繕のため閉鎖されています。来週また公開されます。

選択肢の訳 **1** そう，それは高価すぎます。

2 そう，そのときにまた来ようかと思います。

3 そう，まだチケットがあると思っていました。

解説 動物園での職員と来園者の対話。ライオンについて尋ねられた職員は，ライオンのいる建物は修繕中で，It'll be open again next week.「来週また公開される」と答えている。正解は，そのとき（＝来週再び公開されてから）また来ると言っている **2**。

No.**7** –解答 ①

放送英文 ★： Welcome to Diego's Bar and Grill.

☆： Hello. I made a reservation for tonight at eight. I'm Jessica Palmer.

★： I'm sorry, Ms. Palmer, but you're a little early. Your table isn't ready yet.

1 That's OK. I don't mind waiting.

2 That's great. I'm really hungry.

19年度第1回　リスニング

3 That's fine. I should have made a reservation.

全文訳 ★： ディエゴズ・バーアンドグリルにようこそ。

☆： こんにちは。今夜 8 時に予約をしました。ジェシカ・パーマーです。

★： パーマーさま，申し訳ございませんが，少しお早いかと存じます。お客さまのテーブルはまだ準備できておりません。

選択肢の訳 **1** それは大丈夫です。待つことは構いませんから。

2 それはいいですね。とてもお腹がすいているのです。

3 それで結構です。私は予約をすべきでした。

解説 レストランの従業員とそこを訪れた客の対話。対話最後に，予約時間よりも早いので Your table isn't ready yet.「テーブルはまだ準備できていない」と伝えている。正解は，「待つことは構わない」と言っている **1**。

No.**8**－解答 ③

放送英文 ☆： Hello.

★： Hello. This is Fred James, Cindy's teacher. Cindy's not feeling well. Could you come and take her home?

☆： Oh no. I'll be there right away. Where should I pick her up?

1 She has a lot of homework to do.

2 She seems to be feeling better.

3 She'll be in the nurse's office.

全文訳 ☆： もしもし。

★： もしもし。私はフレッド・ジェームズで，シンディの担任です。シンディの体調が良くありません。来校いただき，家に連れて帰っていただけますでしょうか。

☆： あらまあ。すぐに行きます。どちらに迎えに行けばよろしいでしょうか。

選択肢の訳 **1** 宿題がたくさんあります。

2 体調が良くなってきた様子です。

3 保健室にいます。

解説 教師から生徒の家への電話。用件は生徒の体調不良についてである。最後に女性は Where should I pick her up?「どこに迎えに行くべきか」と尋ねているので，正解は「保健室」と場所を答えている **3**。

No.**9**－解答 ②

放送英文 ☆： David, I need a favor.

★： Certainly, Ms. Johnson, what can I do?

☆： Please help me with my sales presentation. Can you make 10 copies of these documents and bring them to my office?

1 Well, I've already finished my presentation.

2 Of course. I'll get started now.

3 No, I don't have an office.

全文訳
☆: デイビッド，お願いがあるの。
★: もちろんですよ，ジョンソンさん，何をしましょうか。
☆: 私の売り上げのプレゼンを手伝ってください。この書類のコピーを10部作って私のオフィスに持ってきてもらえますか。

選択肢の訳
1 そうですね，私のプレゼンはもう終わりました。
2 もちろんです。すぐに取りかかります。
3 いいえ，私にはオフィスがありません。

解説　職場での対話。対話最後のCan you make 10 copies of these documents and bring them to my office?「この書類のコピーを10部作って私のオフィスに持ってきてもらえますか」という依頼に対して適切な応答は，「すぐに取りかかる」と引き受けている**2**。

No.10 解答 ③

放送英文
★: Hello.
☆: Hello. This is Becky Davis. Is Jimmy home?
★: Hi, Becky. He's here, but he's sleeping. Can I take a message?
1 OK, I'll get up soon.
2 Well, I'm busy right now.
3 No, I can talk to him tomorrow at school.

全文訳
★: もしもし。
☆: もしもし。ベッキー・デイビスです。ジミーは家にいますか。
★: こんにちは，ベッキー。ジミーはいるけれど，寝ているんだ。伝言を預かろうか。

選択肢の訳
1 わかりました，すぐに起きます。
2 そうですね，今は忙しいです。
3 いいえ，明日学校でジミーに話します。

解説　ベッキーからジミーの家への電話。ジミーは寝ていて，電話に出られず，Can I take a message?「伝言を預かろうか」と言われている。正解は，明日学校で話すと言っている**3**。

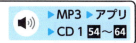

No.11 解答 ③

放送英文
☆: Excuse me. Do you know if there is a bus from the airport to the Yorktown Hotel?
★: Sorry, I don't. I don't work here. Why don't you ask at the airport information desk?
☆: I want to, but I can't find it.

★： It's over there by that entrance.

Question: What does the man suggest the woman do?

全文訳 ☆： すみません。空港からヨークタウンホテルまでバスがあるかどうか知っていますか。

★： ごめんなさい，わかりません。私はここで働いている者ではありません。空港の案内所で尋ねたらいかがですか。

☆： そうしたいのですが，そこが見つからないのです。

★： 向こうのあの入り口のそばですよ。

Q：男性は女性に何をするように提案していますか。

選択肢の訳 1 バス停を見つける。

2 女性のホテルに電話する。

3 案内所に行く。

4 飛行機に乗る。

解説 空港での見知らぬ者同士の対話。冒頭で女性がバス便の有無について尋ねていることをつかむ。男性は Why don't you ask at the airport information desk? 「空港の案内所で尋ねたらどうですか」と言っているので，正解は **3**。

No.12 解答 ④

放送英文 ★： Judy, did you clean up your room?

☆： Not yet, Dad. I'm still doing my homework.

★： Well, make sure you clean it up before dinner. It'll be ready in an hour.

☆： All right.

Question: What does Judy's father tell her to do?

全文訳 ★： ジュディ，自分の部屋の掃除はしたかい？

☆： まだよ，お父さん。まだ宿題をしているところなの。

★： そう，必ず夕食前には掃除するんだよ。夕食はあと1時間でできるからね。

☆： わかったわ。

Q：ジュディの父親は彼女に何をするように言っていますか。

選択肢の訳 1 彼のために買い物に行く。

2 彼が夕食を作る手伝いをする。

3 宿題を終える。

4 彼女の部屋を掃除する。

解説 父親と娘の対話。父親が冒頭で did you clean up your room? 「君の部屋の掃除をしたか」と尋ねているので，正解は **4**。後に出てくる make sure you clean it up before dinner 「夕食前に必ず掃除するんだよ」からも，父親が娘に掃除をするように言っていることがわかる。

60

No.13 解答 ④ ··

放送英文 ☆： Waiter, this food is really good. The salad is amazing.

★： Thank you. Wc use only the freshest vegetables in our salads. And the salad dressing is made using the chef's special recipe.

☆： Well, it's delicious. Can you tell me what it's made with?

★： Sorry, ma'am, I can't. The recipe is a secret. Not even the waiters know what's in it.

Question: What is one thing the waiter tells the woman about the salad dressing?

全文訳 ☆： ウエーターさん，このお料理は本当においしいわ。サラダは絶品ね。

★： ありがとうございます。当店のサラダには一番新鮮な野菜しか使っております。そして，サラダドレッシングはシェフの特別なレシピを使って作られています。

☆： そう，おいしいわね。それが何で作られているのか教えてもらえますか。

★： お客さま，申し訳ございませんが，それはできません。レシピは秘密なのです。ウエーターでも何がその中に入っているのか知りません。

Q：ウエーターがサラダドレッシングについて女性に話していることの1つは何ですか。

選択肢の訳 1　それはシェフのレシピではない。

2　それはあまり人気でない。

3　彼がそれを生み出す手伝いをした。

4　そのレシピは秘密である。

解説 レストランでの客とウエーターとの対話。後半でサラダドレッシングについて客が尋ねると，ウエーターは The recipe is a secret.「レシピは秘密です」と答えているので，正解は **4**。その直後に出てくる「ウエーターでも何がその中に入っているのか知らない」もヒントになる。

No.14 解答 ③ ··

放送英文 ☆： Honey, remember the writing contest I entered?

★： Yeah. Didn't you write a story about a boy traveling around the world with his dog?

☆： I did. And guess what! I won first prize! The prize is a trip to Italy for two! Doesn't that sound great?

★： Wow! Congratulations, that's great news! And Italy — I've heard it's a beautiful country.

Question: How did the woman win a prize?

全文訳 ☆： あなた，私が応募した執筆コンテストのこと，覚えている？

★： うん。君は，犬と一緒に世界中を旅する少年の物語を書いたんだったよね？

61

☆： そうよ。そして，聞いてちょうだい！　1等賞だったの！　賞品は2人分のイタリア旅行よ！　素晴らしいと思わない？

★： わあ！　おめでとう，それはすごいニュースだね！　そして，イタリア。きれいな国だと聞いたよ。

Q：女性はどのようにして賞を獲得したのですか。

選択肢の訳　1　世界中を旅することによって。

2　イタリア語を話せるようになることによって。

3　物語を書くことによって。

4　犬を訓練することによって。

解説　夫婦の対話。妻が応募した the writing contest「執筆コンテスト」が話題になっていて，won first prize「1等賞を獲得した」結果，a trip to Italy for two「2人分のイタリア旅行」をもらったという流れを聞き取る。執筆コンテストの賞なので，正解は **3**。

No.15 解答 ②

放送英文　★： Hello. I'd like two tickets for next Friday's showing of the play *Rain on the Mountain*.

☆： Will that be for the early or the late show?

★： The late show. And could I get seats in the back row? I've heard that the seats are more comfortable and have a better view.

☆： Certainly, sir. That's what a lot of our customers say.

Question: Why does the man want to sit in the back row?

全文訳　★： こんにちは。演劇『山に降る雨』の次の金曜日の上演のチケットを2枚お願いします。

☆： それは早い方の回でしょうか，それとも遅い方の回でしょうか。

★： 遅い方の回です。それから，後列の席を買うことはできますか。後列の方が快適でよく見えると聞いたので。

☆： 承知しました，お客さま。それは多くのお客さまがおっしゃることです。

Q：男性はなぜ後列に座りたがっているのですか。

選択肢の訳　1　普段そこに座るから。

2　そこの席の方が良いと聞いたから。

3　友人たちがそこに座っているから。

4　他に買える席がないから。

解説　演劇のチケット購入窓口での対話。質問の the back row「後列」は対話の後半に出てくる。男性は後列を希望した後，I've heard that the seats are more comfortable and have a better view.「その席はより快適でよく見えると聞いた」と言っているので，正解は **2**。

No.16 解答 ③

放送英文　★： Hi, Joanne. Have you talked to the French exchange student yet?

62

☆： No. But I saw you talking to her at lunch, Carl.

★： Yeah. She's really friendly. She told me a lot about her country.

☆： I'll talk to her tomorrow. I'm really interested in France.

Question: What does Joanne say she will do tomorrow?

全文訳 ★： やあ，ジョアン。もうフランス人の交換留学生と話した？

☆： いいえ。でも，カール，あなたが昼食のときに彼女に話しかけているところを見たわよ。

★： うん。彼女はとても親しみやすい人だよ。自分の国についてたくさん話してくれたんだ。

☆： 私は明日話しかけてみるわ。私，フランスには本当に興味があるの。

Q：ジョアンは明日何をすると言っていますか。

選択肢の訳 **1** カールと昼食を取る。

2 昼食にフランス料理を食べる。

3 交換留学生に話しかける。

4 交換留学生としてフランスに行く。

解説 友人同士の対話。話題は the French exchange student「フランス人の交換留学生」である。ジョアンは最後に I'll talk to her tomorrow.「明日，彼女に話しかけてみる」と言っているので，正解は **3**。

No.17 解答 ①

放送英文 ☆： Hey, Greg, the drama club meeting is at six o'clock tonight, right?

★： Yeah. Mr. Kay is going to announce the new play we're going to do, so I'm excited about that.

☆： Right. And I heard two new members are coming tonight, too.

★： Oh, really? I didn't know that.

Question: What does the boy say he is excited about?

全文訳 ☆： ねえ，グレッグ，演劇部のミーティングは今夜6時よね？

★： うん。ケイ先生が今度やる新しい劇を発表する予定だから，僕はそのことでわくわくしているよ。

☆： そうね。それに，今夜は新入部員が2人来るってことも聞いたわ。

★： わあ，本当？　それは知らなかったなあ。

Q：男の子は何にわくわくしていると言っていますか。

選択肢の訳 **1** ケイ先生が新しい劇を発表する。

2 新入部員たちが意見を交換する。

3 自分がスピーチをする。

4 有名な俳優が来る。

解説 友人同士の対話。2人は演劇部である。前半で男の子は Mr. Kay is going to announce the new play we're going to do, so I'm excited about that.「ケイ先生が今度やる予定の新しい劇の発表をするので，わくわくしている」と言っているので，正解は **1**。

No.18 解答 ②

（放送英文）☆： Good afternoon. Super Foods Supermarket.

★： Hello. I'd like to know if your store is looking for part-time workers.

☆： Yes, we are. Please come in and pick up a job-application form.

★： Great. I'll come in today.

Question: Why will the man go to the store today?

（全文訳）☆： こんにちは。スーパーフーズ・スーパーマーケットです。

★： もしもし。そちらの店がアルバイトを募集しているかどうかを知りたいのですが。

☆： ええ，募集していますよ。仕事の応募書類を取りにお越しください。

★： よかった。本日，伺います。

Q：男性はなぜ今日その店に行くのですか。

（選択肢の訳） **1** 仕事の初日を始めるため。

2 仕事の応募書類を手に入れるため。

3 遺失物について尋ねるため。

4 食べ物を買うため。

（解説） スーパーへの求人の問い合わせの電話である。後半で，Please come in and pick up a job-application form.「仕事の応募書類を取りに来てください」と言っており，男性はそれに対して承諾しているので，正解は **2**。この会話が求人の問い合わせだとわかれば，**3** と **4** はすぐに不適だとわかる。

No.19 解答 ①

（放送英文）☆： Mr. Edwards, I'm going to be in an English speech contest, and I need to practice. Could you please listen to my speech?

★： Of course, Kaori. Just come to my office tomorrow.

☆： Thank you. Will you be there around four o'clock?

★： Yes. I'll be waiting for you then.

Question: What does Kaori want Mr. Edwards to do?

（全文訳）☆： エドワーズ先生，私，英語スピーチコンテストに出るつもりなので，練習が必要なのです。私のスピーチを聞いていただけませんか。

★： もちろんだよ，カオリ。明日，私のオフィスにいらっしゃい。

☆： ありがとうございます。4時ごろはいらっしゃいますか。

★： うん。その時間に君を待っているね。

Q：カオリはエドワーズ先生に何をしてもらいたいと思っていますか。

（選択肢の訳） **1** 彼女のスピーチを聞く。

- **2** 彼女のつづりを確認する。
- **3** 彼女に明日電話する。
- **4** スピーチコンテストに来る。

解説 生徒と教師の対話。冒頭部分から，生徒は英語スピーチコンテストに出ることになって練習する必要があるとわかる。Could you please listen to my speech?「私のスピーチを聞いていただけませんか」と頼んでいるので，正解は **1**。

No.20 解答 ①

放送英文
☆: Hello?
★: Hi, Claudia. It's Doug. You sound tired.
☆: I just got home. I've been working hard all day. And I still have to make myself dinner.
★: Well, why don't you come with me to a restaurant tonight instead?
☆: That would be great.
Question: What will Claudia probably do tonight?

全文訳
☆: もしもし？
★: やあ，クローディア。ダグだよ。疲れた声だね。
☆: ちょうど家に帰ってきたところなの。一日中忙しく仕事をしていたのよ。これからまだ自分で夕食を作らなきゃいけないし。
★: それなら，それはやめて，今夜僕と一緒にレストランに行かない？
☆: それはいいわね。
Q：おそらくクローディアは今夜何をしますか。

選択肢の訳
1 レストランに行く。
2 夕食を作る。
3 遅くまで仕事をする。
4 ダグに電話する。

解説 友人同士の電話での会話。女性はちょうど帰宅したところである。後半部分で，男性が why don't you come with me to a restaurant tonight「今夜僕と一緒にレストランに行かないか」と誘い，それに対して女性が That would be great.「いいわね」と承諾しているので，正解は **1**。

No.21 解答 ①

放送英文 Mei is from China, and she enjoys learning languages. She goes to college in Japan right now and her Japanese is very good. In fact, she won first prize in a Japanese speech contest last month. She is also studying English because she wants to go to Australia after she graduates next year.

Question: What is one thing that we learn about Mei?

全文訳 メイは中国出身で，言語を学ぶのを楽しんでいる。彼女は現在，日本の大学に通っていて，彼女の日本語はとても上手だ。実際，彼女は先月，日本語スピーチコンテストで優勝した。来年卒業後にオーストラリアに行きたいと思っているので，英語も勉強している。

Q：メイについてわかることの１つは何ですか。

選択肢の訳 **1** 外国語を学ぶのが好きである。
2 日本語の教師になりたいと思っている。
3 まもなく中国に帰る予定である。
4 来年，英語スピーチコンテストに出場する。

解説 中国出身のメイの話。冒頭に she enjoys learning languages「彼女は言語を学ぶのを楽しんでいる」と述べられているので，正解は **1**。「日本語がとても上手」，「日本語スピーチコンテストで優勝」，「英語も勉強している」からも，彼女が語学好きであることが推測できる。

No.22 解答 ② ··

放送英文 Theresa enjoys spending time with her father. Their favorite sport is soccer, and on weekends they often watch soccer at home on TV. Usually, her father cooks a lot of food to eat during the games. The final game of the season is next week, and Theresa and her father are looking forward to it.

Question: What does Theresa like doing on weekends?

全文訳 テレサは父親と時間を過ごすことを楽しんでいる。２人のお気に入りのスポーツはサッカーで，週末にはよく家のテレビでサッカー観戦をする。たいてい，父親は試合中に食べる食べ物をたくさん作る。シーズン最後の試合は来週で，テレサと父親はそれを楽しみにしている。

Q：週末にテレサは何をすることが好きですか。

選択肢の訳 **1** 公園でサッカーをすること。
2 父親と時間を過ごすこと。
3 自分のサッカーチームと練習すること。
4 父親と料理教室を受講すること。

解説 テレサと父親についての話。冒頭に Theresa enjoys spending time with her father.「テレサは父親と時間を過ごすのを楽しんでいる」と述べられ，その具体例として，週末に一緒に自宅でサッカー観戦をすると言っているので，正解は **2**。

No.23 解答

放送英文
OK, everyone. Let's begin this evening's basic computer skills class. In last week's class, we learned how to use the keyboard and mouse, and how to find files. Today, I'm going to show you how to send e-mails to your friends and family. First, please turn on your computers.

Question: What will the students learn today?

全文訳
さあ、皆さん。今晩のコンピュータ基本技術の授業を始めましょう。先週の授業では、キーボードとマウスの使い方とファイルの見つけ方を学びました。今日は、お友達やご家族にメールを送る方法を教えます。まず、コンピュータのスイッチを入れてください。

Q:生徒たちは今日何を学びますか。

選択肢の訳
1 キーボードでのタイプの仕方。
2 コンピュータのスイッチの入れ方。
3 マウスの使い方。
4 メールの送り方。

解説
コンピュータ教室での説明。先週はキーボードとマウスの使い方とファイルの見つけ方を学び、Today, I'm going to show you how to send e-mails to your friends and family.「今日は、友達や家族にメールを送る方法を教える」と言っているので、正解は **4**。

No.24 解答

放送英文
Owen goes to the aquarium with his grandmother when she visits him every winter. His favorite animal is the penguin. He loves to watch the penguins swimming in the water and eating fish. In the summer, Owen and his friends often go to a swimming pool, and Owen likes to imagine that he is a penguin swimming in the water.

Question: What does Owen do with his grandmother in the winter?

全文訳
オーウェンは、毎年冬に祖母が訪ねてくると一緒に水族館へ行く。彼が好きな動物はペンギンである。ペンギンが水中を泳いだり魚を食べたりしているのを見るのが大好きである。夏に、オーウェンと彼の友達はよくプールに行くが、オーウェンは自分が水中を泳ぐペンギンになっているところを想像するのが好きである。

Q:オーウェンは冬に祖母と一緒に何をしますか。

選択肢の訳
1 祖母の家で食事をする。
2 魚釣りを楽しむ。
3 プールに泳ぎに行く。

4 水族館へ行く。

解説 ペンギンが好きなオーウェンの話。冒頭で Owen goes to the aquarium with his grandmother when she visits him every winter.「オーウェンは毎年冬に祖母が訪ねてくると一緒に水族館へ行く」と言っているので，正解は**4**。**3**のプールについては，夏に友達とすることなので，不適。

No.25 解答 ③

放送英文 Last month, Mario watched a movie with his friend. The movie was about members of a college cycling club who worked together to win a bicycle race. Mario liked the movie so much that he joined a bicycle club at his high school. He bought a bicycle from a store, and now he rides it every day.

Question: How did Mario become interested in cycling?

全文訳 先月，マリオは友人と映画を見た。その映画は，自転車レースで勝つために協力し合う，大学のサイクリング部の部員たちについてのものだった。マリオはその映画がとても気に入ったので，高校で自転車部に入った。店で自転車を購入し，今では毎日それに乗っている。

Q：マリオはどのようにしてサイクリングに興味を持つようになったのですか。

選択肢の訳 **1** 自転車レースで友人を見かけた。
2 学校の自転車レースで勝った。
3 サイクリングについての映画を見た。
4 店で好きな自転車を購入した。

解説 マリオの自転車についての話。友人とサイクリング部についての映画を見たことをつかむ。Mario liked the movie so much that he joined a bicycle club at his high school.「マリオはその映画がとても気に入ったので高校で自転車部に入った」と述べられているので，正解は**3**。

No.26 解答 ②

放送英文 The famous king Alexander the Great had a beautiful black horse. It is said that the horse loved Alexander very much. In fact, many stories say that the horse would not allow anyone to ride it except for the king himself. Alexander rode his horse in many battles, and it became one of the most famous horses in history.

Question: What do many stories say about the horse of Alexander the Great?

全文訳 有名な王，アレクサンドロス大王は美しい黒馬を持っていた。その馬はアレクサンドロスのことが大好きだったと言われている。実際，多くの

物語に，その馬は王その人以外の誰にも乗ることを許そうとしなかったとある。アレクサンドロスは多くの戦いでその馬に乗り，それは歴史上で最も有名な馬の1頭になった。

Q：多くの物語にはアレクサンドロス大王の馬について何と書いてありますか。

選択肢の訳
1 戦いに行くのを恐れた。
2 アレクサンドロスだけが乗ることができた。
3 他の馬がそれを恐れた。
4 アレクサンドロスよりも有名だった。

解説 アレクサンドロス大王の黒馬についての話。many stories say that the horse would not allow anyone to ride it except for the king himself「多くの物語には，その馬は王その人以外の誰にも乗ることを許さなかったとある」と述べられているので，正解は **2**。

No.27 解答

放送英文 For Richard's 17th birthday last week, he got $200 from his grandparents. They gave him money because he said he wanted to buy a new smartphone. Yesterday, Richard went to an electronics store to buy one, but the phone he wanted actually cost $400. Richard has decided to get a part-time job and save money to buy it.

Question: Why has Richard decided to get a part-time job?

全文訳 先週の17歳の誕生日に，リチャードは祖父母から200ドルをもらった。彼は新しいスマートフォンを買いたいと言っていたので，祖父母は現金をあげたのだ。昨日，リチャードはスマートフォンを買いに電器店に行ったが，彼が欲しいスマートフォンは実際には400ドルした。リチャードは，それを買うためにアルバイトを見つけてお金をためることにした。

Q：リチャードはなぜアルバイトを見つけることにしたのですか。

選択肢の訳
1 友人が電器店で働いているから。
2 祖父母がアルバイトを見つけるように言ったから。
3 祖父母にプレゼントを買いたいから。
4 スマートフォンのためにもっとお金が必要だから。

解説 リチャードのスマートフォン購入についての話。he got $200 from his grandparents「祖父母から200ドルをもらった」ということと，the phone he wanted actually cost $400「彼が欲しいスマートフォンは実際には400ドルした」ということから，正解は **4**。最後に出てくる save money「貯金する」もヒントになる。

No.28 解答 ③

放送英文 Attention, students. The weather will be very hot this week, so here are some ways to stay cool. First, please bring a bottle of water to school. Also, you may use paper fans in class. And finally, you may also wear your gym clothes instead of your regular school uniform. These things should help you stay cooler.
Question: What is one way that students are told to stay cool?

全文訳 生徒の皆さん，聞いてください。今週は天気がとても暑くなるので，涼しく過ごすための方法をいくつか紹介します。まず，学校に水のボトルを持ってきてください。また，授業中にうちわを使っても構いません。そして最後に，通常の制服の代わりに体操服を着ていても結構です。これらのことは，皆さんが涼しく過ごすのに役立つはずです。
Q：生徒たちが涼しく過ごすために説明されている方法の１つは何ですか。

選択肢の訳 1 屋内でスポーツをする。
2 学校で水のボトルを買う。
3 授業中にうちわを使う。
4 教室にいる。

解説 涼しく過ごす方法についての生徒への話。水を持参する，授業中にうちわを使う，制服ではなくて体操服を着る，の３つが挙げられている。正解はその２つ目である**3**。

No.29 解答 ③

放送英文 Yesterday, William and his wife decided to eat dinner at a new Italian restaurant in their town. William had lasagna, and his wife ate pizza. The food was good, and the staff members were very nice, so William and his wife wanted to tell other people about it. After they got home last night, they wrote a good review of the restaurant online.
Question: What did William and his wife do after they got home?

全文訳 昨日，ウィリアムと彼の妻は町にできた新しいイタリアンレストランで夕食を取ることにした。ウィリアムはラザニアを，妻はピザを食べた。料理はとてもおいしく，従業員たちもとても親切だったので，ウィリアムと妻はそのことを他の人々に話したくなった。昨夜帰宅してから，彼らはインターネットにそのレストランについて良いレビューを書き込んだ。
Q：ウィリアムと彼の妻は帰宅後何をしましたか。

選択肢の訳 1 夕食にピザを作った。
2 インターネットで行くべきレストランを探した。

3 レストランについてレビューを書いた。
4 友達のためにディナーパーティーを計画した。

解説 ウィリアムと妻が新しくできたイタリアンレストランに行った話。レストランがどうだったか説明された後，最後に After they got home last night, they wrote a good review of the restaurant online.「昨夜帰宅してから，インターネットにそのレストランについて良いレビューを書き込んだ」と述べられているので，正解は **3**。

No.30 解答

放送英文 A kind of whale called a narwhal lives in very cold oceans. Most male narwhals have a long tooth that comes out of their mouths. The tooth can be over two meters long. Some scientists think narwhals use this tooth to check the temperature. Others say that narwhals use it to help them find food. Scientists hope to learn more about narwhals.

Question: What is one thing that we learn about most male narwhals?

全文訳 イッカクと呼ばれるクジラの一種はとても冷たい海に生息している。ほとんどのオスのイッカクは，口から突き出た1本の長い歯を持つ。その歯は長さ2メートルを超えることもある。イッカクは水温を測るためにこの歯を使うと考える科学者もいれば，えさを見つける助けとなるようにそれを使うという科学者もいる。科学者たちはイッカクについてもっと多くのことを知りたいと思っている。

Q：ほとんどのオスのイッカクについてわかることの1つは何ですか。

選択肢の訳
1 長い歯を持つ。
2 他のクジラを食べる。
3 長距離を泳ぐことができない。
4 冷たい水が好きでない。

解説 narwhal「イッカク」という動物の説明。Most male narwhals have a long tooth that comes out of their mouths.「ほとんどのオスのイッカクは口から突き出た1本の長い歯を持つ」より，正解は **1**。次に出てくる「その歯は2メートルを超えることもある」からも推測可能。

二次試験・面接　問題カード　A 日程　問題編 p.60〜61　▶MP3 ▶アプリ ▶CD 1 76〜80

全文訳　**生徒の健康**

　　朝食は一日で一番重要な食事であるとよく言われる。しかしながら，多くの生徒は，朝食を食べずに学校に行くため，授業中に疲労感を覚える。今，いくつかの学校は，授業が始まる前に朝食を提供している。それらの学校は，このことが生徒たちに彼らが一日に必要とする活力を与えてくれることを願っている。

質問の訳　No. 1　文章によると，多くの生徒はなぜ授業中に疲労感を覚えるのですか。

　　　　　　No. 2　さて，Ａの絵の人々を見てください。彼らはいろいろなことをしています。彼らが何をしているのか，できるだけたくさん説明してください。

　　　　　　No. 3　さて，Ｂの絵の男の子を見てください。この状況を説明してください。

　　それでは，〜さん，カードを裏返しにして置いてください。

　　　　　　No. 4　中学校は生徒のためにもっと調理実習を行うべきだと思いますか。
　　　　　　　　　Yes. →なぜですか。　　No. →なぜですか。

　　　　　　No. 5　今日，日本にはたくさんのコンビニエンスストアがあります。あなたは，これらの店をよく利用しますか。
　　　　　　　　　Yes. →もっと説明してください。　　No. →なぜですか。

No.1

解答例　Because they go to school without eating breakfast.

解答例の訳　彼らは朝食を食べずに学校へ行くからです。

解説　まず質問に出てくる feel tired during their classes が文章の第 2 文の後半部分にあることを確認する。その前にある so「そのため」がさらにその前の many students go to school without eating breakfast を指しているので，そこを答えればよい。ただし，主語の many students を代名詞 they に直すのを忘れないこと。

No.2

解答例　A boy is washing his face. / A woman is planting some flowers. / A girl is feeding a rabbit. / Two boys are shaking hands. / A man is pulling a cart.

解答例の訳　男の子が顔を洗っています。／女性が花を植えています。／女の子がウサギにえさをやっています。／2 人の男の子が握手をしています。／男性がカートを引いています。

解説　「握手をする」は shake hands と言い，必ず hands と複数形になるこ

とに注意する。「花を植える」は plant (some) flowers だが，「花の手入れをする」と考えて，take care of flowers と答えてもよい。「～にえさをやる」は feed という他動詞を覚えておこう。

No.3

解答例 He can't open his umbrella because he's carrying many things.

解答例の訳 彼はたくさんの物を運んでいるので傘が開けません。

解説 「たくさんの物を持っている」ことと「傘が開けない」ことの2点を説明し，前者が後者の理由であることを説明したい。前者の内容は he has a lot of things to carry「運ばなければならない物が多くある」などと表現してもよい。ただし，have の場合は he is having ～ のように進行形にはできないので注意。

No.4

解答例 （Yes. と答えた場合）
Cooking is an important skill for people. They can learn how to make healthy meals.

解答例の訳 料理は人にとって重要な技術だからです。生徒たちは体に良い食事の作り方を学ぶことができます。

解答例 （No. と答えた場合）
Students need to spend more time on other subjects. They can learn how to cook at home.

解答例の訳 生徒たちは他の教科にもっと時間を使う必要があるからです。料理の作り方は家庭で学べます。

解説 Yes. の場合には，「実用的なことを学ぶのは重要だ（It is important to learn practical things.）」や「料理は生徒の将来に役立つ（Cooking helps students in their future.）」など日常生活面での利点を説明するとよいだろう。No. の場合には，質問の more cooking classes「もっと多くの調理実習」に着目して，「生徒たちにはすでに十分な調理実習がある（Students already have enough cooking classes.）」や「学ぶべきことが他にたくさんある（have many other things to learn）」なども考えられる。

No.5

解答例 （Yes. と答えた場合）
I often go to a convenience store near my home. It sells many different kinds of drinks and sweets.

解答例の訳 私は自宅近くのコンビニエンスストアによく行きます。そこには多くのさまざまな種類の飲み物やスイーツが売っています。

解答例 （No. と答えた場合）
Things at convenience stores are usually expensive. I go

19年度第1回　面接

73

shopping at the supermarket.

解答例の訳 コンビニエンスストアにある物はたいてい高価だからです。私はスーパーマーケットに買い物に行きます。

解説 Yes. の場合には，「たいてい 24 時間営業である（They usually stay open 24 hours a day.）」や「ほとんど何でも買うことができる（We can buy almost anything from them.）」などコンビニエンスストアの利点を説明してもよいだろう。No. の場合には，解答例にあるような値段の高さの他に，「自宅近くにない（There aren't any convenience stores near my house.）」なども考えられる。

二次試験・面接　問題カード B 日程　問題編 p.62〜63

全文訳 活動的な生活スタイル

このごろ，運動に興味を持つ人がますます増えている。しかし，多くの人は，忙しい生活スタイルのせいで，運動するのが難しい。今，いくつかのフィットネスセンターは 24 時間営業をしており，そうすることによって，人々が運動する時間を見つける手伝いをしている。活動的な生活スタイルを送ろうとすることは人々にとって大切なことである。

質問の訳
No. 1　文章によると，いくつかのフィットネスセンターはどのようにして人々が運動する時間を見つける手伝いをしていますか。

No. 2　さて，Aの絵の人々を見てください。彼らはいろいろなことをしています。彼らが何をしているのか，できるだけたくさん説明してください。

No. 3　さて，Bの絵の男性を見てください。この状況を説明してください。

それでは，～さん，カードを裏返しにして置いてください。

No. 4　子供たちはもっと多くの時間を屋外で遊んで過ごすべきだと思いますか。
　　　Yes. →なぜですか。　　No. →なぜですか。

No. 5　このごろ，インターネットで英語を学ぶ方法がたくさんあります。あなたは，英語を学ぶのにインターネットを利用しますか。
　　　Yes. →もっと説明してください。　　No. →なぜですか。

No.1

解答例 By staying open 24 hours a day.

解答例の訳 24 時間営業をすることによってです。

解説 質問の help people find time for exercise は文章の第 3 文後半にある。この直前にある by doing so「そうすることによって」の do so が，

さらにその前にある stay open 24 hours a day を指していることを見抜く。How ～? 「どのようにして～か」という疑問文なので，By staying ～. という形で答えればよい。

No.2

解答例 A boy is swimming. / A woman is using a computer. / A woman is talking on the phone. / A man is choosing a T-shirt. / A girl is waiting for an elevator.

解答例の訳 男の子が泳いでいます。／女性がコンピュータを使っています。／女性が電話で話しています。／男性がＴシャツを選んでいます。／女の子がエレベーターを待っています。

解説 「電話で話す」は talk [speak] on [over] the phone と言う。Ｔシャツを選んでいる男性については，try to buy a T-shirt「Ｔシャツを買おうとする」や wonder which T shirt to buy「どちらのＴシャツを買おうか考える」などと表現することも可能である。

No.3

解答例 He wants to open the locker, but he doesn't have the key.

解答例の訳 彼はロッカーを開けたいのですが，カギを持っていません。

解説 「ロッカーを開けたいと思っている」ことと「カギがない」ことの2点を説明する。前者は he can't open the locker「ロッカーを開けられない」，後者は he lost his key「カギをなくした」や he can't find the key「カギが見つからない」などと表現してもよいだろう。

No.4

解答例 （Yes. と答えた場合）

It's healthy for children to play outside. Also, it's a good way for them to meet other children.

解答例の訳 屋外で遊ぶことは子供たちにとって健康的だからです。また，彼らが他の子供たちと出会う良い方法でもあります。

解答例 （No. と答えた場合）

Children need to spend their time studying. They usually have a lot of homework to do.

解答例の訳 子供たちは勉強に時間を使う必要があるからです。彼らにはたいてい，やらなければならない宿題がたくさんあります。

解説 Yes. の場合には，まず「今日では子供はあまり屋外で遊ばない（Today children don't play outside so often.）」などと現状を述べた上で，「屋外で遊ぶことは体の成長にとって必要である（Playing outside is necessary for their physical growth.）」などと説明してもよいだろう。No. の場合には，「小さな子供たちのための公園があまり多くない（There are not many parks for little children.）」や「室内の方が安

全に遊べる（can play indoors more safely）」なども可能である。

No.5

解答例 （Yes. と答えた場合）

There are many good websites for learning English. It's more interesting than studying with textbooks.

解答例の訳 英語を学ぶのに良いウェブサイトが多くあります。教科書で勉強するよりも面白いです。

解答例 （No. と答えた場合）

I think it's better to learn English at school. I can ask my teachers questions easily.

解答例の訳 学校で英語を学ぶ方がよいと思うからです。簡単に先生に質問することができます。

解説 Yes. の場合には，「英語でニュースを読んだり見たりする（read and watch the news in English）」や「単語を調べたり文法を学んだりする（look up words and learn grammar）」など，具体的にインターネットでできることを説明するとよいだろう。No. の場合には，「英語学習に適したウェブサイトを見つけられない（can't find good websites for learning English）」といった理由も考えられる。

2018-3

一次試験
筆記解答・解説　　　p.78〜90

一次試験
リスニング解答・解説　p.90〜107

二次試験
面接解答・解説　　　p.107〜112

解 答 一 覧

一次試験・筆記

1

(1)	1	(8)	1	(15)	2
(2)	4	(9)	2	(16)	1
(3)	4	(10)	3	(17)	1
(4)	3	(11)	4	(18)	2
(5)	2	(12)	2	(19)	4
(6)	4	(13)	4	(20)	2
(7)	1	(14)	1		

2

(21)	4	(23)	1	(25)	1
(22)	2	(24)	1		

3 A

(26)	2
(27)	4

3 B

(28)	1
(29)	3
(30)	2

4 A

(31)	4
(32)	1
(33)	3

4 B

(34)	2
(35)	1
(36)	3
(37)	3

5　　解答例は本文参照

一次試験・リスニング

第1部

No. 1	3	No. 5	1	No. 9	3
No. 2	2	No. 6	1	No.10	2
No. 3	3	No. 7	2		
No. 4	2	No. 8	1		

第2部

No.11	4	No.15	2	No.19	2
No.12	3	No.16	3	No.20	3
No.13	3	No.17	1		
No.14	1	No.18	4		

第3部

No.21	2	No.25	3	No.29	3
No.22	1	No.26	3	No.30	4
No.23	2	No.27	1		
No.24	4	No.28	1		

一次試験・筆記 **1** 問題編 p.66〜68

(1) ─ 解答 **1**

訳 ランディはバイクでスピードを出しすぎていて，木に激突した。ランディの医師は，彼がひどくけがをしなかったのは奇跡だとランディに話した。

解説 空所前の it は空所後の that 以下を指す。「彼がひどくけがをしなかったのは〜だ」という文脈なので，正解は **1** の miracle「奇跡」。discussion「議論」，protest「抗議」，license「免許」。

(2) ─ 解答 **4**

訳 A：ダナ，何か飲み物はいかがですか。
B：ええ，いただきたいわ。すごくのどが渇いているの。

解説 飲み物を勧められて，「欲しい」と答えているのは，のどが渇いているからである。よって，正解は **4** の thirsty「のどが渇いた」。名詞形の thirst「のどの渇き」もあわせておさえよう。noisy「騒がしい」，proud「誇りを持っている」，familiar「よく知られている」。

(3) ─ 解答 **4**

訳 バネッサは大きな自動車会社で大活躍しているエンジニアである。彼女は新しい車を設計したり製造したりするのを手助けしている。

解説 後半の文の「新しい車を設計したり製造したりするのを手助けしている」ということから，バネッサの仕事は何であるのかを考える。正解は **4** の engineer「エンジニア」（アクセント注意 [èndʒɪníər]）。author「著者」，pilot「パイロット」，lawyer「弁護士」。

(4) ─ 解答 **3**

訳 サラの成績は昨年あまり良くなかったが，彼女は一生懸命勉強して成績を上げた。彼女の両親は彼女の成績が今年かなり良くなったので驚いた。

解説 空所直後の them は Sarah's grades「サラの成績」を指す。空所を含む部分を受けて，両親が驚いた内容として her grades became so much better「成績がかなり良くなった」と具体的に言い換えているので，**3** を選ぶ。improve は「〜を改善する」という意味。destroy「〜を破壊する」，locate「〜の位置を探し当てる」，select「〜を選ぶ」。

(5) ─ 解答 **2**

訳 レイチェルとトニーは，ハワイでの休暇中，ホテルの部屋のバルコニーからの美しい景色をほれぼれと眺めて長い時間を過ごした。

解説 〈spend ＋時間＋ *doing*〉「〜して（時間）を過ごす」に注意しよう。空所直後の「ホテルの部屋のバルコニーからの美しい景色」を目的語として自然に意味が通るのは **2** で，admire は「〜に感嘆する，〜をほれぼ

78

れと眺める」という意味。perform「～を実行する」，injure「～を傷つける」，sail「～を航行する」。

(6) ― 解答 **4** ．．．．．．．．．．．．．．．．．．．．．．．．．．．．．．．．．

訳 店長は，10分後に閉店するので客は買い物を終えなければならないことをアナウンスした。

解説 「あと10分で閉店することと客は買い物を終えなければならないことを～した」という文脈なので，正解は**4**。announce は「（放送などで）～を告げる，アナウンスする」という意味。trade「～を売買する」，explore「～を探検する」，repair「～を修理する」。

(7) ― 解答 **1** ．．．．．．．．．．．．．．．．．．．．．．．．．．．．．．．

訳 A：ブライアン，私，金曜日にディナーパーティーを開くつもりなの。どんなお料理を出したらいいか提案はないかしら。

B：ピザはどうかな？ おいしいし，作るのも楽しいからね。

解説 B の How about pizza?「ピザはどう？」という発言は，パーティーで出す料理を提案していると考えて，**1** を選ぶ。suggestion「提案」は動詞 suggest「～を提案する」の名詞形。character「性格，特徴，登場人物」，puzzle「謎，パズル」，figure「数字，姿，人物，図」。

(8) ― 解答 **1** ．．．．．．．．．．．．．．．．．．．．．．．．．．．．．．．

訳 天候がとても暑く乾燥しているときには，一部の地域で山火事が発生する危険がある。

解説 the（ ）of a forest fire starting は「山火事が始まるという～」という意味なので，正解は **1** の danger「危険」。形容詞 dangerous「危険な」の名詞形である。opinion「意見」，respect「尊敬」，silence「沈黙」。

(9) ― 解答 **2** ．．．．．．．．．．．．．．．．．．．．．．．．．．．．．．．

訳 紫色の絵の具がなかったので，トレイシーはその色を作るために赤と青の絵の具を混ぜ合わせた。

解説 最後の to make that color は「その色（＝紫色）を作るために」。紫色を作るために赤と青の絵の具を混ぜ合わせたと考えて，**2** を選ぶ。combine は「～を結合する，～を混ぜ合わせる」という意味。follow「～の後をついていく」，accept「～を受け入れる」，rescue「～を救助する」。

(10) ― 解答 **3** ．．．．．．．．．．．．．．．．．．．．．．．．．．．．．．．

訳 ジュディが友達に会いに行く途中，突然雨が降り始めた。幸いなことに，彼女は傘を持っていた。

解説 空所前の「突然雨が降り始めた」と空所後の「傘を持っていた」をつなぐのに自然なものは，**3** の luckily「幸運なことに」。これは文修飾の副詞で，後半の文は It was lucky that she had an umbrella with her.

79

と書き換えられる。simply「単純に」，gradually「徐々に」，fairly
「公平に」。

(11) – 解答 **4**

訳 Ａ：お母さん，僕の誕生日はどこでお祝いする予定なの？

Ｂ：あなた次第よ，ティム。あなたの誕生日なのだから，あなたが決め
ていいわよ。

解説 空所後の文 It's your birthday, so you can decide.「あなたの誕生日
だからあなたが決めていい」に着目して，**4**を選ぶ。be up to ~ は「~
次第である」という意味。It's up to you.（= It depends on you.）「そ
れは君次第だよ」は口語でよく用いられる表現である。

(12) – 解答 **2**

訳 ウィリアムは１年間カンボジアでボランティアとして働いた。彼の村に
は電気がなかったので，滞在中はコンピュータなしで済ませなければな
らなかった。

解説 電気がなかったためにウィリアムはコンピュータをどうしなければなら
なかったのか考える。正解は**2**で，do without ~ は「~なしで済ませ
る」。line up は「~を（一列に）並べる，並ぶ」，drop by は「（~に）
立ち寄る」，take after は「~に似ている」という意味。

(13) – 解答 **4**

訳 Ａ：ジャック，お仕事を引退されてからいかがお過ごしですか。

Ｂ：そうですねえ，退屈に感じるときもありますが，今は仕事の心配事
から解放されていいものですよ。

解説 「仕事の心配事~なのはいい」という文脈なので，正解は**4**。be free
from ~ は「（拘束・束縛など）から免れている」という意味。He is
free from pain now.「彼にはもう痛みはない」のように用いることも
可能である。

(14) – 解答 **1**

訳 社長は，明日のスピーチでは環境の問題に焦点を絞ることに決めた。他
の話題について多く話す時間はないだろう。

解説 後半部分に，「他の話題について多く話す時間はない」とあるので，ス
ピーチは環境問題に集中することに決めたと考えて，**1**を選ぶ。focus
は名詞で「焦点」という意味だが，動詞として focus on ~ で用いると
「~に焦点を合わせる，~に集中する」という意味になる。

(15) – 解答 **2**

訳 ビルは，速く走ろうとしたが，他の走者に遅れずについていくことがで
きなかった。結局そのレースで最後になってしまった。

解説 後半に，ビルはレースで最後になってしまったとあるので，他の走者に
ついていくことができなかったと考えられる。したがって，正解は**2**。

80

keep up with ～ は「～に遅れずについていく」である。類似表現
catch up with ～「～に追いつく」と混同しないように気をつけよう。

(16) – 解答 **1**

訳　ジェシカはマーケティング会社から仕事を提供されたが，給料があまり
良くないので，その申し出を断ることにした。

解説　「給料があまり良くないので，その申し出を～することにした」という
文脈なので，正解は**1**。turn down ～ は「～を断る（＝reject）」とい
う意味である。

(17) – 解答 **1**

訳　ベンのクラスメートは彼が高価な服すべてを見せびらかす態度が好きで
はない。彼らは彼に自分の家族がいかに金持ちかについて話すのをやめ
てもらいたいと思っている。

解説　後半に「自分の家族がいかに金持ちか話すのをやめてほしい」とあるこ
とから，正解は**1**。show off ～ で「～を見せびらかす，ひけらかす」
という意味である。the way he shows off all his expensive clothes
は「彼が自分の高価な服すべてを見せびらかすやり方」ということ。

(18) – 解答 **2**

訳　A：トニー，僕は8時半に駅の東側にいるよ。もし僕を見つけられない
場合には，携帯に電話してね。

　　B：わかったよ，ジム。それじゃあ明日。

解説　待ち合わせの約束をしていて，後半部分は「もし僕を見つけられなけれ
ば，携帯に電話してください」となると考え，正解は**2**。in case は if
とほぼ同じ働きをして「もし～の場合には」という意味である。as if
～ は「まるで～であるかのように」，so that ～ は「～するように」。

(19) – 解答 **4**

訳　A：グリフィスさん，この町にはどのくらいお住まいなのですか。

　　B：25歳のときにここに越してきました。それは20年前のことです
ね。

解説　「どのくらいの期間この町に暮らしているのか」と尋ねられ，「25歳の
ときに引っ越してきた」と答えたと考えて，正解は**4**。この when は
「～が…するとき」という意味の従属接続詞である。

(20) – 解答 **2**

訳　A：ケリー，あなたの息子さんはおいくつ？

　　B：1歳よ。まだ話せないけれど，私が彼に言うことを理解している
ようなの。

解説　seem to *do* で「～のように思われる」という意味なので，正解は**2**。
he seems to understand what I say to him「彼は私が彼に言うこと
を理解しているように思われる」は it seems that he understands

what I say to him と書き換えることができる。

一次試験・筆記 2 | 問題編 p.69〜70

(21) – 解答 4

訳 A：デイブ，私，最近よく眠れていないのよ。
B：それはどうして，ミーガン？ 理科のテストが心配なの？
A：ええ。すごく勉強しているんだけど，それでも合格しないと思うの。
B：君はきっとちゃんとできるよ。

解説 空所の直後で A は，Yeah. と答えた後に「すごく勉強しているけれど合格しないと思う」とテストについての不安を話しているので，正解は**4**。**1**「スマホを使いすぎているの」，**2**「コーヒーを飲みすぎているの」，**3**「一緒に見た映画が怖いの」。

(22) – 解答 2

訳 A：ジェーン，先週末は何をしたの？
B：おばあちゃんの家で庭の手入れをしたわ。
A：わあ，とても疲れたでしょうね。
B：ええ，でもおばあちゃんは私の手伝いが必要だったのよ。

解説 空所の直後で A が「とても疲れたに違いない」，その後 B が「おばあちゃんには私の手伝いが必要だった」と言っていることに着目する。手伝いで，すると疲れるのは庭仕事だと考えられるので，正解は**2**。take care of 〜 は「〜の世話をする，手入れをする」という意味。**1**「バスケットボールをした」，**3**「ニュースを見た」，**4**「クッキーを作った」。

(23) – 解答 1

訳 A：ボブズベーカリーへようこそ。ご用をお伺いいたします。
B：こんにちは。イチゴのショートケーキはありますか。
A：申し訳ございませんが，売り切れてしまいました。1 日に 10 個しか作らないのです。
B：そうですか。代わりにアップルパイをいただこうと思います。

解説 「イチゴのショートケーキはありますか」と聞かれて店員は I'm sorry と謝り，空所後で「1 日に 10 個しか作らない」と言っている。さらに客は結局ショートケーキではなくアップルパイを買っていることから，正解は**1**。**2**「それは作っていません」，**3**「それは高すぎます」，**4**「それにはイチゴがのっていません」。

(24)(25)

訳 A：すみません。ちょっと助けていただきたいのですが。
B：はい。どのようなご用でしょうか。

82

A：ええと，スキー板を探しているのですが，自分のサイズがわからないのです。

B：見つけるのは簡単ですよ。身長はどのくらいですか。

A：170センチです。

B：承知いたしました。それでしたら，これらがお客さまのサイズに合うはずです。

A：ありがとう。支払いはクレジットカードでできますか。

B：申し訳ございませんが，機械が故障しています。現金でお支払いいただかなければなりません。

(24) 解答 ❶ ‥‥‥‥‥‥‥‥‥‥‥‥‥‥‥‥‥‥‥‥‥

解説 スキー板を探す客と店員の対話。空所の後で店員が身長を尋ね，その後Then, these should fit you.「それならこれらがあなたのサイズに合うはずだ」と答えているので，正解は**1**。**2**「お金をあまり持っていません」，**3**「すでにブーツは持っています」，**4**「すでにいい板を見つけました」。

(25) 解答 ❶ ‥‥‥‥‥‥‥‥‥‥‥‥‥‥‥‥‥‥‥‥‥

解説 空所後で店員は「機械が故障している」「現金で払う必要がある」と言っているので，正解はクレジットカードでの支払いの可否を尋ねている**1**。**2**「それらを修理してもらえますか」，**3**「見せる必要がありますか」，**4**「それらがどこにあるのかわかりますか」。

一次試験・筆記 **3A** 問題編 p.72

ポイント タロウのオーストラリア留学の話である。第1段落では留学が決定するまでにどんなことがあったのか，第2段落では留学先でどんな生活を送ったのかを読み取ろう。

全文訳 **留学**

タロウはオーストラリア留学を希望していた高校生である。彼は両親に聞いてみたが，彼らはだめだと言った。両親は彼のことが心配だった。タロウは英語をあまりうまく話せないので苦労するだろうと思ったのである。タロウは，英語を学んで他の国の新しい友達を作りたいので絶対に外国に行きたいと両親に話した。ようやく両親は彼に1年間留学することを許すことにした。

オーストラリアで，タロウはクラスメートとコミュニケーションをとろうと一生懸命に努力した。最初，それは簡単でなく，辞書を使わなければならないことも多かった。しかし，彼は練習し続け，毎日クラスメートと話した。数か月後，彼は英語を上手に話し始めた。もう辞書を使う必要がなくなり，そのため人と話すのが楽になった。多くの友達ができて，日本に戻るころには，彼は自分の成功に満足していた。

(26) – 解答 ②

選択肢の訳 1 started studying English「英語を勉強し始めた」
2 were worried about him「彼のことが心配だった」
3 did not like Australia「オーストラリアが好きではなかった」
4 did not have much money「あまりお金を持っていなかった」

解説 空所の直後に「両親は，タロウは英語をあまりうまく話せないので苦労するだろうと思った」とあることに着目する。この内容から，両親はタロウのことを心配していたと推測できるので正解は **2**。

(27) – 解答 ④

選択肢の訳 1 watch TV shows「テレビ番組を見る」
2 miss his parents「両親がいなくて寂しく思う」
3 call his school「学校に電話する」
4 speak English well「英語を上手に話す」

解説 空所の前の部分に「練習を続け毎日クラスメートと話した」とあり，さらに空所の後に「もう辞書を使う必要がなかった」とある。努力した結果，数か月後に英語が上達し始めたと考えられるので，正解は **4**。

一次試験・筆記 3B | 問題編 p.73

ポイント タイトルは「イタリアの靴磨き」である。第1段落では，まずイタリアの靴磨きがどのようにして誕生したのかを読み取ろう。第2段落では最近その仕事をある女性が始めたこと，第3段落ではその女性がその後新たに始めた活動の内容が述べられている。

全文訳 **イタリアの靴磨き**

イタリア人は質の高い服と靴を身に着けることで有名である。特に，革製の靴と財布はイタリアで人気がある。しかし，革は定期的にきれいにする必要があるのだが，それには費用がかかり多くの労力を要する。多くの人はこれをする時間がない。その結果，彼らは自分の靴をきれいにするために他の人々にお金を支払う。これらの人は靴磨きと呼ばれる。

以前，靴磨きは，家族を助けるためにお金を稼ぐ必要がある貧しい男性や少年たちであった。今日では，その仕事はきつすぎると考える男性がほとんどで，そのため彼らは靴磨きになろうと思わない。しかしながら，最近，何人かの女性がこれらの仕事を引き受け始めた。その一例がロザリナ・ダルラーゴで，彼女は以前ファッションモデルだった。2000年に彼女はローマで靴磨き店を売却しようとしている老人を見つけ，彼からその店を購入した。

それ以来，ダルラーゴのビジネスは成長している。彼女は，成功の一因は最初の店の場所のおかげだと言う。そこは官庁ビル群に近いため，多くの政治家が彼女のサービス

84

を利用しにやって来る。その後，彼女はローマにもう2つ店を開いた。今，ダルラーゴは他の女性起業家たちの助けになりたいと思っている。彼女の新たな目標は，彼女らにいかにして成功するビジネスを作るかを教えることである。彼女は，新しいサービスを生み出すために彼女らと一緒に活動し，新しいビジネスを始めた女性たちに講座を開いている。

(28) – 解答 **1**

選択肢の訳
1 do not have time「時間がない」
2 do not have money「お金がない」
3 have learned how「方法を学んだ」
4 have many tools「多くの道具を持っている」

解説 直後の文に「その結果，彼らは自分の靴をきれいにするために他の人々にお金を支払う」とある。空所直後の to do this は前文にある「革製品を定期的にきれいにすること」を指すので，多くの人にはそうする時間がないと考えて，正解は **1**。

(29) – 解答 **3**

選択肢の訳
1 fewer young people「より少ない若者」
2 more and more men「ますます多くの男性」
3 a number of women「何人かの女性」
4 a group of old people「老人の集団」

解説 空所を含む文は「しかしながら，最近，～がこれらの仕事（＝靴磨き）を引き受け始めた」という意味。直後の文に Rosalina Dallago という女性がその例として出てくるので，正解は **3**。

(30) – 解答 **2**

選択肢の訳
1 contact the government「政府と接触する」
2 build successful businesses「成功するビジネスを作る」
3 become strong politicians「強い政治家になる」
4 take care of shoes「靴の手入れをする」

解説 直前の文に「女性起業家たちの助けになりたい」とある。靴磨きのビジネスで成功したダルラーゴが彼女らを助けるとは，具体的には彼女らに成功するビジネスの作り方を教えることだと考えて，**2** を選ぶ。

一次試験・筆記 **4A** 問題編 p.74～75

ポイント めいのクリスティーナからおばのベティへのメール。用件はクリスティーナの学校で開かれる「職業の日」についてである。職業の日とはどのような日で，具体的におばにどんなことを頼んでいるかを読み取りたい。

全文訳

送信者：クリスティーナ・テイラー <christina568@gotmail.com>
受信者：ベティ・テイラー <b-taylor8@thismail.com>
日付：1月27日
件名：職業の日

こんにちは，ベティおばさん

お元気ですか。先週末はおばあちゃんの家での夕食でお会いできて楽しかったです。おばあちゃんは本当に料理が上手ですよね。私はおばあちゃんが作ってくれたチキンがすごく気に入りました。おばさんはいかがでしたか。そしておばさんが持ってきてくれたチーズケーキ，おいしかったです。いつかその作り方を教えてほしいです。

さて，お願いしたいことがあります。来月，私の高校で「職業の日」が開かれます。学校は生徒たちに話をしに来てもらうようにさまざまな職業の人たちを招待しています。私の先生は，来校してくれる看護師を見つけたいと言っていました。先生は誰か看護師を知らないかと尋ね，私はおばさんのことを話したのです。

おばさんは看護師になって5年ですよね。学校に来て，仕事について話しませんか。職業の日は2月28日に体育館で開かれます。体育館には別々のテーブルが用意され，それぞれのテーブルで違った職業の情報が提供されます。生徒たちはテーブルを回り，そこにいる人たちにそれぞれの仕事について質問します。例えば，おばさんには，大学で何を勉強したかや病院でどんなことをしているかについて質問すると思います。協力してくれるかどうか教えてください！

めいのクリスティーナより

(31) – 解答 ④

質問の訳 ベティおばさんは先週末に何をしましたか。

選択肢の訳　1　チーズケーキの作り方を学んだ。
　　　　　　　　2　夕食にチキンを料理した。
　　　　　　　　3　クリスティーナにレシピをあげた。
　　　　　　　　4　クリスティーナと夕食を食べた。

解説 第1段落の第2文に I enjoyed seeing you last weekend at Grandma's house for dinner.「先週末おばあちゃんの家での夕食で会えて楽しかった」とあるので正解は **4**。**2** は，チキンを料理したのはベティおばさんではなくおばあちゃんなので不適。

(32) – 解答 ①

質問の訳 来月クリスティーナの学校で何がありますか。

選択肢の訳　**1　生徒が仕事について学ぶ行事がある。**
　　　　　　　　2　看護師による生徒の健康診断がある。
　　　　　　　　3　生徒たちが病院へ社会科見学に行く。

4 生徒たちがさまざまな仕事を体験する機会を持つ。

解説 質問文にある next month は第 2 段落の第 2 文冒頭にあり，そこには Next month, we're going to have a "career day" at my high school.「来月，私の高校で『職業の日』が開かれる予定である」とある。その後の職業の日の説明より，それが生徒が仕事について学ぶ日だとわかるので，正解は **1**。

(33) – 解答 ❸

質問の訳 クリスティーナがベティおばさんに頼んだのは

選択肢の訳
1 病院での仕事を見つけるのを助けること。
2 良い大学を推薦すること。
3 生徒たちに話をしに学校に来ること。
4 体育館でテーブルの準備をすること。

解説 第 3 段落の第 2 文に Would you like to come to the school and talk about your job?「学校に来て，仕事について話しませんか」とあるので，正解は **3**。

18年度第3回 筆記

| 一次試験・筆記 | **4B** | 問題編 p.76〜77 |

ポイント タイトルにある white rhinoceros [raɪná(ː)sərəs] はシロサイという動物である。第 1 段落ではシロサイのかつての状況，第 2 段落ではイアン・プレイヤーという人物について，第 3 段落では彼の具体的な活動内容，第 4 段落ではそれに対する地元民の反応が書かれている。

全文訳 **シロサイのヒーロー**

シロサイは南アフリカに生息し，世界で最も大きい動物の 1 つである。昔，サイの角には特別な力があると多くの人が信じていたため，その角は薬に利用された。その結果，多くのシロサイが殺された。科学者たちは，世界中のシロサイがすべて死んでしまうのではないかと心配していた。しかし，イアン・プレイヤーという男性がシロサイを救うために活動した。

プレイヤーは 1927 年に南アフリカで生まれた。彼はスポーツが大好きで，1951 年に，ある特別なボートレースに参加した。彼は川に沿って 120 キロ以上も進んで行ったが，野生動物は彼が出会うと思っていた数よりも少なかった。彼は南アフリカに暮らす動物を守るために何かしようと決意した。1 年後，彼はイムフォロジ動物保護区と呼ばれる国立公園で働き始め，そこで野生動物の世話をした。

イムフォロジ動物保護区は，残存していた数少ないシロサイを人々が心配して，1890 年に設立された。プレイヤーが 1952 年にやって来たとき，シロサイは 430 頭ほどしかおらず，猟師たちは依然としてシロサイを殺していた。プレイヤーは世界中の動物園と一緒に「サイ作戦」と呼ばれる繁殖計画を始めた。それらの動物園の熱心な活動

87

のおかげで，シロサイの数は急増した。若いサイの一部は保護区へ戻された。

　最初，地元の多くの人々はプレイヤーの計画を好ましく思わなかった。農夫たちはよく，シロサイが自分たちの牛や羊などの動物を殺すために自分たちは損害を受けていると言った。しかしプレイヤーは，シロサイを救うことは人間の助けにもなると彼らに説明した。彼は観光客たちにシロサイなどの野生動物を見にイムフォロジを訪れるように勧めた。その結果，ますます多くの人がその地域でツアーに参加し，ホテルに滞在し，レストランで食事をしてお金を落とし始めた。このことが，人々がシロサイの価値を理解するのに役立ったのである。

(34) – 解答 ②

質問の訳　シロサイはなぜ殺されていたのですか。

選択肢の訳　1　サイを殺すことは自分たちに特別な力を与えると人々が信じていたから。
　2　薬を作るためにその一部が欲しかったから。
　3　その肉が大人数の人々を養うのに利用できたから。
　4　それらが多くの問題を引き起こし多くの人々を殺したから。

解説　「シロサイが殺された」という記述は第1段落の第3文に As a result, many white rhinoceroses were killed. とある。As a result「その結果」とは何の結果なのかを考えると，その直前の文に，シロサイの角には特別な力があると信じられ，薬として利用されたとあるので，正解は**2**。

(35) – 解答 ①

質問の訳　イアン・プレイヤーがイムフォロジ動物保護区で働き始めたのは

選択肢の訳　1　南アフリカに残っている野生動物がいかに少ないかを心配したから。
　2　戸外で働いて川に沿ってボートに乗ることが楽しかったから。
　3　南アメリカで暮らしてそこでもっと多くのボートレースに参加できたから。
　4　多くのさまざまな種類の動物と遊ぶ機会が欲しかったから。

解説　イアン・プレイヤーについては第2段落で説明されている。1927年に南アフリカに生まれた彼は，ボートレースに参加したときに野生動物の少なさを知り，その保護のために活動したいと考えてイムフォロジ動物保護区で働き始めたとあるので，正解は**1**。

(36) – 解答 ③

質問の訳　プレイヤーはイムフォロジ動物保護区で何をしましたか。

選択肢の訳　1　その地域の人々にシロサイを狩る一番良い方法を教えた。
　2　病気のシロサイを世話する特別な技術を学んだ。
　3　シロサイを救うために世界中の動物園と一緒にある計画を開始した。
　4　保護区の動物を守るお金を手に入れるために，430頭のシロサイを

売った。

解説 第3段落では，イムフォロジ動物保護区がシロサイの保護のために設立されたことが述べられており，第3文に Player began a breeding program called "Operation Rhino" with zoos around the world. 「プレイヤーは世界中の動物園と一緒に『サイ作戦』と呼ばれる繁殖計画を始めた」とあるので，正解は **3**。

(37) – 解答 ③

質問の訳 プレイヤーが地元の人々に教えたのは

選択肢の訳
1 シロサイは多くの人の命を救うために利用されるということである。
2 シロサイが農場の動物を殺すのを止めさせる方法はたくさんあるということである。
3 観光客がシロサイを見に来ればお金が稼げるということである。
4 薬を作るために別のタイプの動物を利用できるということである。

解説 第4段落冒頭には，最初，地元の人はプレイヤーの計画を良く思っていなかったとある。それが変化した理由としては，第5文に more and more people began to pay money to go on tours, stay in hotels, and eat at restaurants in the area「ますます多くの人がその地域でツアーに参加し，ホテルに滞在し，レストランで食事をしてお金を落とし始めた」とあるので，正解は **3**。

一次試験・筆記 5 | 問題編 p.78

質問の訳 あなたは生徒が学校で発表の仕方を学ぶことは大切だと思いますか。

解答例 Yes, I think so. First, if students make presentations at school, it will be easier to make speeches in front of other people. It will be very useful when they start working in the future. In addition, they can learn computer skills. When making presentations, people usually use computers. Therefore, they will get better at using computers, too.

解答例の訳 はい，そう思います。まず，もし生徒が学校で発表をすれば，他の人々の前で話をするのが楽になるでしょう。それは将来仕事をするようになったときにとても役立ちます。さらに，生徒たちはコンピュータの操作技術を学べます。発表するときにはたいていコンピュータを使います。そのため，コンピュータを使うのも上手になることでしょう。

解説 質問は「学校で発表の仕方を学ぶことは大切と思うか」で，解答例では Yes の「大切だと思う」の立場で書かれている。

　まず，自分の立場を Yes, I think so.「はい，そう思います」と表す。

18年度第3回　筆記

89

具体的に I think (that) it is important for students to learn how to give presentations at school. と書いてもよい。

次に2つの理由を示す。1つ目の理由は First「第一に」で導入する。「学校で発表する機会があれば，人前で話をするのが楽になる」と論じ，その次の文でそれをさらに発展させて，「将来仕事でも役立つ」と書いている。

2つ目の理由は In addition「さらに」で導入する。最初の文で「コンピュータの操作技術が学べる」と理由の要点をまず述べ，次に，「発表ではコンピュータを使うのでコンピュータが上手に使えるようになる」とその内容をさらに詳しく説明している。

解答例では入れていないが，最後に全体の結論として，For these reasons, I think learning about presentations at school is very important.「これらの理由により，学校で発表について学ぶことはとても大切だと思います」などと付け加えてもよいだろう。

〔例題〕－解答 ③

放送英文 ☆： Would you like to play tennis with me after school, Peter?
★： I can't, Jane. I have to go straight home.
☆： How about tomorrow, then?
　　1 We can go today after school.
　　2 I don't have time today.
　　3 That will be fine.

全文訳 ☆：ピーター，放課後一緒にテニスをしない？
★：できないんだ，ジェーン。まっすぐ家に帰らなきゃいけないんだよ。
☆：それなら，明日はどう？

選択肢の訳 1　今日の放課後に行けるよ。
　　　　　 2　今日は時間がないんだ。
　　　　　 3　それなら大丈夫だよ。

No.1 －解答 ③

放送英文 ☆： How was your trip to Japan, Chris?
★： It was great. I really enjoyed the food.
☆： I bet it was delicious. How about the weather?
　　1 This was my first trip abroad.
　　2 I was only there for two weeks.
　　3 It was sunny the whole time.

全文訳 ☆： クリス，日本への旅行はいかがでしたか。

★： 最高でした。食べ物がすごく良かったんです。

☆： きっとおいしかったのでしょうね。お天気はどうでしたか。

選択肢の訳 **1** これは私の最初の海外旅行でした。

2 私はそこに2週間しかいませんでした。

3 ずっと晴れていました。

解説 友人同士の対話。冒頭の How was your trip to Japan「日本への旅行はどうでしたか」より，話題はクリスの日本への旅行。対話最後の How about the weather?「天気はどうでしたか」に適切な応答は，「晴れでした」と答えている **3**。

No.2 −解答 ②

放送英文 ☆： Bradly, can you go buy some eggs at the store?

★： But my favorite TV show's starting.

☆： Well, you've been watching TV for hours. I would really appreciate it if you went.

1 Yes, I remembered to buy eggs.

2 OK, Mom. I'll go now.

3 Well, I don't like TV.

全文訳 ☆： ブラッドリー，お店に卵を買いに行ってくれないかしら。

★： でも，僕の好きなテレビ番組が始まるところなんだよ。

☆： あら，あなたはもう何時間もずっとテレビを見ているわよ。行ってくれると本当にありがたいんだけど。

選択肢の訳 **1** うん，卵を買うことを覚えていたよ。

2 わかった，お母さん。今行くよ。

3 ええと，僕はテレビが好きじゃないよ。

解説 母親と息子の対話。母親は息子に買い物を頼み，最初息子はテレビ番組を理由に難色を示す。対話最後の I would really appreciate it if you went.「行ってくれると本当にありがたいんだけど」に適切な応答は，「今行く」と答えている **2**。

No.3 −解答 ③

放送英文 ★： How was your run, honey?

☆： It was OK, but my knee has been hurting lately.

★： Well, maybe you're running too much. You should let your legs get some rest.

1 OK. I'll run 10 more kilometers.

2 Well, I don't like running.

3 Yeah. I think I'll take a week off.

全文訳 ★： ランニングはどうだった？

☆： まあまあだったけど，最近膝が痛むのよ。

★： うーん，走りすぎているのかもね。脚を少し休ませた方がいいよ。

選択肢の訳 **1** 了解。もう10キロ走るわ。

2 そうねえ，私はランニングが好きではないわ。

3 ええ。1週間休もうと思うわ。

解説 夫婦の対話。妻がランニングから帰ったところである。膝が痛むという妻に夫が You should let your legs get some rest.「脚を少し休ませた方がいい」と忠告している。正解は**3**で，妻は忠告を受け入れている。

No.4 – 解答 ②

放送英文 ★： Hello, ma'am. Would you like a sample of our store's new sausages?

☆： Sure. Wow — these are delicious. What's in them? I love the spices.

★： Garlic and oregano. Would you like to buy some?

1 No. I don't eat spicy sausages.

2 Yes. I'll take a package of six.

3 Well, I've tried those before.

全文訳 ★： いらっしゃいませ，お客さま。うちの店の新しいソーセージの試食はいかがですか。

☆： いただくわ。まあ，これはおいしいわね。中に何が入っているの？　スパイスが気に入ったわ。

★： ニンニクとオレガノです。お買い上げになりますか。

選択肢の訳 **1** いいえ。辛いソーセージは食べないわ。

2 ええ。6本入りのパックをいただくわ。

3 そうねえ，それは前に試したことがあるわ。

解説 スーパーでの店員と客の対話。場面はソーセージの試食コーナーである。客が気に入ってくれたので，店員は Would you like to buy some?「買いますか」と聞いている。適切な応答は，「いただくわ」と答えている**2**。

No.5 – 解答 ①

放送英文 ☆： Thanks for using Happy Taxi. Where to?

★： I have to be at the Stapleton Center for a meeting. Can you get me there in 20 minutes?

☆： Hmm. Traffic is pretty bad right now.

1 Well, please go as fast as you can.

2 Well, I'm not in a hurry.

3 Well, I've used Happy Taxi several times.

全文訳 ☆： ハッピータクシーのご利用をありがとうございます。どちらまで？

★： 会議でステイプルトンセンターに行かなければなりません。20分でそこまで連れて行ってもらえますか。

☆： うーん。ちょうど今は道がかなり混んでいますからね。

選択肢の訳 1 では，できるだけ速く行ってください。

2 では，私は急いでいません。

3 では，私はハッピータクシーを数回利用したことがあります。

解説 タクシーの運転手と客の対話。20分で目的地まで着けるかと聞く客に運転手は Traffic is pretty bad right now.「ちょうど今は道がかなり混んでいる」と答える。正解は，できるだけ速く行くようにお願いしている **1**。

No.6 −解答 ①

放送英文 ★： So, what did you get for Christmas, Cathy?

☆： My parents bought me an electric piano and some other things.

★： A piano! Wow, you'll have to play a song for me sometime.

1 Actually, I don't know any yet.

2 Yes, I spent all my money to buy it.

3 No, I didn't get many presents.

全文訳 ★： それで，クリスマスに何をもらったの，キャシー？

☆： 両親が電子ピアノと他にいくつかのものを買ってくれたのよ。

★： ピアノ！　わあ，いつか僕のために曲を弾いてもらわないとね。

選択肢の訳 1 実は，まだ何もわからないのよ。

2 ええ，それを買うのに自分のお金を全部使ったわ。

3 いいえ，あまり多くのプレゼントをもらわなかったわ。

解説 男女の友人同士の対話。話題はクリスマスプレゼントである。ピアノをもらったという女の子に男の子は you'll have to play a song for me sometime「いつか僕のために弾いてもらわないとね」と言う。正解は **1** で，女の子はまだピアノの弾き方を知らないと言っているのである。

No.7 −解答 ②

放送英文 ★： Hollywood Theater, can I help you?

☆： Hello. Are you still showing the movie *The Forgotten Desert*?

★： No, we're not, ma'am. We stopped showing that last week.

1 Oh no. The story sounds really boring.

2 Oh no. I really wanted to see that.

3 Oh no. That's too long for a movie.

全文訳 ★： ハリウッドシアターです。ご用件を伺います。

☆： もしもし。『忘れられた砂漠』という映画はまだ上映していますか。

★： いいえ，上映しておりません，お客さま。それは先週上映を終了しました。

選択肢の訳　**1**　まあ残念。その物語はすごく退屈そうね。

　　　　　　2　まあ残念。すごく見たかったのに。

　　　　　　3　まあ残念。それは映画には長すぎるわ。

解説　映画館への電話。用件は見たい映画がまだ上映しているかどうかの問い合わせである。We stopped showing that last week. 「先週で上映を終えた」と答える映画館側に対し，適切な応答は **2**。

No.**8** – 解答 **①**

放送英文　☆：Honey, your mother is on the phone.

　　　　★：Oh. Can you tell her I'll call her back? I need to take a shower.

　　　　☆：She says it's really important.

　　　　　　1 OK, give me the phone.

　　　　　　2 Yes, I turned the water off.

　　　　　　3 Sure. I'll be back in two hours.

全文訳　☆：あなた，お母さまから電話よ。

　　　　★：ああ。かけ直すって母さんに伝えてくれるかな。シャワーを浴びなければならないんだよ。

　　　　☆：すごく大事なことですってよ。

選択肢の訳　**1**　わかった。電話をちょうだい。

　　　　　　2　うん，水は止めたよ。

　　　　　　3　もちろん。2時間で戻るよ。

解説　夫婦の対話。夫の母親からの電話が話題である。夫が「かけ直してと言って」と言ったところ，妻は She says it's really important. 「すごく大事なことだと言っている」と答える。正解は，電話に出ようとしている **1**。

No.**9** – 解答 **③**

放送英文　☆：Waiter, we ordered 40 minutes ago. Where's our food?

　　　　★：I'm terribly sorry, ma'am. The kitchen has fewer workers today. Some people are sick.

　　　　☆：Well, do you know how long it will take?

　　　　　　1 There are no specials today.

　　　　　　2 I brought your order out already.

　　　　　　3 It should only be a few more minutes.

全文訳　☆：ウエーターさん，私たちは40分前に注文したのですが。お料理はどこかしら。

　　　　★：誠に申し訳ございません，お客さま。本日，キッチンの人手が少ないのです。急病の者たちがおりまして。

　　　　☆：まあ，どのくらい時間がかかるかわかりますか。

選択肢の訳　**1**　本日は特別メニューはございません。

94

2 すでにご注文いただいたものはお出ししました。
3 あともうほんの数分のはずです。

[解説] レストランでの客とウエーターの対話。注文した料理が来ないので客が状況を確認している。最後の客の do you know how long it will take?「どのくらいかかるかわかりますか」という質問に適切な応答は「あと少し」と答えている **3**。

No.10 解答 ②

[放送英文] ★: Hello.
☆: Hi, Danny. It's June. I just got the video game *Zombie Wars* for my birthday. Do you want to come over and play it?
★: *Zombie Wars*? Awesome! I'll be there soon.
 1 Hmm. Maybe some other time.
 2 Great! See you soon.
 3 Oh. Well, thanks anyway.

[全文訳] ★: もしもし。
☆: こんにちは，ダニー。ジューンよ。私，誕生日にテレビゲームの『ゾンビウォーズ』をもらったところなの。家に来てそれで遊ばない？
★: 『ゾンビウォーズ』？ すごい！ すぐに行くよ。

[選択肢の訳]
 1 うーん。また別のときにかな。
 2 良かった！ じゃあ，後でね。
 3 まあ。でも，とにかくありがとう。

[解説] 電話での友人同士の会話。ゲームをしに来ないかと誘ったところ，男の子は I'll be there soon.「すぐに行くよ」と答えている。正解は **2**。**1** と **3** は，女の子の誘いを男の子が承諾しているので，その応答として不自然。

No.11 解答 ④

[放送英文] ★: How's it going, Beth?
☆: Not great. My softball team needs at least ten players to enter the city tournament, and we only have nine. We can't find another player.
★: You could ask my cousin. She plays softball, and I think she's looking for a team to join. She just moved here from Washington.
☆: Really? It would be great if she could join.

Question: What is one thing the girl says?

全文訳 ★： ベス，調子はどう？

☆： 今ひとつね。市の大会に参加するには，私のソフトボールチームに少なくとも10人の選手が必要なんだけど，9人しかいないの。もう1人の選手が見つからないのよ。

★： 僕のいとこに聞いてみるといいよ。彼女はソフトボールをやっていて，入れるチームを探していると思うんだ。彼女はワシントンからここへ越してきたばかりでね。

☆： 本当？　彼女が入ってくれたら最高だわ。

Q：女の子が言っていることの1つは何ですか。

選択肢の訳 **1**　彼女はテレビでソフトボールを見た。

2　彼女はワシントンへ行った。

3　彼女のいとこが脚をけがした。

4　彼女のチームにはもう1人選手が必要である。

解説 友人同士の対話。話題はベスのソフトボールチームである。前半部分でベスがそのチームについて We can't find another player.「もう1人の選手が見つからない」と話していることから，正解は**4**。後半部分で男の子がその候補者としていとこを薦めていることからも推測できる。

No.12 解答 ③

放送英文 ★： Cindy, why do you look so sad? Aren't you looking forward to your birthday party tomorrow?

☆： Yeah, Dad, but Becky can't come. It won't be fun without her.

★： Why don't you celebrate together next week?

☆： That's a good idea. I'll call her and ask when she's free.

Question: What does Cindy's father suggest that Cindy do?

全文訳 ★： シンディ，どうしてそんなに悲しそうなんだい。明日の誕生日パーティーを楽しみにしているんじゃなかった？

☆： ええ，お父さん。でも，ベッキーが来られないの。彼女がいなきゃ楽しくないわ。

★： 来週，一緒にお祝いしたらどう？

☆： それはいい考えね。彼女に電話していつ時間があるか聞いてみるわ。

Q：シンディの父親はシンディに何をするように提案していますか。

選択肢の訳 **1**　もっと友達を招待する。

2　買い物に行く。

3　後でベッキーとお祝いをする。

4　彼と一緒にケーキを焼く。

解説 父と娘の対話。元気のない娘に父親が理由を聞く。娘はベッキーが明日の誕生日パーティーに来られないからだと言う。それに対して父親が

Why don't you celebrate together next week?「来週（ベッキーと）一緒にお祝いしたら？」と提案しているので，正解は**3**。

No.13 解答 ③

放送英文 ★： Mom, I'm hungry. When will dinner be ready?

☆： In about 30 minutes, Anthony. Oh, Grandpa is coming here for dinner tonight. Can you bring another chair into the dining room for him?

★： OK. Which one?

☆： Get the brown one from your bedroom.

Question: What does the boy's mother ask him to do?

全文訳 ★： 母さん，お腹がすいたよ。夕食はいつ準備できる？

☆： あと30分後ぐらいね，アンソニー。そうだ，今夜はおじいちゃんが夕食にここに来るのよ。彼のためにいすをもう1つダイニングルームへ持ってきてくれるかしら。

★： いいよ。どのいす？

☆： あなたの寝室から茶色いのを持ってきてちょうだい。

Ｑ：男の子の母親は彼に何をするように頼んでいますか。

選択肢の訳
1　夕食を作る手伝いをする。
2　祖父に電話をする。
3　いすをダイニングルームに移動する。
4　自分の寝室の掃除をする。

解説 息子と母親の対話。母親は夕食に祖父が来ることを話し，Can you bring another chair into the dining room for him?「彼のためにダイニングルームにもう1ついすを持ってきてくれるかしら」と頼んでいるので，正解は**3**。最後の「あなたの部屋から茶色のを持ってきて」もヒントになる。

No.14 解答 ①

放送英文 ★： I give up. I just don't understand this kind of math problem.

☆： You give up too easily, Ben. You've got to keep trying.

★： Of course you can say that, you're better at math than I am!

☆： That's not true. I just study more than you do. If you need some help, just ask me.

Question: What is one thing the girl says to the boy?

全文訳 ★： もうだめ。こんな数学の問題，僕には理解できないよ。

☆： 簡単にあきらめすぎよ，ベン。挑戦し続けないと。

★： 当然君ならそう言うよね。君は僕よりも数学が得意だもの！

☆： そんなことないわ。私はあなたより多く勉強しているだけよ。助けが必要なら，私に聞いてね。

18年度第3回 リスニング

97

Q：女の子が男の子に言っていることの1つは何ですか。

選択肢の訳　**1**　**彼は数学をあきらめるべきではない。**

2　彼は1人で勉強すべきである。

3　彼は数学が得意ではない。

4　彼は勉強しすぎている。

解説　友人同士の対話。話題は男の子の数学の問題である。「もうだめだ」という男の子に女の子が You give up too easily「簡単にあきらめすぎよ」と言い，さらに You've got to keep trying.「挑戦し続けないと」と言っているので正解は**1**。You've got to は You have to と同じ意味。

No.**15** 解答　**②** ....

放送英文　★：Hello. This is Middleburg Books.

☆：Hello. Can you tell me when your summer book sale will be this year?

★：Yes. It's on July 4th. We'll be selling a lot of great books.

☆：OK, thanks. I'm looking forward to it.

Question: What does the woman want to do?

全文訳　★：もしもし。ミドルバーグ書店です。

☆：もしもし。夏の本のセールは今年いつになるのか教えていただけますか。

★：はい。7月4日です。素晴らしい本をたくさん売ることになっています。

☆：わかりました，ありがとう。楽しみにしていますね。

Q：女性は何をしたがっていますか。

選択肢の訳　**1**　本を書く。

2　**本のセールに行く。**

3　古い本を売る。

4　図書館の本を借りる。

解説　書店への電話である。Can you tell me when your summer book sale will be this year?「夏の本のセールは今年いつになるか教えてくれますか」と尋ねているので，用件はセールについての問い合わせである。女性の客は最後に「楽しみにしています」と言っているので正解は**2**。

No.**16** 解答　**③** ....

放送英文　☆：Good morning, sir. Can I help you?

★：What time do I need to be at the gate for Flight 102 to Chicago?

☆：Let's see. It leaves at 11, so there's plenty of time. You have more than an hour.

★：Great. I guess I have enough time to buy some souvenirs for my sons, then.

Question: What will the man probably do next?

全文訳 ☆： おはようございます，お客さま。何かご用はございますか。

★： シカゴ行き 102 便は何時にゲートへ行く必要がありますか。

☆： お調べします。11 時に出ますので，時間はたくさんありますよ。1 時間以上あります。

★： よかった。それでは，息子たちにおみやげを買う時間が十分にありそうですね。

Q：おそらく男性は次に何をしますか。

選択肢の訳 1　シカゴを発つ。

2　ゲートに行く。

3　**贈り物を探す。**

4　別の便を予約する。

解説 空港での乗客と職員の対話。男性の乗客はゲートに行く時間を聞いた後，最後に I guess I have enough time to buy some souvenirs for my sons「息子たちにおみやげを買う時間が十分にありそうだ」と言っているので，正解は **3**。souvenir [sùːvəníər]「おみやげ」を聞き取れるかがポイント。

No.**17** 解答　**①**

放送英文 ★： Are you joining any school teams or clubs this year, Jill?

☆： Well, Dad, you know I love playing the trumpet. I've decided to join the school band again.

★： What about sports? You really like tennis, don't you?

☆： Yeah, but I only have time for one club, and playing music is more important to me.

Question: Why won't Jill join the tennis club?

全文訳 ★： ジル，今年は何か学校のチームやクラブに入るのかい？

☆： うーん，お父さん，私がトランペットを吹くのが大好きなのは知っているわよね。また学校の楽団に入ることにしたわ。

★： スポーツはどうなんだい？　君はテニスが大好きだろう。

☆： ええ，でも 1 つの部活をする時間しかないし，音楽を演奏することの方が私にとって大切なの。

Q：ジルはなぜテニスクラブに入らないのですか。

選択肢の訳 1　**トランペットを吹く方が好きだから。**

2　別のスポーツを試したいから。

3　テニスが得意でないから。

4　学校の楽団に友達がいるから。

解説 父親と娘の対話。話題は娘の学校の部活動。後半で運動部に入ることについて尋ねる父親に娘は playing music is more important to me「音

楽を演奏する方が私にとって大切だ」と言っていることから，正解は **1**。

No.**18** 解答 ④

放送英文 ★： Do you have any copies of the magazine *Sporting Life*?

☆： Well, usually we do, but I think we've sold all of this month's copies.

★： Oh. Do you think you might have some at one of your other stores?

☆： Well, I can check for you. Give me a minute to make some calls.
Question: How will the woman try to help the man?

全文訳 ★： 『スポーティング・ライフ』という雑誌はありますか。

☆： それが，通常ならあるのですが，今月号はすべて売れてしまったようです。

★： ああ。お宅の別の店（の１つ）にはあると思いますか。

☆： そうですね，確認いたしましょう。電話をかけますので少し時間をください。

Q：女性はどのようにして男性を助けようとしていますか。

選択肢の訳 **1** 別の店への行き方を教えることによって。

2 どうやったら割引してもらえるかを教えることによって。

3 『スポーティング・ライフ』を１冊注文することによって。

4 他の店に連絡することによって。

解説 書店での客と店員の対話。買いたい雑誌が売り切れたと聞き，男性は別の店にあるかどうかを尋ねている。女性の店員は最後に Give me a minute to make some calls.「電話するのに少し時間をください」と言っていることから，他店と連絡をとると考えられるので，正解は **4**。

No.**19** 解答 ②

放送英文 ★： Here's your chicken burger and French fries, ma'am. Do you want some ketchup with that?

☆： I didn't order a chicken burger. I wanted a regular hamburger.

★： I'm sorry about that. I'll bring your order in a few minutes.

☆： Please hurry. I have to leave in 20 minutes.
Question: What is the woman's problem?

全文訳 ★： お客さま，ご注文のチキンバーガーとフライドポテトです。ケチャップはお付けしますか。

☆： チキンバーガーは注文していないわ。普通のハンバーガーを頼んだのよ。

★： それは申し訳ございません。数分でご注文の品をお持ちいたします。

☆： 急いでくださいね。20 分後には出なければなりませんので。

Q：女性の問題は何ですか。

選択肢の訳 **1** ウエーターがケチャップを持ってくるのを忘れた。

100

2 ウエーターが間違った注文品を持ってきた。
3 フライドポテトが好きではない。
4 席が見つからない。

解説 冒頭の「チキンバーガーとフライドポテトです」から，これがレストランでのウエーターと客との対話であることをつかむ。客が I didn't order a chicken burger.「チキンバーガーは注文しなかった」と言っているので，正解は **2**。最後の「数分で注文の品を持ってくる」からも答えを推測することが可能である。

No.20 解答 ③

放送英文
★: Hello?
☆: Hello, Mr. Carter. This is Claire. May I speak to Eric, please?
★: Hi, Claire. He's out walking his dog at the moment.
☆: Oh. Could you ask him to call me back? I want to talk to him about tomorrow's volleyball game.
★: Sure. I'll tell him when he comes back.
Question: Why can't Eric speak to Claire now?

全文訳
★: もしもし？
☆: こんにちは，カーターさん。クレアです。エリックをお願いできますか。
★: やあ，クレア。エリックは今，犬の散歩に出ているんだ。
☆: まあ。私に折り返し電話をくれるようにエリックに頼んでもらえますか。明日のバレーボールの試合について彼と話したいんです。
★: もちろん。彼が戻ってきたら伝えるよ。
Q：エリックはなぜ今クレアと話せないのですか。

選択肢の訳
1 兄［弟］と外に出たから。
2 バレーボールの練習に行ったから。
3 犬と外に出ているから。
4 テレビで試合を見ているから。

解説 友人宅への電話。クレアがエリックの家に電話をかけたが，父親が出たことをつかむ。クレアがエリックをお願いすると父親が He's out walking his dog at the moment.「彼は今，犬の散歩で外に出ている」と答えているので正解は **3**。

一次試験・リスニング　第3部　問題編 p.82〜83　▶MP3 ▶アプリ ▶CD 2 23〜33

No.21 解答 ②

放送英文 When Takehiro was in England as an exchange student, he joined a cooking class. Takehiro found that listening to the cooking instructions in English and reading English cookbooks helped him improve his English skills. He also enjoyed eating the food that he and his classmates made.

Question: How did Takehiro improve his English skills?

全文訳 タケヒロは，交換留学生としてイングランドにいたとき，料理教室に参加した。タケヒロは，英語で料理の指示を聞いたり英語の料理本を読んだりすることは英語の技能を向上させるのに役立つと気づいた。彼はまた，彼とクラスメートが作った料理を食べることも楽しんだ。
Q：タケヒロはどのようにして英語の技能を向上させましたか。

選択肢の訳
1 レストランで料理をすることによって。
2 料理教室に通うことによって。
3 料理番組を見ることによって。
4 クラスメートに料理を教えることによって。

解説 交換留学生のタケヒロの話。彼が料理教室に通ったことをつかむ。listening to the cooking instructions in English and reading English cookbooks helped him improve his English skills「英語で料理の指示を聞いたり英語の料理本を読んだりすることは英語の技能を向上させるのに役立った」と述べているので，正解は **2**。

No.22 解答

放送英文 The largest jellyfish in the world is called the lion's mane jellyfish. It lives in parts of the ocean where the water is very cold. The biggest one ever found was around 37 meters long. Because of its size, the lion's mane jellyfish cannot move very fast. It gets food by catching fish and other jellyfish that come close to it.

Question: What is one thing we learn about the lion's mane jellyfish?

全文訳 世界で一番大きなクラゲはライオンタテガミクラゲと呼ばれている。それは，海の中でも水がとても冷たいところに生息している。今までに発見された最大のものは体長が約37メートルだった。その大きさのために，ライオンタテガミクラゲはあまり速く動けない。それは，近づいてきた魚や他のクラゲを捕まえてえさにする。
Q：ライオンタテガミクラゲについてわかることの1つは何ですか。

選択肢の訳
1 巨大な大きさになることがある。
2 とてもすばやく動くことができる。
3 冷たい水を好まない。
4 他のクラゲを食べない。

解説 lion's mane jellyfish「ライオンタテガミクラゲ」（mane は「たてが

み」の意味）というクラゲの説明。その特徴は，The largest jellyfish in the world「世界で最大のクラゲ」，Because of its size, ... cannot move very fast｜大きさのせいで速く動けない」から，その大きさだとわかるので，正解は **1**。

No.23 解答 ②

（放送英文）Martha is in her first year at college. She had many friends in high school, but they all went to different colleges. Martha had been feeling lonely, so she decided to join a volleyball club at her college. She has made many new friends in the club, and they will go to a party together this weekend.

Question: How did Martha make new friends?

（全文訳）マーサは大学1年生である。高校ではたくさんの友達がいたが，彼らはみんな別々の大学へ進学した。マーサはずっと寂しかったので，大学のバレーボール部に入ることにした。クラブでは新しい友達が多くでき，この週末みんなで一緒にパーティーに行く予定である。

Q：マーサはどのようにして新しい友達を作りましたか。

（選択肢の訳）**1** 多くのパーティーに行くことによって。
2 大学のクラブに入ることによって。
3 別の大学へ移ることによって。
4 高校の友達を訪問することによって。

（解説）大学1年生のマーサの友達作りの話。高校時代の友人たちは別々の大学へ進学→寂しい→バレーボール部に入る→新しい友達ができた，という流れをつかもう。つまり，友人ができたきっかけは大学のバレーボール部に入ったことなので，正解は **2**。

No.24 解答 ④

（放送英文）Good morning, shoppers. We would like to announce that this year's calendars are now half price. We have many kinds of calendars, some with beautiful pictures of famous paintings and others with cute animals on them. Take a look at them in Aisle 7, next to the art section.

Question: What is one thing the speaker says about the store?

（全文訳）お買い物中のお客さま，おはようございます。ただ今，今年のカレンダーが半額であることをお知らせいたします。有名な絵画の美しい写真のあるものや，かわいい動物が載っているものなど，たくさんの種類のカレンダーがございます。美術コーナーの隣の7番通路にてご覧ください。

Q：話し手が店について言っていることの1つは何ですか。

（選択肢の訳）**1** 買い物客は新しい絵画を購入できる。

18年度第3回 リスニング

103

2 新しい美術本がちょうど届いた。

3 今かわいいペットがそこで売られている。

4 カレンダーのセールがある。

解説 店でのお知らせの放送である。最初に出てくる We would like to announce that .... 「～をお知らせしたいと思います」を聞いて次に用件が来ると予測する。this year's calendars are now half price「今年のカレンダーが今，半額である」と述べられているので，正解は **4**。

No.25 解答 ③

放送英文 People in Thailand eat a spicy meat dish called *nam tok moo*. It is made by mixing grilled pork with lime juice, fish sauce, and lots of herbs and spices. Since *nam tok moo* has many herbs in it, people think the dish is healthy. It is usually eaten with rice and vegetables.

Question: What is one thing we learn about *nam tok moo*?

全文訳 タイの人々はナムトックムーと呼ばれる辛い肉料理を食べる。それは，焼いた豚肉をライム果汁，魚のソース，たくさんのハーブと香辛料と混ぜて作られる。ナムトックムーにはたくさんのハーブが入っているので，その料理は健康に良いと考えられている。通常，ライスと野菜と一緒に食べられる。

Q：ナムトックムーについてわかることの1つは何ですか。

選択肢の訳 **1** 菜食主義者のサラダの一種である。

2 ライム果汁から作られる飲み物である。

3 健康に良い料理だと人々が考えている。

4 タイの人々はライスの代わりにそれを食べる。

解説 タイ料理ナムトックムーの紹介である。中ほどに Since *nam tok moo* has many herbs in it, people think the dish is healthy.「ナムトックムーにはたくさんのハーブが入っているので，その料理は健康に良いと人々が考えている」と述べられているので，正解は **3**。

No.26 解答 ③

放送英文 Sayaka is a high school student. Her English teacher asked her class to choose books to read from the library. Sayaka chose a book about a doctor who works on a small island. After she had finished reading the book, she wrote a report that explained the story. In her next class, she will read what she wrote to the other students.

Question: What will Sayaka do in her next English class?

全文訳 サヤカは高校生である。彼女の英語の先生は，クラスの生徒に，読む本を図書館から選ぶように言った。サヤカは小さな島で働く医師について

104

の本を選んだ。その本を読み終わった後，彼女はその話を説明するレポートを書いた。次の授業で，彼女は自分が書いたものを他の生徒に読み上げる予定である。

Q：サヤカは次の英語の授業で何をする予定ですか。

選択肢の訳
1 本を見つけるために図書館へ行く。
2 医師が自分の仕事について話すのを聞く。
3 自分が書いたものをクラスの生徒に読む。
4 クラスメートと一緒に物語を書き始める。

解説　高校生のサヤカの英語の授業の話。課題についての説明の後，最後に In her next class, she will read what she wrote to the other students. 「次の授業で，彼女は自分が書いたものを他の生徒に読み上げる予定である」と述べられているので，正解は **3**。

No.27 解答

放送英文　Nancy went to an international food and music festival yesterday. She ate some German sausages and bought some expensive honey from New Zealand. Many bands played at the festival, but Nancy thought the music was too loud. She had planned to stay longer, but because she did not like the music, she left early instead.

Question: Why did Nancy leave the festival early?

全文訳　ナンシーは昨日，世界の食と音楽のフェスティバルに行った。ドイツのソーセージを食べ，ニュージーランドの高価な蜂蜜を買った。フェスティバルでは多くのバンドが演奏していたが，ナンシーはその音楽の音が大きすぎると思った。もっと長くいる予定だったが，音楽が気に入らなかったので，そうせずに早く帰った。

Q：ナンシーはなぜフェスティバルから早く帰ったのですか。

選択肢の訳
1 音楽が楽しくなかったから。
2 ソーセージを食べすぎたから。
3 バンドが演奏しなかったから。
4 食べ物が高すぎたから。

解説　フェスティバルに行ったナンシーの話。音楽については後半で Nancy thought the music was too loud「音楽の音が大きすぎると思った」と述べ，さらに早く帰った理由として because she did not like the music「音楽が気に入らなかったので」と述べているので，正解は **1**。

No.28 解答

放送英文　When Pete came home from work yesterday, his wife, Sarah, told him some big news. She told him that they were going to have a baby. Pete and Sarah have been wanting to have children since they got married two years ago. They are both very excited about becoming parents.

Question: Why are Pete and Sarah excited?

全文訳 昨日ピートが仕事から帰ると，妻のサラが彼に大ニュースを伝えた。赤ちゃんが生まれる予定だと話したのだ。ピートとサラは2年前に結婚してからずっと子供が欲しいと思っていた。2人とも親になることにとてもわくわくしている。

Q：ピートとサラはなぜわくわくしているのですか。

選択肢の訳
1 赤ちゃんが生まれる予定だから。
2 もうすぐ結婚する予定だから。
3 ピートが新しい仕事を始めることになっているから。
4 サラの両親が彼らを訪問することになっているから。

解説 ピートと妻のサラの話。最初に出てくる some big news「大ニュース」とは何か。それは，they were going to have a baby「赤ちゃんが生まれる予定」である。その後さらに，have been wanting to have children「子供がずっと欲しかった」や very excited about becoming parents「親になることにとてもわくわくしている」と述べられているので，正解は **1**。

No.29 解答

放送英文 Right before Wendy's tennis lesson yesterday, she got a call from her 12-year-old son. Her son said that he had fallen off his bicycle and was in the hospital. Wendy explained this to her tennis coach and then went to the hospital quickly. At the hospital, she talked to the doctor and the doctor said her son's leg was broken.

Question: Why did Wendy go to the hospital yesterday?

全文訳 ウェンディは，昨日のテニスレッスンの直前に12歳の息子から電話をもらった。息子は自転車で転んで病院にいると言った。ウェンディはこのことをテニスコーチに説明し，その後急いで病院へ行った。病院で彼女は医師と話し，医師は彼女の息子は脚を骨折していると言った。

Q：ウェンディは昨日なぜ病院へ行ったのですか。

選択肢の訳
1 彼女が自転車で転んだから。
2 彼女が気分が悪かったから。
3 彼女の息子が事故にあったから。
4 医師が彼女に来るように言ったから。

解説 ウェンディと彼女の12歳の息子の話。息子から電話があり，Her son said that he had fallen off his bicycle and was in the hospital.「自転車で転んで病院にいると言った」とあるので，正解は **3**。

No.30 解答 ④

放送英文 Hello, everyone! Thanks for coming to our band's concert. We have written a brand-new song, and we're going to play it here tonight. This will be our first time playing the song in public. If you like the song, please buy our new CD when it comes out next month!

Question: What is one thing people can do at the band's concert tonight?

全文訳 皆さん，こんにちは！　僕たちのバンドのコンサートに来てくれてありがとう。新曲を書いたので，今夜ここでそれを演奏します。お客さんの前でその曲を演奏するのは今回が初めてです。曲を気に入ってくれたら，来月僕たちの新しいCDが発売されるときにはどうか購入してください！

Q：人々が今夜そのバンドのコンサートでできることの1つは何ですか。

選択肢の訳
1 来月そのバンドを見るためにチケットを買う。
2 バンドの新しいCDを買う。
3 バンドと一緒に歌を歌う。
4 バンドの新しい曲を聞く。

解説 コンサートでの聴衆に向けての話。前半に We have written a brand-new song, and we're going to play it here tonight.「新曲を書いたので，今夜ここで演奏します」と言っているので，正解は **4**。ここで問われているのは今夜できることであり，CDの発売は来月のことなので **2** は不適。

18年度第3回　面接

二次試験・面接 | 問題カード **A** 日程 | 問題編 p.84〜85 | ▶MP3 ▶アプリ ▶CD 2 **34**〜**38**

全文訳 **役立つ機械**

　今日スーパーマーケットでは，セルフレジと呼ばれる新種の機械が普及してきている。客はこの機械を使って自分で商品の支払いができる。ますます多くのスーパーマーケットがセルフレジを利用し，そうすることで，客がすばやく支払いを済ませるのを助けている。そのようなサービスはおそらく他の店でも利用されるようになるだろう。

質問の訳
No. 1　文章によると，ますます多くのスーパーマーケットはどのようにして客がすばやく支払いを済ませるのを助けているのですか。

No. 2　さて，Aの絵の人々を見てください。彼らはいろいろなことをしています。彼らが何をしているのか，できるだけたくさん説明してください。

107

No. 3　さて，Ｂの絵の女の子と男の子を見てください。この状況を説明
　　　　してください。
それでは，～さん，カードを裏返しにして置いてください。
No. 4　スーパーマーケットは 24 時間開店しているべきだと思いますか。
　　　　Yes. →なぜですか。　　　No. →なぜですか。
No. 5　今日，多くの人がフリーマーケットで物の売り買いを楽しんでいま
　　　　す。あなたは物を買いにフリーマーケットへよく行きますか。
　　　　Yes. →もっと説明してください。　　　No. →なぜですか。

No.1

解答例 By using self-checkout machines.

解答例の訳 セルフレジを使うことによってです。

解説 質問文の helping customers pay quickly は本文の第 3 文の最後の部
分に出てくる。その前にある by doing so「そうすることによって」の
do so は，さらにその前にある use self-checkout machines を指して
いることを見抜き，By using self-checkout machines. と答えればよ
い。

No.2

解答例 A man is pushing a (shopping) cart. / A boy is picking up his
hat. / A woman is riding a bike. / A girl is eating ice cream. / A
woman is making an announcement.

解答例の訳 男性が（ショッピング）カートを押しています。／男の子が帽子を拾い
上げています。／女性が自転車に乗っています。／女の子がアイスク
リームを食べています。／女性がお知らせをしています。

解説 「～を拾い上げる」は pick up ～ である。マイクで話している女性につ
いては，make an announcement「お知らせをする」の他に，
announce something (to customers)「（客に）何かをお知らせする」
や speak [talk] with a microphone「マイクで話す」を用いてもよい。

No.3

解答例 He can't study because her music is very loud.

解答例の訳 彼女の音楽の音がとても大きいので，彼は勉強ができません。

解説 「女の子の音楽の音が大きい」ことと「男の子が勉強できない」ことの
2 点を説明し，さらに前者が後者の理由であることを示したい。She is
listening to music too loud(ly), so he cannot concentrate on
studying.「彼女があまりにも大きな音で音楽を聞いているので，彼は
勉強に集中できない」などと答えてもよい。

No.4

解答例 （Yes. と答えた場合）

Some people can't go shopping during the day. They have to

buy things late at night.

解答例の訳 昼間に買い物に行けない人もいるからです。彼らは夜遅くに物を買わなければなりません。

解答例 (No. と答えた場合)

There aren't many customers late at night. Also, it costs a lot of money to keep the store open 24 hours a day.

解答例の訳 夜遅くには客がそれほど多くいないからです。また，店を 24 時間開けておくのに多くのお金がかかります。

解説 Yes. の場合には，「好きなときにいつでも物が買える（People can buy things whenever they want.）」や「店が閉まるのを気にする必要がない（People don't have to worry about the shops closing.）」など便利さの具体的な内容を述べるとよい。No. の場合には，「スーパーマーケットで働く人のことを考えるべきだ（We should think about the people who work for supermarkets.）」と言い，続けて「夜遅く働くのは従業員の健康に良くない（It's not good for employees' health to work late at night.）」などと労働環境のことを述べてもよいだろう。

No.5

解答例 (Yes. と答えた場合)

Things at flea markets are cheaper than in stores. Also, flea markets sell a wide variety of goods.

解答例の訳 フリーマーケットの物は店よりも安いです。また，フリーマーケットは幅広い商品を売っています。

解答例 (No. と答えた場合)

Flea markets usually don't have the newest goods. Also, it's easier to find the things I want at stores.

解答例の訳 フリーマーケットにはたいてい最新の商品がないからです。また，店で欲しいものを見つける方が簡単です。

解説 Yes. の場合には，安さの他に「フリーマーケットでさまざまな物を見るのは楽しい（It's fun to see different things at flea markets.）」「他の人の役に立つかもしれないものを売ることは良い考えだ（It is a good idea to sell things that may be useful for other people.）」のようにフリーマーケットの楽しさや有益さを指摘してもよいだろう。No. の場合には，「中古品は好きではない（I don't like used [secondhand] things.）」や「家の近くでフリーマーケットが開かれない（There are no flea markets near my house.）」などが考えられる。

| 二次試験・面接 | 問題カード **B** 日程 | 問題編 p.86〜87 | ▶MP3 ▶アプリ ▶CD 2 **39**〜**42** |

全文訳 **スマートフォンと健康**

　このごろ，多くの若者がスマートフォンを持っている。彼らは情報を検索したり友達とコミュニケーションをとったりするのにそれを使うことができる。しかし，一部の人は夜に長時間スマートフォンを使って過ごし，そのため十分な睡眠をとるのが難しくなっている。多くの医師は，夜はスマートフォンの電源を切るべきだと言っている。

質問の訳 No. 1　文章によると，一部の人はなぜ十分な睡眠をとるのが難しくなっているのですか。

No. 2　さて，Ａの絵の人々を見てください。彼らはいろいろなことをしています。彼らが何をしているのか，できるだけたくさん説明してください。

No. 3　さて，Ｂの絵の男の子と彼の母親を見てください。この状況を説明してください。

それでは，～さん，カードを裏返しにして置いてください。

No. 4　インターネットで物を購入するのは良い考えだと思いますか。
　　　Yes. →なぜですか。　　　No. →なぜですか。

No. 5　今日，多くのさまざまな種類の音楽のコンサートがあります。あなたはコンサートに行きますか。
　　　Yes. →もっと説明してください。　　　No. →なぜですか。

No.1

解答例 (Because) they spend a long time using smartphones at night.

解答例の訳 夜に長時間スマートフォンを使って過ごすからです。

解説 まず，質問文の have difficulty getting enough sleep は本文の第3文の後半に出てくることを確認する。その直前にある so「そのため」は，さらにその前にある some people spend ... at night を受けていることを見抜いて答える。ただし，some people は they に置き換える必要があることに注意する。

No.2

解答例 A girl is brushing her hair. / A man is wiping his glasses. / A woman is closing a window. / A boy is stretching. / A man is throwing away trash.

解答例の訳 女の子が髪をとかしています。／男性がメガネをふいています。／女性が窓を閉めています。／男の子がストレッチをしています。／男性がゴミを捨てています。

解説 brush は「ブラシ」だが，brush *one's* hair とすると「髪をとかす」と

110

いう意味になる。「メガネをふく」は wipe *one's* glasses だが，clean を用いてもよい。stretch は「ストレッチする」だが，「運動する」と考えて exercise や get some exercise を用いることも可能である。

No.3

解答例 He's playing a video game, but she's telling him to go to bed.

解答例の訳 彼はテレビゲームをしていますが，彼女は彼に寝るように言っています。

解説 「彼（男の子）がテレビゲームをしている」ことと「彼女（母親）が寝るように言っている」の2点を説明する。「テレビゲーム」は video game であり，一般に TV game とは言わない。She is saying, "It's time to go to bed," but he doesn't stop playing a video game. 「彼女は『寝る時間よ』と言っているが，彼はテレビゲームをやめない」などと答えてもよい。

No.4

解答例 （Yes. と答えた場合）

People can buy things at any time of the day. Also, it's cheaper to buy things online.

解答例の訳 1日を通していつでも物を買うことができるからです。また，オンラインで物を買う方が安いです。

解答例 （No. と答えた場合）

Many websites don't have much information about their products. It's not easy to ask questions online.

解答例の訳 多くのウェブサイトには製品についての情報があまり載っていないからです。オンラインでは質問をするのも簡単ではありません。

解説 Yes. の場合には，「オンラインでほとんど何でも買える（can buy almost anything online）」や「幅広い商品から選べる（can choose from a wide variety of goods）」などが考えられる。No. の場合には，「写真や動画でしか見ることができない（can only see the pictures or videos of them）」や「買いたい服を試着できない（can't try on the clothes we want to buy）」などのように，オンライン購入時の不便な点や商品の情報不足を具体的に述べてもよいだろう。

No.5

解答例 （Yes. と答えた場合）

I like to see my favorite rock band. It's fun to hear their music at a concert.

解答例の訳 大好きなロックバンドに会うのが好きです。彼らの音楽をコンサートで聞くのは楽しいです。

解答例 （No. と答えた場合）

Most concerts are very expensive. I prefer to watch music

videos on my smartphone.

解答例の訳 ほとんどのコンサートはとても値段が高いからです。私はスマートフォンで音楽ビデオを見る方が好きです。

解説 Yes. の場合には，「私はコンサートに行くのが好きです（I like going to concerts.）」などと言った後で，「この前の夏に〜のコンサートを見に行きました（Last summer I went to see 〜's performance.）」と具体的に自分の体験を話してもよいだろう。No. の場合には，「音楽よりもスポーツが好きです（I prefer sports to music.）」などと言ってから「よく父とスタジアムに野球の試合を見に行きます（I often go to the stadium to watch baseball games with my father.）」などと，音楽から自分の興味のあるものに話題を変えて話すことも可能である。

2018-2

一次試験
筆記解答・解説　p.114〜126

一次試験
リスニング解答・解説　p.126〜143

二次試験
面接解答・解説　p.144〜148

解 答 一 覧

一次試験・筆記

1

(1)	3	(8)	4	(15)	1
(2)	1	(9)	2	(16)	2
(3)	1	(10)	2	(17)	1
(4)	1	(11)	4	(18)	4
(5)	2	(12)	3	(19)	2
(6)	3	(13)	4	(20)	3
(7)	4	(14)	2		

2

(21)	3	(23)	2	(25)	1
(22)	3	(24)	4		

3 A

(26)	3
(27)	1

3 B

(28)	3
(29)	3
(30)	4

4 A

(31)	1
(32)	2
(33)	3

4 B

(34)	4
(35)	1
(36)	4
(37)	2

5　解答例は本文参照

一次試験・リスニング

第1部

No. 1	3	No. 5	3	No. 9	1
No. 2	1	No. 6	3	No.10	2
No. 3	1	No. 7	1		
No. 4	2	No. 8	2		

第2部

No.11	3	No.15	4	No.19	2
No.12	4	No.16	2	No.20	2
No.13	2	No.17	1		
No.14	4	No.18	3		

第3部

No.21	3	No.25	1	No.29	4
No.22	1	No.26	2	No.30	1
No.23	2	No.27	4		
No.24	3	No.28	3		

| 一次試験・筆記 | **1** | 問題編 p.90〜92 |

(1) ― 解答 ③

訳 ウェンディは映画館から外に出て来たとき，日光がとても明るかったので目を傷めてしまった。

解説 後半部分が so 〜 that ... 構文「とても〜なので…」であることに注意する。空所後にある that 以下の「目を傷めてしまった」のは日光が明るすぎたからだと考えて，正解は **3**。square「四角の」，handsome「ハンサムな」，serious「まじめな」。

(2) ― 解答 ①

訳 Ａ：お母さん，初めての自動車運転教習に行ってきます。
Ｂ：了解，ゲイリー。安全に運転してね。車の運転はすごく危ないことがあるから。

解説 初めての運転教習へ行く息子への母親の発言。空所後に「運転はすごく危ないことがあるから」とあり，母親は安全運転を忠告したと考えられるので，正解は **1**。safely の形容詞 safe「安全な」が，最後の dangerous「危険な」の反対の意味であることにも注意しよう。lately「最近」，barely「かろうじて」，clearly「はっきりと」。

(3) ― 解答 ①

訳 カナダのモレーン湖はその自然の美しさで有名である。多くの人が真っ青な湖水とその周りの緑の木々を見るためにそこへ行く。

解説 「カナダのモレーン湖はその自然の〜で有名である」という文脈。後半に出てくる「真っ青な湖水」と「その周りの緑の木々」は自然の美しさの具体例だと考えて **1** の beauty「美しさ」を選ぶ。これは beautiful の名詞形である。knowledge「知識」，license「免許」，gesture「身振り」。

(4) ― 解答 ①

訳 Ａ：いいテニスの試合だったね，ジョセフ。でも，あまりにのどがカラカラで，またすぐにはプレーできないよ。
Ｂ：レモネードをどうぞ。それを飲めば気分がさわやかになって，僕たちはもう１試合できるよ。

解説 空所の前の It は lemonade を指す。「レモネードはあなたを元気にしてくれ，そうすればもう１試合できる」と考えて，正解は **1**。refresh は「（人）を元気づける，爽快にさせる」。ちなみに名詞の refreshment は「（元気を回復させる）飲食物」という意味もある。compare「〜を比較する」，advertise「〜を宣伝する」，sweep「〜を掃く」。

114

(5) ― 解答 **2** ....

訳 Ａ：時々，私は家でただ座って本を読むのが好きなのよ。その静けさに癒されるわ。

Ｂ：同意できないな。僕は人と話すのが楽しいよ。

解説 空所の前に「家でただ座って本を読むのが好き」とあり，空所後に「その～に癒される」とあるので，正解は **2** の silence「静けさ，静寂」。これは 形容詞 silent「静かな，無音の」の名詞形である。liquid「液体」，opinion「意見」，reality「現実」。

(6) ― 解答 **3** ....

訳 先生は生徒たちに教科書の詩を暗記するように言った。その詩は短かったので，生徒たちは簡単にそれができた。

解説 後半に「その詩は短かったので簡単にそれができた」とあることから，先生は生徒たちに何をするように指示したのか考える。正解は **3** の memorize「～を暗記する」。これは名詞 memory「記憶」の動詞形である。offer「～を申し出る」，require「～を要求する」，advise「～を忠告する」。

(7) ― 解答 **4** ....

訳 医師たちは，病気で人々が死ぬことがないように，いつも新薬を探し求めている。

解説 stop ～ from *doing* で「～が…するのを防ぐ」という意味。医師が新薬を探し求めるのは，「病気が人を殺すのを防ぐ」ためだと考えて，正解は **4** の disease（発音注意 [dɪzíːz]）。illness の同義語である。topic「話題」，journey「旅」，comedy「喜劇」。

(8) ― 解答 **4** ....

訳 リサは新しいテーブル１台といすを数脚購入したいと思っているので，この週末，家具店に見に行く予定である。

解説 文末の some は文の前半にある a new table and some chairs を指す。テーブルやいすを見に行くところは家具店なので，正解は **4**。furniture「家具」は不可算名詞であることに注意しよう。「家具１点」は a piece of furniture と表す。clothing「衣料」，magic「魔法」，grocery「食料雑貨品」。

(9) ― 解答 **2** ....

訳 チャールズは，娘の結婚式でスピーチをした際，とても緊張していたので，その間中，彼の手は震えていた。

解説 結婚式のスピーチでとても緊張してしまった結果，手がどうなっていたのかを考える。正解は **2** で，shake は「震える」。不規則動詞で shake-shook-shaken と変化する。他動詞として「～を揺さぶる，握る」という意味もあり，shake hands は「握手する」という意味。press「押

115

す」，brush「ブラシをかける」，melt「とける」。

(10) – 解答 ②

訳 ジャスティンは 2 か月以内に大学を修了する予定である。彼は卒業した後，アジアを旅して回るつもりである。

解説 文脈から，空所には，1 文目に出てくる finish college と同じ意味を表す動詞が入ると考えて，**2** を選ぶ。graduate は「卒業する」という意味で，「大学を卒業する」は graduate from college という。record「記録する」，continue「継続する」，provide「供給する」。

(11) – 解答 ④

訳 トレントは昨年新しい町に引っ越した。彼は新しい学校で数人の生徒とすぐに友達になった。

解説 空所直後に出てくる friends に着目し，make friends with ～「～と友達になる，仲良くなる」の熟語だと考えて，**4** を選ぶ。この熟語では friend は常に複数形になることにも注意しよう。

(12) – 解答 ③

訳 A：私はマギーと一緒に美術の課題をやりたくないわ。彼女は私が使う色も私が描く絵も全然気に入ってくれないんだもの。
B：そうね。彼女はあらゆることに文句を言うわね。

解説 A の発言の「私が使う色も私が描く絵も全然気に入らない」とはつまり，「あらゆることに文句を言う」ことだと考えて，正解は **3**。complain about [of] ～ は「～について不平を言う」。complain の名詞形 complaint「不平，苦情」もあわせておさえておこう。

(13) – 解答 ④

訳 A：エバンがこんなに遅れるなんて信じられない。彼に 6 時に待ち合わせるように言ってくれたのは確かだよね？
B：ええ，私の予定帳に書いてあるからそれは確かよ。

解説 空所直後の it は「彼に 6 時に待ち合わせるように言った」ことを指す。正解は **4** で，be certain of ～ で「～を確信している」。B は手帳に書いてあるのでエバンに伝えたことを確信しているのである。be sure of ～ と同義の熟語。

(14) – 解答 ②

訳 A：このごろ仕事がすごいストレスなんだよ。休暇を取ろうと思っているんだ。
B：それはいい考えね，ビクター。時にはただ仕事から離れることも必要よ。

解説 B はストレスから解放されるために仕事から離れることも必要だと言っていると考えて，正解は **2**。get away from ～ で「～から離れる」という意味。**4** の keep up with ～ は「(人・仕事・勉強など) に遅れず

116

についていく」という意味の重要熟語。

(15) – 解答　**1**

訳　来週，市役所で，新しいスポーツスタジアムの計画について話し合う会議がある。会議は金曜日の3時に開かれる予定である。

解説　後半の文は前半の文の具体的な開催日時を伝える文だと考えて，**1**を選ぶ。take place は「(行事などが) 開催される，(事が) 起こる，生じる」という意味で，主に予定されていることや因果関係から生じることについて用いられる。take a note「ノートをとる」，take *one's* order「〜の注文を取る」，take turns「交代でする」。

(16) – 解答　**2**

訳　エイミーは，自転車に初めて乗ったとき，数回自転車から転げ落ちてしまった。

解説　for the first time で「初めて」という意味。エイミーは自転車に初めて乗ったとき，うまく乗れずに転んでしまったのである。

(17) – 解答　**1**

訳　マーティンは次の夏にインドへ旅行に行く計画を立てていたが，彼の友人は春の方が天気がいいだろうと指摘した。マーティンはその代わりに3月にそこに行くことに決めた。

解説　マーティンの夏のインド旅行の計画に対して友人は「春の方が天気がいいだろう」と天候のことを指摘したと考えて，正解は**1**。選択肢の中で後ろに that 節をとれるのは**1**だけで，point out that 〜 で「〜ということを指摘する」。line up 〜「〜を整列させる」，cut off 〜「〜を切り離す」，run across 〜「〜を偶然見つける」。

(18) – 解答　**4**

訳　A：ジェニーが毎日仕事に遅れて来てもいいことは公平だと思う？
　　　B：彼女は朝，子供たちを車で学校へ連れて行かなければならないから，私は公平だと思うわ。

解説　it's fair that ... は，〈it is + 形容詞 + that ...〉という形をとっていて，「〜ということは公平である」という意味。it は後ろの that 節を受ける形式主語である。

(19) – 解答　**2**

訳　マークのコンピュータは先週壊れたが，今現在彼にはあまりお金がない。彼は自分が金持ちならなあと思っている，そうすれば新品が買えるからだ。

解説　動詞 wish の後ろの that 節には仮定法の文がくることに注意しよう。問題文では仮定法過去の文になると考えて，**2**の were を選ぶ。be 動詞の仮定法過去は主語の人称にかかわらず were が用いられるのが普通である。

(20) – 解答 **3**

訳 A：ケンジ，遅れてごめん。君を長時間待たせてしまったかな？
B：心配しないで。ほんの5分前にここに着いたところさ。

解説 空所前の make は使役動詞で，〈make＋人＋*do*〉で，「（人）に〜させる」という意味。正解は **3** で，make you wait (for a long time) で「あなたを（長時間）待たせる」という意味である。

一次試験・筆記 **2** | 問題編 p.93〜94

(21) – 解答 **3**

訳 A：お父さん，サラが私に来週彼女のご家族と一緒にキャンプに行くよう誘ってくれたの。行ってもいいかしら？
B：それはどうかな。お前は試験の準備をする必要があると思うけど。
A：ええ，でもそれは木曜日よ。サラのご家族は土曜日にキャンプに行くのよ。
B：わかったよ。ちゃんと一生懸命勉強して良い成績を取るんだよ。

解説 前半部分から父親は娘がキャンプに行くことに賛成していないことをつかみ，その理由は何かを考える。最後に「一生懸命勉強して良い成績を取る」よう父親が忠告しているので，正解は **3**。直後にある that's on Thursday の that は your test を指す。**1**「彼女の両親に最初に聞く」，**2**「毎週キャンプに行く」，**4**「机をきれいにする」。

(22) – 解答 **3**

訳 A：母さん，ドイツ語の宿題を終わらせようとしているんだけれど，この単語がわからないんだ。
B：調べればいいじゃないの？
A：うーん，そうしたいんだけど，辞書をなくしてしまったんだ。
B：わかったわ。今夜買いに書店に行きましょう。

解説 わからないドイツ語の単語を息子が調べられない理由を考える。空所の後で母親が「今夜買いに書店に行こう」と言っていることから，正解は **3**。**2** は「書店に行く」と母親が言っているので不適。**1**「僕の本は面白くない」，**2**「僕のコンピュータは壊れている」，**4**「僕には時間がない」。

(23) – 解答 **2**

訳 A：すみません。ヒルバリー美術館への行き方を教えてもらえませんか。
B：もちろんです。向こうの50番バスに乗ってください。
A：美術館は本当にそんなに遠いのですか。私は歩けると思っていました。
B：可能ですが，歩いて行くと45分かかりますよ。

118

解説 A は空所の前で「美術館はそんなに遠いのか」と尋ねて，B は空所の後で if you go on foot「歩いて行けば（45 分かかる）」と答えているので，正解は **2**。A は美術館が徒歩圏内だと思っていたのである。**1**「電車に乗れる」，**3**「それはこの近くにある」，**4**「それは違うバスだ」。

(24)(25)

訳 A：オーシャンサイドホテルへようこそ。ご用件をお伺いいたします。

B：チェックインをお願いします。先週オンラインで部屋を予約しました。

A：承知いたしました。ご予約番号は何番ですか。

B：うーん，それは電話に入っていると思いますが。調べさせてください。ありました，432773 です。

A：ありがとうございます，パーカーさま。3 泊ご宿泊になることになっております。

B：そうです。部屋からは海が見えるんですよね？

A：もちろんでございます。すべてのお部屋から海が眺められます。

B：それはすばらしいですね。知りませんでした。

(24) – 解答 **4**

解説 空所の後で「それは電話に入っている」と答えて，調べたのちに it's 432773 と番号を答えているので，正解は予約番号を尋ねている **4**。**1**「お名前を教えてもらえますか」，**2**「いつご予約なさいましたか」，**3**「パスポートはお持ちですか」。

(25) – 解答 **1**

解説 自分が予約した部屋から海が見えることを確認した B が，空所の A の発言を聞いて「それはすばらしい。知らなかった」と驚いているので，正解は **1**。**2**「あらゆる部屋に電話があります」，**3**「海ははるか遠くです」，**4**「ビーチは宿泊客に利用されています」。

一次試験・筆記 **3A** 問題編 p.96

ポイント 「家族の休暇」というタイトルで，ある一家の夏休みの旅行の話。第 1 段落ではこれまでどのような計画を立てていて今回はどのようにしたのか，第 2 段落ではその旅行がどのようなものであったのかを読み取る。

全文訳 **家族の休暇**

　マーサ・ウィルソンとビル・ウィルソンは毎年夏に 2 人の息子と休暇に出かける。彼らは息子たちに訪れる場所について学んでほしいと思っているので，マーサとビルは行く前にその場所についての情報を調べるのに多くの時間を費やす。昨年，彼らは休暇の計画でひどく疲れてしまい，休暇を楽しむことができなかった。今年，彼らは何か新し

119

いことを試してみることに決めた。彼らはオンラインで調べて，イタリアへのあるツアーを見つけた。

8月に一家はローマに飛び，1週間の旅行のツアーガイドに会った。彼は彼らを多くのイタリアの名所に連れて行き，彼らにイタリアの歴史について教えてくれた。ウィルソン一家は多くのことを学んだが，とても忙しかった。たくさんの興味深い場所へ訪れて楽しんだが，各場所で過ごす時間が十分になかったのだ。来年，彼らはまたツアーで行こうと考えているが，もっと活動の少ないものを選ぶつもりである。

(26) – 解答 ③

選択肢の訳
1　stay at home「家にいる」
2　go to the same town「同じ町に行く」
3　try something new「何か新しいことを試してみる」
4　ask their sons to study「息子たちに勉強するように頼む」

解説　空所の前文に「計画で疲れてしまって旅行を楽しめなかった」とあり，空所後で「イタリアへのあるツアーを見つけた」とあることから，正解は3。事前に自分たちで調べる必要の少ない，ツアー旅行に行ってみようと思ったのである。

(27) – 解答 ①

選択肢の訳
1　they were very busy「彼らはとても忙しかった」
2　the sons felt bored「息子たちは飽きてしまった」
3　the weather was bad「天気が悪かった」
4　their bus was crowded「バスが混雑していた」

解説　「多くのことを学んだが～」という文脈。空所後の2文に「各場所で過ごす時間が十分になかった」や「来年はもっと活動の少ないツアーを選ぶつもりだ」とあるので，正解は1。もっと各場所でゆっくり過ごしたかったのである。

一次試験・筆記 **3B** 問題編 p.97

ポイント　おもちゃに対する考え方の変化についての文章。第1段落では従来からあるおもちゃ売場の形態とおもちゃに対する考え方，第2段落ではおもちゃに対する親の新しい考え方，第3段落ではその変化に対応する企業の動きが説明されている。

全文訳　**ピンクと青**

おもちゃ店の中を歩くと，2つのおもちゃ売場，つまりピンクの売場と青の売場があることにしばしば気づく。ピンクの売場は人形やぬいぐるみ，調理セットであふれている。青い売場には自動車やブロック，科学セットがある。幼少のころから，女の子と男

120

の子はそれぞれ別のおもちゃで遊ぶように言われる。女の子はピンクの売場からおもちゃを選び，男の子は青い売場からおもちゃを選ぶことになっている。

　最近，これを心配し始めた人々がいる。彼らは，おもちゃは子供たちが大切なことを学ぶのに役立つと言う。例えば，子供は人形で遊ぶと，人の面倒を見たり親切にしたりするようになる。その一方で，科学セットやブロックで遊ぶ子供は（そうしない子供よりも）より科学に興味を持つようになる。多くの親は男の子にも女の子にもこれらすべてのことを学んでほしいと思っている。彼らは自分の娘には科学に興味を持ってほしいと思っているし，自分の息子には親切になってもらいたいと思っている。そのため，子供たち全員に「女の子のおもちゃ」と「男の子のおもちゃ」の両方で遊んでほしいと望む親がどんどん増えている。

　これらの親の関心に耳を傾けているおもちゃ会社もある。アメリカでは，ある大きなチェーン店がおもちゃを女の子の売場と男の子の売場に分けるのをやめた。ヨーロッパでは，あるおもちゃ会社のカタログに赤ちゃんの人形で遊ぶ男の子や自動車で遊ぶ女の子が載っている。多くの親はこの変化に満足している。これは，そうすることで世界が男の子にも女の子にもより良い場所になっていくと信じているからである。

(28) －解答

選択肢の訳
1 talk to each other nicely「感じよくお互いに話しかける」
2 finish homework quickly「すばやく宿題を終える」
3 play with different toys「別々のおもちゃで遊ぶ」
4 visit toy stores together「一緒におもちゃ店を訪れる」

解説　空所の後に「女の子はピンクの売場からおもちゃを選び，男の子は青い売り場からおもちゃを選ぶことになっている」とあるので，正解は **3**。子供たちが遊ぶおもちゃが性別によって分けられているのである。

(29) －解答 **3**

選択肢の訳
1 their daughters to stop doing「自分の娘にやめて（もらいたい）」
2 their sons to stop doing「自分の息子にやめて（もらいたい）」
3 both boys and girls to learn「男と女の子両方に学んで（もらいたい）」
4 teachers and schools to prepare「教師と学校に準備して（もらいたい）」

解説　直後の文がこの文の言い換えになっていることに着目する。「自分の娘には科学に興味を持ってもらいたいし，自分の息子には親切になってもらいたい」とあるので，正解は **3**。親は男の子にも女の子にも科学や親切にすることを学んでもらいたいと思っているのである。

(30) －解答

選択肢の訳
1 to help their child「子供を助けられて（うれしい）」
2 to buy less「購入するものが減らせて（うれしい）」

3 with the old way「古いやり方に（満足して）」

4 with this change「この変化に（満足して）」

> **解説** 直前にアメリカの大きなおもちゃチェーン店が売り場を分けることをやめたことと，ヨーロッパのおもちゃ会社のカタログに人形で遊ぶ男の子や車で遊ぶ女の子が載っていることが説明されている。多くの親はこの「変化」に満足していると考えられるので，正解は **4**。

| 一次試験・筆記 | **4A** | 問題編 p.98〜99 |

> **ポイント** 件名は「パイ焼きコンテスト」である。第1段落では近況報告としてテストが話題になっている。件名が登場するのは第2段落。それが送信者の兄とどういう関係があるのかを読み取ろう。第3段落ではそのコンテストの参加方法を説明し，参加の意向を尋ねている。

全文訳

送信者：エレン・コール <ellen-cole@abcweb.com>
受信者：ポール・クラーク <p.clark6@raymail.com>
日付：10月7日
件名：パイ焼きコンテスト

こんにちは，ポール，
先週の理科のテストはどうでしたか？　あなたがその教科で苦労していて，テストに向けてすごく勉強していると話していたのを覚えています。ところで，先週は私にとって良い週でした。授業で数学のテストがありました。テストは簡単で，私はAをもらいました。さらに，文化祭があったので，先生はあまり多く宿題を出しませんでした。
ところで，私の兄は実に腕の良いパン職人で，ティンバータウンでパン屋をやっています。来週末，彼はリバーフロントパークでのパイ焼きコンテストに参加するつもりです。コンテストには約30人のパン職人が参加する予定です。優勝者はワシントンDCで開かれる全国大会に出場するのです。
コンテストの間，審査員は1人1人のパン職人のパイを少しずつ試食して，その日の終わりに優勝者を選びます。さらに，誰でもコンテストに行ってパイを試食することができるのです。入場するのに15ドルかかり，1人5枚の食券をもらいます。それから，その食券を使って5人の別々のパン職人のパイを試食するのです。私は行く予定でいますので，あなたも行きたければすぐに電話して私に知らせてください。
あなたの友達，
エレン

(31) – 解答 ①

質問の訳 先週，エレンは

選択肢の訳 1 学校のテストで良い成績をとった。
2 友人の学校の文化祭を訪れた。
3 理科の授業に向けて一生懸命勉強した。
4 先生からたくさんの宿題を出された。

解説 質問にある Last week は第1段落第1，3文にある。エレンのことについて述べた第3文の後に数学のテストがあったことが説明され，さらに It was easy, and I got an A on it.「それは簡単で私は A をもらった」とあるので，正解は **1**。**4** はその段落の最終文に「先生はあまり多くの宿題を出さなかった」とあるので不適。

(32) – 解答 ②

質問の訳 エレンの兄は来週末に何をする予定ですか。

選択肢の訳 1 新しいパン屋を開く予定。
2 コンテストに参加する予定。
3 ワシントン DC に行く予定。
4 家族にパイを焼いてあげる予定。

解説 質問文に出てくる next weekend を手掛かりに読んでいくと，第2段落第2文に「来週末，兄はリバーフロントパークでのパイ焼きコンテストに参加するつもりである」とあるので，正解は **2**。**3** の Washington, D.C. はそのコンテストの優勝者が行く全国大会の場所なので不適。

(33) – 解答 ③

質問の訳 エレンはポールに何をするように頼んでいますか。

選択肢の訳 1 パイを焼くのに必要なものを買うために彼女に 15 ドルを貸す。
2 審査員がコンテストの優勝者を選ぶのを手助けする。
3 パイ焼きコンテストに行くことに興味があるかどうか彼女に連絡する。
4 食券を入手するためにパン職人の1人に電話する。

解説 第3段落では一般の人もコンテストに行って試食できることが説明されている。その段落の最終文に call me soon and tell me if you want to come「あなたも行きたければすぐに電話して私に知らせてください」とあるので，正解は **3**。

一次試験・筆記 4B | 問題編 p.100～101

ポイント バジャウ族という民族についての話。その民族の特殊性は何であるのか，彼らは具体的にどんな生活をしているのか，そもそもそのような生活を始めた

123

理由は何なのか，今彼らにどんな変化が起こっているのかを読み取りたい。

全文訳 **バジャウ族**

　フィリピンとマレーシアとインドネシア周辺の太平洋に，バジャウ族として知られる人々の集団がいる。昔，この人々は陸で暮らしていなかった。代わりに，彼らは海の上の小さな船で生涯を過ごした。最近は，海の中にある木製の柱に建てられた家で暮らすバジャウ族の人が多いが，今でも彼らは船の上で多くの時間を過ごす。必要なものを購入するためにだけ時々陸に上がる。

　海はバジャウ族にとってとても重要である。彼らは，魚を捕ったり食用の海藻を採取するために海深く潜る。時に必要以上の魚を捕ることもあり，それを陸で米や水，その他の日用品と交換する。彼らはまた真珠をとるためにカキも採る。その真珠を採取後に高値で売るのである。

　バジャウ族の言語に関する最近の研究は，バジャウ族は 11 世紀にボルネオ島からやって来た可能性があることを示している。しかし，なぜバジャウ族がそもそも陸ではなく海上で暮らし始めたのかは誰にもよくわからない。古い物語によると，ボルネオ島の王女が嵐の中，海で行方不明になってしまった。彼女の父である王が自分の国に住んでいる人々に海で彼女を捜すよう命じた。さらに，王は王女を見つけるまで戻ってはならないと言った。王女は決して発見されなかったため，その人々は永遠に海の上に留まったというのである。

　バジャウ族は海で暮らす長い歴史を持っているが，彼らの生活様式は変化し始めた。この変化の主な理由の 1 つは，環境破壊である。海はどんどん汚くなり，魚の数は減っている。その結果，バジャウ族は十分な食料が手に入らないので，それを手に入れる別のやり方を見つけなければならない。自然を保護することによって，私たちはバジャウ族の独特の文化も保護することができるのである。

(34) – 解答 ④

質問の訳 バジャウ族について正しいのはどれですか。

選択肢の訳
1　小さな船で旅するのを恐れる。
2　居住用の船を造り，それを観光客に売る。
3　海で魚を捕るために木製の柱を利用する。
4　**ほとんどの時間を海で過ごす。**

解説 第 1 段落ではバジャウ族がなぜ特殊なのかが説明されている。まず第 3 文で「海の上の小さな船で生涯を過ごした」と過去のことが説明され，さらにその次の文で they still spend a lot of their time on boats「今でも船の上で多くの時間を過ごす」とあるので，正解は **4**。

(35) – 解答 ①

質問の訳 なぜ海はバジャウ族にとって重要なのですか。

選択肢の訳
1　**必要なもののほとんどをそこから手に入れることができるから。**
2　米やその他の食料を育てるのにその水を利用するから。

124

3 日用品を保管する特別な船を持っているから。

4 休日に海で泳いだり潜ったりするから。

解説 第2段落の冒頭に「海はバジャウ族にとってとても重要である」とある。その後に，「魚を捕獲し，食用の海藻を採取する」や「余った魚は日用品と交換する」，「カキを採取して真珠をとり，それを高値で売る」とある。つまり生活に必要なものを海に依存していることがわかるので，正解は **1**。

(36) – 解答 **4**

質問の訳 最近の研究でバジャウ族についてどんなことがわかりましたか。

選択肢の訳 **1** 昔，彼らの王女が嵐の間に彼らを海に連れてきた。

2 彼らの最初の王が海の上で暮らせば生活が良くなると思った。

3 彼らはボルネオに移動したとき新しい言語の話し方を学んだ。

4 彼らはおよそ 1,000 年前にボルネオ島からやって来たのかもしれない。

解説 質問文に出てくる recent research は第3段落の冒頭にあり，「バジャウ族の言語に関する最近の研究によると，バジャウ族は 11 世紀にボルネオ島からやって来た可能性がある」とあるので，正解は **4**。

(37) – 解答 **2**

質問の訳 バジャウ族の人々が食料を探す新しい方法を見つける必要がある理由は，

選択肢の訳 **1** 多くの若者はもう魚を食べるのが好きではないからである。

2 海の破壊が魚の数の減少を引き起こしているからである。

3 彼らの文化が急速に変化して食料を見つけるのを難しくさせているからである。

4 彼らが魚を捕ることで海の環境に損害を与えたくないからである。

解説 質問文に出てくる look for new ways to find food と類似した表現は，第4段落の第4文後半に出てくる。その理由は，その文の前半に the Bajau cannot get enough food「十分な食料が手に入らない」からとある。さらに，食料が手に入らない理由は，その前文に「海が汚くなり，魚の数が減少している」とあるので，正解は **2**。

一次試験・筆記 **5** | 問題編 p.102

質問の訳 あなたは生徒は1人で勉強する方が良いと思いますか。それともグループで勉強する方が良いと思いますか。

解答例 I think studying alone is better. This is because students can focus on their own work. If they study with their friends, they

18年度第2回　筆記

125

often talk about other things. Also, it can save a lot of time. They can study on the bus or on the train when they go to school.

解答例の訳　私は1人で勉強する方が良いと思います。これは生徒が自分の勉強に集中できるからです。もし友達と一緒に勉強したら，しばしば他のことについて話してしまいます。さらに，それは多くの時間を節約できるからです。学校へ行くときにバスや電車の中で勉強ができます。

解説　質問は「生徒は1人で勉強する方が良いか。それともグループで勉強する方が良いか」で，解答例では「1人で勉強する」方を選択し，まずI think ～. を用いて，自分の立場を明らかにしている。

理由は2つ示すことが求められている。解答例では最初の理由をThis is because ～.「これは～からです」で導く。最初に「集中できる」と述べ，次の文で「友達と勉強するとしばしば他のことを話してしまう」と説明している。

2つ目の理由は Also「さらにまた」で導入している。「時間が節約できる」と述べ，次の文でその「時間の節約」の仕方として通学途中のバスや電車内での勉強を挙げている。このように，理由を述べるときには2文以上で書き，内容をできるだけ深めるように心がけたい。

「グループで勉強する方が良い」を選んだ場合には，「より良い答えに達する（can reach better solutions）」や「さまざまな観点から問題を見ることができる（can see a problem from different points of view）」などが考えられる。

  問題編 p.104

〔例題〕－解答　**3**

放送英文　☆：Would you like to play tennis with me after school, Peter?
　　　　　★：I can't, Jane. I have to go straight home.
　　　　　☆：How about tomorrow, then?
　　　　　　1 We can go today after school.
　　　　　　2 I don't have time today.
　　　　　　3 That will be fine.

全文訳　☆：ピーター，放課後一緒にテニスをしない？
　　　　★：できないんだ，ジェーン。まっすぐ家に帰らなきゃいけないんだよ。
　　　　☆：それなら，明日はどう？

選択肢の訳　**1** 今日の放課後に行けるよ。
　　　　　　2 今日は時間がないんだ。

3 それなら大丈夫だよ。

No.1 —解答 ③

放送英文 ☆： Honey, I'm home.
★： Welcome back. Did you have a good day?
☆： Yeah, but I left my umbrella at work and it rained on the way home. I'm completely wet.
　　1 Hmm. That's not your umbrella.
　　2 Sure, I'll drive you to the station.
　　3 Well, you should take a hot bath.

全文訳 ☆： あなた，ただいま。
★： お帰り。いい 1 日だったかな？
☆： ええ，でも，職場に傘を置き忘れてしまって，帰り道で雨が降ったのよ。びしょ濡れよ。

選択肢の訳 **1** うーん。それは君の傘じゃないね。
　　2 もちろん，君を駅まで車で送るよ。
　　3 そう，熱いお風呂に入るといいよ。

解説 夫婦の対話。妻が職場から帰ってきた場面である。妻は，職場に傘を忘れ，帰る途中で雨が降り，I'm completely wet.「びしょ濡れよ」と言っているので，正解はお風呂に入るように勧めている **3**。

No.2 —解答 ①

放送英文 ★： Claire, I heard you started teaching part time at a high school.
☆： Yes, I did. My students seem really nice.
★： What subjects are you teaching?
　　1 Mostly math and science.
　　2 There are 20 students in all.
　　3 It's actually a junior high school.

全文訳 ★： クレア，君が高校で非常勤で教え始めたって聞いたけど。
☆： ええ，そうよ。生徒たちはとても良さそうよ。
★： 何の教科を教えているの？

選択肢の訳 **1** 主に数学と理科よ。
　　2 全部で 20 人の生徒よ。
　　3 それは実際に中学校よ。

解説 友人同士の対話。冒頭の部分から女性が高校で「非常勤で教え（teach part time)」始めたことをつかむ。最後に What subjects are you teaching? と尋ねているので，正解は教えている教科を答えている **1**。

No.3 —解答 ①

放送英文 ★： What should we do our presentation about, Denise?
☆： Well, we're supposed to do something about Asian history,

127

right?

★： Yeah, that's what Professor Thompson said.

 1 Let's talk about the history of China.

 2 Well, I finished my presentation already.

 3 Hmm. I don't know much about France.

全文訳 ★： デニース，僕たちは何について発表しようか？

☆： そうねえ，アジアの歴史について何かやることになっているのよね？

★： うん，それがトンプソン教授が言っていたことだよ。

選択肢の訳 **1** 中国の歴史について話しましょう。

 2 ええ，私はすでに発表を終えたわ。

 3 うーん。私はフランスについてあまり知らないわ。

解説 クラスメート同士の対話。話題は2人が授業で行う発表（presentation）である。女の子が we're supposed to do something about Asian history「アジアの歴史について何かやることになっている」と言っているので，文脈に合うのは「中国の歴史」を挙げている **1**。

No.4 –解答 ②

放送英文 ★： What's that, Amy?

☆： It's called a *didgeridoo*. It's a musical instrument from Australia. My dad bought it for me last week on a business trip.

★： Oh. Can you play any songs?

 1 Sorry, I've never been to Australia.

 2 Sorry, I'm still learning how to play it.

 3 Sorry, I'll be away next week.

全文訳 ★： エイミー，あれは何？

☆： それはディジュリドゥと呼ばれているのよ。オーストラリアの楽器よ。先週父が出張したときに私に買ってきてくれたの。

★： そう。何か曲を演奏してくれない？

選択肢の訳 **1** ごめんなさい，オーストラリアには行ったことがないの。

 2 ごめんなさい，まだ演奏の仕方を学んでいるところなの。

 3 ごめんなさい，来週留守にするの。

解説 友人同士の対話。聞き慣れない *didgeridoo* が楽器であることをつかむ。最後の男の子の Can you play any songs?「何か曲を演奏してくれない？」というリクエストに対して適切なのは，「まだ演奏の仕方を学んでいるところだ」と断っている **2**。

No.5 –解答 ③

放送英文 ★： Hello.

☆： Hi, I'm Beth Peterson with Citywide Internet. Do you have high-speed Internet service at your home?

128

★: Yes, I do, so I'm not interested. Please don't call here again.

    1 OK. I'll try again tomorrow morning.

    2 OK. But you should get Internet service.

    3 OK. Sorry to bother you, sir.

全文訳 ★: もしもし。

☆: もしもし，シティワイドインターネットのベス・ピーターソンです。お宅には高速インターネットがついていますか。

★: ええ，ありますよ。だから，興味はありません。ここにもう電話をしないでください。

選択肢の訳 **1** わかりました。明日の朝，またやってみます。

    2 わかりました。でも，インターネットをつけるべきです。

    3 わかりました。お邪魔して申し訳ございませんでした。

解説 最初の女性の発言から，これがインターネット会社からの勧誘の電話であることをつかむ。男性が Please don't call here again.「ここにもう電話しないでください」と苦情を述べているので，正解は **3**。

No.6 -解答 ③

放送英文 ★: Ma'am, you can't leave your bike here.

☆: But I was just going to go into the store for a minute.

★: Sorry, no bike parking allowed.

    1 Well, I'm not doing any shopping.

    2 Great, I'll be done in 10 minutes.

    3 OK. I'll put it somewhere else.

全文訳 ★: お客さま，ここに自転車を置いておくことはできません。

☆: でも，ちょっとの間お店に入ろうとしていただけですよ。

★: すみません，駐輪が許されていないのです。

選択肢の訳 **1** ええ，私は何も買い物していないわ。

    2 良かった，10 分で済みます。

    3 わかりました。他のところに置きます。

解説 店の前に自転車を置こうとしている女性と警備員らしき男性の対話。男性の you can't leave your bike here と no bike parking allowed から，駐輪禁止だと注意されていることがわかるので，正解は「別のところに置く」と言っている **3**。

No.7 -解答 ①

放送英文 ☆: Can you help me? I'm trying to find Gate 77.

★: That gate's on the other side of the airport.

☆: Oh no. Can I get there in 15 minutes?

    1 Well, you might be able to if you hurry.

    2 Hmm. I don't know where that is.

18年度第2回 リスニング

129

3 No, that flight was canceled.

全文訳 ☆： ちょっといいですか？　77番ゲートを見つけようとしているのですが。

★： そのゲートは空港の反対側ですよ。

☆： あらまあ。15分で着けるでしょうか。

選択肢の訳 **1** そうですねえ，急げば可能かもしれません。

2 うーん。それがどこなのかわかりません。

3 いいえ，その便は欠航になりました。

解説 空港での対話。女性が行こうとしているゲートが the other side of the airport「空港の反対側」にあることをつかむ。対話最後の Can I get there in 15 minutes?「15分で着けますか」に対して適切な応答は，「急げば可能かもしれない」と答えている **1**。

No.**8**−解答 ②

放送英文 ☆： Dad, what are you making for dinner?

★： I'm making chicken soup.

☆： Mmm. I love chicken soup. Can I help?

1 Yes, you made dinner last night.

2 Yes, you can chop those carrots.

3 Yes, I already finished cooking.

全文訳 ☆： お父さん，夕食に何を作っているの？

★： チキンスープを作っているよ。

☆： うーん。チキンスープ大好き。手伝おうか？

選択肢の訳 **1** うん，お前は昨夜夕食を作ったね。

2 うん，あのニンジンをみじん切りにしてね。

3 うん，もう料理をし終わったよ。

解説 父親と娘の対話。最初の部分から夕食の準備中であることをつかむ。最後の Can I help?「手伝おうか？」に対して適切な答えは，ニンジンを刻むことをお願いしている **2**。

No.**9**−解答 ①

放送英文 ★： Hello, ma'am. Welcome to Fazzio's Italian Grill. Do you have a reservation?

☆： I don't. I didn't know I needed one.

★： Well, without a reservation, it's about a 20-minute wait.

1 That's OK. I don't mind waiting.

2 Great. I'll have the seafood salad.

3 No problem. The table by the window is perfect.

全文訳 ★： こんにちは，お客さま。ファジオーズ・イタリアン・グリルへようこそ。ご予約はございますか。

☆： ありません。予約が必要だと知りませんでした。

★：ええと，予約がございませんと，約20分お待ちいただくことになります。

選択肢の訳
1 大丈夫です。待つことは構いませんから。
2 良かった。私はシーフードサラダをいただきます。
3 大丈夫です。窓のそばのテーブルで申し分ありません。

解説 レストランに入ろうとしている客と店員の対話。話題はreservation「予約」。最後の without a reservation, it's about a 20-minute wait「予約がないと約20分待つ」に適切な応答は，「待つことは構わない」と答えている **1**。

No.10 解答 ②

放送英文
☆：Hello. Chang residence.
★：Hi, Mrs. Chang. This is Dan Foster from Emily's math class. Can I talk to her?
☆：Emily hasn't come home yet. She has piano practice until 8 p.m.
  1 No, you don't have to wake her.
  2 OK. I'll call back later, then.
  3 Well, I hope she feels better.

全文訳
☆：もしもし。チャンです。
★：こんにちは，チャンさん。エミリーの数学のクラスで一緒のダン・フォスターです。彼女と話せますか？
☆：エミリーはまだ帰宅してないのよ。8時までピアノの練習があるの。

選択肢の訳
1 いいえ，彼女を起こす必要はありません。
2 わかりました。それなら，後でかけ直します。
3 そうですか，彼女が良くなるといいですね。

解説 男の子から友達のエミリーの家への電話。電話に出たのは母親である。最後の「帰宅していない」「8時までピアノの練習」からエミリーが不在であることをつかむ。正解は，「後でかけ直す」と言っている **2**。

一次試験・リスニング 第2部 問題編 p.104〜105

No.11 解答 ③

放送英文
★：Honey, do you have any ideas for our summer vacation?
☆：Why don't we drive to California?
★：That's too far. I can only take four days off. What about going camping by the lake?
☆：We did that last fall. I want to do something different.
Question: What are the man and woman talking about?

全文訳　★：　ねえ，夏休みのいい考えはある？

☆：　カリフォルニアへドライブするのはどうかしら？

★：　それは遠すぎるよ。僕は4日しか休暇が取れないからね。湖のそばでキャンプをするのはどうかな？

☆：　それはこの前の秋にやったわ。私は何か別のことがやりたいわ。

Q：男性と女性は何について話していますか。

選択肢の訳　**1**　キャンプ用品をいつ購入するか。

2　カリフォルニアのどこに泊まるか。

3　この夏に何をするか。

4　自分たちの車を売るかどうか。

解説　夫婦の対話。冒頭の do you have any ideas for our summer vacation?「夏休みのいい考えはある？」から，夏休みの計画を話し合っていることがわかるので，正解は**3**。後に出てくる「カリフォルニアへのドライブ」「湖のそばのキャンプ」からも話題が何であるのか推測できる。

No.**12**解答　④

放送英文　★：　Excuse me, you seem to be lost. Can I help you?

☆：　Yes, I'm looking for the police station.

★：　It's just around that corner, next to the movie theater.

☆：　Oh, I see. Thank you very much.

Question: What does the woman want to do?

全文訳　★：　失礼ですが，道に迷ったご様子ですね。お助けいたしましょうか。

☆：　ええ，警察署を探しているのです。

★：　それならちょうどあの角を曲がったところ，映画館の隣です。

☆：　ああ，わかりました。どうもありがとうございます。

Q：女性は何をしたがっていますか。

選択肢の訳　**1**　男性を助けること。

2　劇場に行くこと。

3　映画を見ること。

4　警察署を見つけること。

解説　通りでの見知らぬ者同士の対話。冒頭から男性が道に迷った様子の女性に援助を申し出ていることをつかむ。女性は I'm looking for the police station「警察署を探している」と言っているので，正解は**4**。

No.**13**解答　②

放送英文　★：　Mom, I want to join the tennis team. Would you buy me a racket?

☆：　A tennis racket? No, Bobby, you just joined the soccer club. We bought you a pair of expensive soccer shoes.

★：　But I'm not sure if I like soccer that much.

132

☆： Well, we're not buying a tennis racket. Play soccer for a few months to see if you really like it or not.

Question: Why won't the woman buy her son a tennis racket?

全文訳 ★： 母さん，僕，テニスチームに入りたいんだ。ラケットを買ってもらえないかな？

☆： テニスラケット？　だめよ，ボビー，サッカークラブに入ったばかりじゃないの。あなたには高いサッカーシューズを買ってあげたでしょ。

★： でも，サッカーがそれほど好きかどうかよくわからないんだ。

☆： あのね，テニスラケットは買いません。サッカーが本当に好きかどうか知るために数か月サッカーをやりなさい。

Q：女性はなぜ息子にテニスラケットを買ってあげないのですか。

選択肢の訳 **1**　息子に自分のものを買ってもらいたいから。

2　息子にサッカーをし続けてもらいたいから。

3　息子は新しいサッカーシューズが必要だと思っているから。

4　息子は古いのを使うべきだと思っているから。

解説 母親と息子の対話。息子はテニスラケットを買ってもらいたがっている。母親の最後の発言 Play soccer for a few months to see if you really like it or not.「本当に好きかどうか知るために数か月サッカーをやりなさい」から，正解は **2**。前半で「サッカークラブに入ったばかりじゃないの」と非難していることからも推測可能。

No.14 解答 ④

放送英文 ☆： Hi, Jason. You look tired. Were you up late working on your history paper?

★： Yeah. The Internet at my house wasn't working yesterday, so I had trouble finding the information I needed.

☆： So you went to the library?

★： I didn't need to. I found some of my dad's old books from college and used those.

Question: How did the boy find information for his paper?

全文訳 ☆： こんにちは，ジェイソン。お疲れのようね。歴史のレポートに取り組んで遅くまで起きていたの？

★： うん。家のインターネットが昨日動かなくて，必要な情報を見つけるのに苦労したよ。

☆： それで，図書館に行ったの？

★： その必要はなかったよ。父の大学時代の古い本を何冊か見つけて，それを利用したんだ。

Q：男の子はどのようにしてレポートの情報を見つけましたか。

選択肢の訳 **1**　有益なサイトを見つけた。

2 図書館に助けを求めて電話した。

3 新しい雑誌を数冊借りた。

4 古い本を数冊利用した。

【解説】友人同士の対話。話題は男の子の歴史のレポート作成である。コンピュータが壊れて資料集めに苦労したが，図書館へは行かなかったことをつかむ。最後に「父の大学時代の古い本を見つけてそれを利用した」と言っているので，正解は **4**。

No.15 解答 ④

【放送英文】★：Hello. Andrew Farmer.

☆：Hello, Mr. Farmer. This is Dr. Clark's office. We were expecting you 30 minutes ago for your dental appointment.

★：Sorry about that. I had a problem with my car, but I'm on my way now. I'll be there in 10 minutes.

☆：I see. I'm afraid you may have to wait, though.

Question: Why did the woman call the man?

【全文訳】★：もしもし。アンドリュー・ファーマーです。

☆：もしもし，ファーマーさん。こちらはクラーク医院です。歯科のご予約がありましたので，30分前にいらっしゃると思っていました。

★：すみません。車に問題が起こりましたが，今向かっている途中です。10分で到着いたします。

☆：承知しました。でも，少しお待ちいただかなければならないかもしれません。

Q：女性はなぜ男性に電話をしたのですか。

【選択肢の訳】**1** 車が直ったと伝えるため。

2 歯科医が病気だと伝えるため。

3 残業できるかどうか聞くため。

4 なぜ遅れているのか聞くため。

【解説】Dr. Clark が後に出てくる your dental appointment「歯科の予約」から，歯科医であることをつかむ。歯科医院から予約した男性への電話である。We were expecting you 30 minutes ago「30分前に来ると思っていた」から，正解は **4**。後に出てくる「車の故障」「あと10分で着く」「待つかもしれない」も手がかりになる。

No.16 解答 ②

【放送英文】☆：I'm sorry, sir. You're not allowed to take pictures in this art gallery.

★：Actually, I'm a writer from *Art Today* magazine, and I was asked to take these pictures. I have a letter from the gallery's director.

134

☆： May I see it?

★： Of course. I have it right here in my bag.

Question: What will the man do next?

全文訳 ☆： 申し訳ございません。この美術館では写真を撮ることが認められていません。

★： 私，実は，『アートトゥデイ』という雑誌の記者で，これらの写真を撮るように依頼されました。館長からの手紙もあります。

☆： 拝見してもよろしいでしょうか。

★： もちろんです。この私のカバンの中に入っています。

Ｑ：男性は次に何をするでしょうか。

選択肢の訳 **1** カメラを直してもらう。

　　　　 2 女性に手紙を見せる。

　　　　 3 館長に会う。

　　　　 4 『アートトゥデイ』の雑誌を 1 冊買う。

解説 美術館での対話。前半部分から，女性は美術館の職員で，男性は取材に来ている雑誌の記者であることをつかむ。後半では a letter from the gallery's director「館長からの（許可を示す）手紙」を女性が見てもいいか尋ね，記者が「カバンの中にある」と言っていることから，正解は **2**。

No.**17** 解答 **1** •

放送英文 ☆： Eddie, when do you want to go out for lunch?

★： Anytime you're ready.

☆： Let's go now, if that's OK. I have a meeting at one thirty.

★： In that case, we'd better go someplace close. You only have 50 minutes.

Question: What does the man suggest he and the woman do?

全文訳 ☆： エディ，あなたはいつ外に昼食を食べに行きたいの？

★： 君が準備ができたらいつでも。

☆： 大丈夫なら，これから行きましょうよ。1 時半に会議なの。

★： それなら，どこか近いところに行くのがいいね。50 分しかないから。

Ｑ：男性は自分と女性が何をすべきだと提案していますか。

選択肢の訳 **1** 近くのレストランで食事すること。

　　　　 2 会議に一緒に出席すること。

　　　　 3 1 時半に昼食を食べること。

　　　　 4 会社に電話すること。

解説 同僚同士の対話。冒頭部分の女性の発言 when do you want to go out for lunch?「いつ外に昼食を食べに行きたいの」から，用件は昼食に外に出ることである。男性が最後に we'd better go someplace close

「どこか近いところに行くのがいい」と言っているので，正解は **1**。

No.18 解答 ③

放送英文 ☆： Dad, taste this. It's a new pasta sauce recipe from a cookbook that I just bought.

★： Mmm. That's not bad. It might need some more salt and pepper, though.

☆： Oh no. I'll never be a famous chef if I can't even follow a simple recipe.

★： It's OK, Annie. You just started cooking this year. It will take you a while to get good at it.

Question: What is one thing we learn about the girl?

全文訳 ☆： お父さん，これ味見して。買ったばかりの料理本に載っていた新しいパスタソースのレシピなの。

★： うーん。悪くないよ。でも，もう少し塩とコショウが必要かな。

☆： あらまあ。簡単なレシピ通りにもできないなら，とても有名なシェフにはなれないわ。

★： アニー，大丈夫だよ。お前は今年料理を始めたばかりじゃないか。うまくなるには少し時間がかかるんだよ。

Q：女の子についてわかることの１つは何ですか。

選択肢の訳 **1** 以前に料理をしたことがない。

2 スパゲティが好きではない。

3 料理の仕方を学んでいる。

4 料理本を書いている。

解説 父親と娘の対話。娘は自分が作ったパスタソースの味見を父親に頼んでいる。娘が I'll never be a famous chef「有名なシェフになれないわ」と言い，それに対して父親が You just started cooking this year.「今年料理を始めたばかりだ」と娘を慰めているので，正解は **3**。

No.19 解答 ②

放送英文 ★： Gingham Language School.

☆： Hello. I'm interested in taking Italian lessons for beginners.

★： Certainly, ma'am. Our beginners' class meets on Tuesday evenings. The teacher is very popular.

☆： Actually, I work late on Tuesdays. I wanted to take a class on weekends. I'll try somewhere else.

Question: What is the woman's problem?

全文訳 ★： ギンガム語学学校です。

☆： こんにちは。私はイタリア語の初級者向けのレッスンの受講に興味があるのですが。

★ : 承知いたしました，お客さま。私どもの初級クラスは火曜日の夜にあります。担当の講師はとても評判がいいんですよ。

☆ : 実は，火曜日は仕事が遅いのです。週末のクラスを受講したいと思っていました。別のところを当たります。

Q : 女性の問題は何ですか。

選択肢の訳
1 自分の講師が好きではない。
2 火曜日のクラスを受講できない。
3 語学学校を見つけられない。
4 イタリア語の話し方を忘れてしまった。

解説 冒頭の Gingham Language School. より，これが語学学校の人との対話であることをつかむ。女性が受講したかった初級イタリア語のクラスが火曜日だと聞き，女性は I work late on Tuesdays「火曜日は仕事が遅い」と答えているので，正解は **2**。

No.20 解答 ②

放送英文
★ : Good morning, ma'am. Are you enjoying your stay here at the Bayside Hotel?

☆ : Yes, thanks. But there's something wrong with the TV in my room.

★ : I'll send someone to fix it right away.

☆ : Please do. I want to watch a movie tonight.

Question: What does the man say he will do for the woman?

全文訳
★ : おはようございます，お客さま。ここベイサイドホテルでのご滞在をお楽しみいただいていますか。

☆ : ええ，ありがとう。でも，私の部屋のテレビの調子が悪いのです。

★ : 直ちに人を修理に伺わせましょう。

☆ : そうしてください。今夜映画を見たいので。

Q : 男性は女性のために何をすると言っていますか。

選択肢の訳
1 映画のチケットを買う。
2 人をテレビの修理に送る。
3 別のホテルを見つける。
4 彼女のチェックインを手伝う。

解説 ホテルでのスタッフと宿泊客の対話。there's something wrong with the TV in my room「私の部屋のテレビの調子が悪い」という女性に対して，男性のスタッフは I'll send someone to fix it right away.「直ちに人を修理に送ります」と言っているので，正解は **2**。

一次試験・リスニング 第3部 問題編 p.106〜107 ▶MP3 ▶アプリ ▶CD 2 65〜75

No.21 解答 ③

(放送英文) Sonya is on her high school's tennis team. She has tennis practice nearly every afternoon. She also has a lot of homework to do for her classes. Sonya and her teammates are usually too tired to do homework after tennis practice, so they have started doing homework together in the morning before school starts.
Question: When does Sonya do her homework?

(全文訳) ソーニャは高校のテニスチームに入っている。ほとんど毎日午後にテニスの練習がある。彼女には授業に向けてやらなければならない宿題もたくさんある。ソーニャと彼女のチームメートは，たいていテニスの練習の後に疲れすぎてしまって宿題ができないので，朝学校が始まる前に一緒に宿題をし始めた。

Q：ソーニャはいつ宿題をしますか。

(選択肢の訳)
1 テニスの練習が終わった後。
2 昼食を食べた後。
3 授業が始まる前。
4 寝る前。

(解説) テニスチームに入っているソーニャの話。ほぼ毎日練習があり，練習の後は疲れてしまって宿題ができないことをつかむ。they have started doing homework together in the morning before school starts「朝学校が始まる前に一緒に宿題をやり始めた」と述べられているので，正解は **3**。

No.22 解答 ①

(放送英文) Bulldog ants are a kind of ant found in Australia. They usually eat fruits, seeds, and smaller insects. Bulldog ants are the most dangerous kind of ant in the world. They are not afraid of humans and sometimes bite people. People can get very sick from their bites.
Question: What is one thing that we learn about bulldog ants?

(全文訳) ブルドッグアリはオーストラリアで見られるアリの一種である。通常，果実や種子，自分より小さな虫を食べる。ブルドッグアリは世界で最も危険な種類のアリである。人間を恐れず，ときに人にかみつく。かまれると人はひどい病気になることもある。

Q：ブルドッグアリについてわかることの1つは何ですか。

(選択肢の訳) 1 とても危険である。

138

2 人間を恐れている。

3 人がそれを食べることがある。

4 人がペットとして飼うことを好む。

> **解説** bulldog ant「ブルドッグアリ」というアリの説明である。Bulldog ants are the most dangerous kind of ant in the world.「ブルドッグアリは世界で最も危険な種類のアリである」より，正解は **1**。「人を恐れない」「人にかみつく」「かまれるとひどい病気になる」からも推測可能。

No.23 解答 ②

> **放送英文** Good evening, Christmas shoppers. During the holiday season, the mall will stay open until 10 p.m. Also, don't forget that children can have their picture taken with Santa Claus by the big Christmas tree on the main floor. He will be there until 6 p.m. Thank you and happy holidays.
>
> **Question:** What is one thing children can do on the main floor?

> **全文訳** クリスマスのお買い物中の皆さま，こんばんは。休暇シーズン中，当ショッピングモールは午後 10 時まで開店しております。さらに，お子さまはメインフロアーにある大きなクリスマスツリーのそばでサンタクロースと一緒に写真撮影ができることもお忘れなく。サンタクロースは午後 6 時までおります。以上です。良い休暇をお過ごしください。
>
> Q：子供たちがメインフロアーでできることの 1 つは何ですか。

> **選択肢の訳** **1** サンタクロースについての話を読む。
>
> **2** サンタクロースと一緒に写真を撮る。
>
> **3** クリスマスカードを送る。
>
> **4** クリスマスツリーに飾りを付ける。

> **解説** ショッピングモールでのお知らせの放送である。メインフロアーについては中盤で children can have their picture taken with Santa Claus by the big Christmas tree「大きなクリスマスツリーのそばでサンタクロースと一緒に写真撮影ができる」と述べられているので，正解は **2**。

No.24 解答 ③

> **放送英文** Steve is 16 years old. This winter, he will go on a skiing trip with his friend. He has not skied in three years, and he realized that his ski boots are too small for him now. Steve does not have enough money to buy new ski boots, so he will have to rent some at a ski shop.
>
> **Question:** What is Steve's problem?

> **全文訳** スティーブは 16 歳である。この冬，彼は友達とスキー旅行に行く予定である。3 年間スキーをしていなかったので，もうスキーブーツが彼に

18年度第2回 リスニング

139

は小さすぎることに気づいた。スティーブは新しいスキーブーツを買うだけのお金を持っていないので、スキー店で借りなければならないだろう。

Q：スティーブの問題は何ですか。

選択肢の訳
1　スキーブーツを借りられない。
2　どこにスキーを置いたのか忘れた。
3　スキーブーツが小さすぎる。
4　友達がスキー旅行に行けない。

解説　16歳のスティーブのスキー旅行の話。3年ぶりのスキーで、his ski boots are too small for him now「もうスキーブーツが小さすぎる」と述べられているので、正解は **3**。後半に出てくる「新しいスキーブーツを買うお金がないので、借りなければならない」からも正解を推測することができる。

No.25 解答

放送英文　Melanie visits her grandparents every year. Last year, her grandparents sold their big house and bought a new one. Their new house is much smaller, but they love living there because it is near the beach. Melanie is looking forward to staying with her grandparents even though she knows that she will have to sleep on the sofa.

Question: What did Melanie's grandparents do last year?

全文訳　メラニーは毎年祖父母のもとを訪れる。昨年、祖父母は大きな家を売って新しい家を購入した。新しい家は前の家よりずっと小さいが、ビーチの近くなので彼らはそこで暮らすのがとても気に入っている。メラニーは、ソファで寝なくてはならないことがわかっていても祖父母のところに泊まるのを楽しみにしている。

Q：メラニーの祖父母は昨年何をしましたか。

選択肢の訳
1　前より小さな家に引っ越した。
2　ビーチでの休暇に出かけた。
3　ソファをメラニーにあげた。
4　メラニーの家に滞在した。

解説　毎年祖父母のもとを訪れるメラニーの話。前半に Last year, her grandparents sold their big house and bought a new one.「昨年、祖父母は大きな家を売り新居を購入した」と述べられ、さらに Their new house is much smaller「新居はずっと小さい」と言っているので、正解は **1**。

No.26 解答

放送英文　Parsnips are a vegetable that are similar to carrots. They look a

140

lot like carrots, but they are white. Their flavor, however, is different from carrots. Parsnips are much sweeter. Europeans have been cooking parsnips for a long time. They even used parsnips to sweeten food, such as cakes, before sugar became available.

Question: What is one thing that we learn about parsnips?

全文訳 パースニップはニンジンと類似した野菜である。それはニンジンにとてもよく似ているが，色は白い。しかし，その風味はニンジンと異なる。パースニップの方がずっと甘いのである。ヨーロッパの人々は長い間パースニップを料理してきた。砂糖が手に入る以前には，ケーキのような食べ物に甘みを付けるのにもパースニップを用いた。

Q：パースニップについてわかることの1つは何ですか。

選択肢の訳 1　砂糖とともに調理されなければならない。

2　形がニンジンに似ている。

3　あまり甘くない。

4　通常ヨーロッパでは食べられない。

解説 parsnip「パースニップ」と呼ばれる野菜の説明である。最初にこの野菜について a vegetable that are similar to carrots「ニンジンに似た野菜」と述べられ，さらに they look a lot like carrots「ニンジンにとても似ている」と言っているので，正解は **2**。

No.27 解答 ④

放送英文 Wendy held a birthday party at her house last Saturday. She was surprised when her friend Tom arrived 30 minutes before the party was supposed to start. He told her that he had come early to help her prepare for the party. Tom gave Wendy a present and then helped her make some food.

Question: Why was Wendy surprised?

全文訳 この前の土曜日，ウェンディは自宅で誕生日パーティーを開いた。パーティーが始まることになっている30分前に友達のトムがやって来て，彼女は驚いた。彼はパーティーの準備を手伝うために早くやって来たと彼女に言った。トムはウェンディにプレゼントをあげてから，料理を作るのを手伝った。

Q：ウェンディはなぜ驚いたのですか。

選択肢の訳 1　トムが彼女の誕生日を忘れたから。

2　トムが食べ物をくれたから。

3　トムが彼女をパーティーに招待したから。

4　トムが彼女の家に早く来たから。

解説 ウェンディの誕生日パーティーの話。彼女が驚いたのは when her

18年度第2回　リスニング

141

friend Tom arrived 30 minutes before the party was supposed to start「パーティーが始まる 30 分前に友達のトムが到着したとき」のことなので，正解は **4**。その直後に出てくる he had come early も手がかりになる。

No.28 解答 ③

(放送英文) Thank you for visiting the Lakeland Golf Club today. I hope you enjoyed your free golf lesson this morning. Next, I will show you where the restaurant is. After that, we will go to the front desk. If you want to join our club, you can sign up there. We're offering a 10 percent discount for anyone who becomes a member today.

Question: What is one thing people can do at the front desk?

(全文訳) 本日はレイクランドゴルフクラブにお越しいただきありがとうございます。今朝は無料のゴルフレッスンをお楽しみいただけたと思います。続きまして，レストランの場所をご案内いたします。その後で，フロントデスクに行きます。私どものクラブへの加入をご希望でしたら，そこでお申し込みいただけます。本日メンバーになられる方には 10% の割引を提供しております。

Q：人々がフロントデスクでできることの 1 つは何ですか。

(選択肢の訳) 1 有名なゴルファーと会う。
2 ゴルフボールの割引を受ける。
3 クラブのメンバーになる。
4 レストランの予約をする。

(解説) ゴルフクラブでのお知らせ。午前中の無料レッスンを体験した人たちにこれからの予定を説明している。レストランを案内し，その後フロントデスクに行く。If you want to join our club, you can sign up there.「クラブに加入したいのなら，そこで申し込める」と述べられているので，正解は **3**。

No.29 解答 ④

(放送英文) Rita and Zack got married 10 years ago. For their anniversary, they usually celebrate by eating at a restaurant or going to a movie theater. However, this year they did something different. They invited some friends to their house for dinner, and Zack made Mexican food. After dinner, Rita played the guitar, and some of the guests danced.

Question: How did Rita and Zack celebrate their anniversary this year?

(全文訳) リタとザックは 10 年前に結婚した。結婚記念日には，普通レストラン

で食事をしたり映画館に行ったりしてお祝いする。しかしながら，今年は少し違うことをした。夕食に友達を数人自宅に招いて，ザックがメキシコ料理を作ったのである。夕食後，リタがギターを弾き，客の中には踊る人もいた。

Q：リタとザックは今年どのようにして結婚記念日を祝いましたか。

選択肢の訳
1　映画を見ることで。
2　メキシコに旅行に行くことで。
3　レストランに行くことで。
4　家でパーティーを開くことで。

解説　結婚10年を迎えたリタとザックの話。結婚記念日の祝い方が話題である。They invited some friends to their house for dinner「友達を夕食に招待した」と述べられているので，正解は **4**。**3** については，質問が this year のことで，「レストランに行く」のは例年やっていることなので不適。

No.30 解答

放送英文　Martha has two young children, and she is usually busy taking care of them. On Wednesdays, though, Martha's husband comes home early and makes dinner for the children so that Martha can go to a yoga class. Afterward, Martha usually eats at a restaurant with her yoga classmates. By the time she gets home, the children are always asleep.

Question: What does Martha do on Wednesdays?

全文訳　マーサには2人の幼い子供がいて，いつもは彼らの世話で忙しい。しかし，毎週水曜日には，マーサの夫が早く帰宅して子供たちに夕食を作るので，マーサはヨガ教室に行くことができる。その後，マーサは通常ヨガのクラスメートとレストランで食事する。彼女が帰宅するころには，子供たちはいつも寝ている。

Q：マーサは水曜日に何をしていますか。

選択肢の訳
1　ヨガのクラスに行く。
2　レストランで働く。
3　子供たちと運動する。
4　夫と夕食を食べる。

解説　子供の世話で忙しいマーサの話。On Wednesdays「毎週水曜日には」の後，夫は早く帰宅して子供に夕食を作る，so that Martha can go to a yoga class「そのためマーサはヨガ教室に行くことができる」と述べられているので，正解は **1**。

| 二次試験・面接 | 問題カード | **A** 日程 | 問題編 p.108〜109 | 🔊 | ▶MP3 ▶アプリ ▶CD 2 76〜80 |

全文訳 **料理の陳列**

　　日本では多くのレストランで入口に料理の陳列がある。これらの陳列にある品物は色とりどりのプラスチックでできている。日本を訪れる人の多くは，日本食についてあまり知らないので，料理の陳列は料理を選ぶのに役立つ方法であると感じている。これらの陳列はレストランが客を増やすのに役立っている。

質問の訳 No. 1　文章によると，日本を訪れる多くの人はなぜ料理の陳列が料理を選ぶのに役立つ方法だと感じているのですか。

No. 2　さて，Ａの絵の人々を見てください。彼らはいろいろなことをしています。彼らが何をしているのか，できるだけたくさん説明してください。

No. 3　さて，Ｂの絵のメガネをかけている男性を見てください。この状況を説明してください。

それでは，〜さん，カードを裏返しにして置いてください。

No. 4　ファストフードを食べることは人々にとって良いことだと思いますか。

　　　　Yes. →なぜですか。　　　No. →なぜですか。

No. 5　このごろ，新しいことを学ぶのにインターネットを利用する生徒が多くいます。あなたは勉強するときにインターネットを利用しますか。

　　　　Yes. →もっと説明してください。　　　No. →なぜですか。

No.1

解答例 Because they do not know much about Japanese food.

解答例の訳 彼らは日本食についてあまり知らないからです。

解説 まず，質問文に出てくる find food displays a helpful way to choose dishes が本文の第3文後半に出ているのを見つける。その前にある so「それで」が第3文前半にある Many visitors to Japan ... Japanese food を受けていることを見抜く。質問文は Why 〜?「なぜ〜?」なので Because で始め，主語 Many visitors to Japan を they に直して答えよう。

No.2

解答例 A woman is drinking orange juice. / A man is writing something on a piece of paper. / A girl is knocking on the door of the restroom. / A woman is taking a book out of [putting a book into] her bag. / Two men are shaking hands.

144

解答例の訳 女性がオレンジジュースを飲んでいます。／男性が紙に何かを書いています。／女の子がトイレのドアをノックしています。／女性がバッグから本を取り出して［バッグに本を入れて］います。／2人の男性が握手しています。

解説 冠詞，前置詞，名詞の単数・複数形など細かいところにも注意しよう。例えば，「オレンジジュース」は orange juice だが，冠詞 an はつけない。「紙に書く」は write a paper ではない（write a paper は「論文を書く」）。「ドアをノックする」は knock on the door であり，前置詞 on を省略できない。「握手する」は shake hands であり，hands は必ず複数形になる。

No.3

解答例 He can't eat at the restaurant because it's very crowded.

解答例の訳 彼はレストランがとても混んでいるので，そこで食事ができません。

解説 「レストランが混んでいる」ことと「男性は食事ができない」の2点を説明し，前者が後者の理由であることを示したい。また，He wants to eat curry and rice at the restaurant, but many people are waiting in line there. 「彼はレストランでカレーライスを食べたいのだが，そこで並んで待っている人が多い」などと答えてもよいだろう。

No.4

解答例 （Yes. と答えた場合）

People can get their food very quickly. Busy people can save a lot of time.

解答例の訳 人々はとても速く食べ物を手に入れられるからです。忙しい人はたくさんの時間を節約できます。

解答例 （No. と答えた場合）

Fast food isn't good for people's health. It's better to cook and eat at home.

解答例の訳 ファストフードは人々の健康に良くないからです。家で料理して食べる方が好ましいです。

解説 Yes. の場合には，解答例の「速さ」の他に，「ファストフードは安い（Fast food is cheap.）」や「ファストフードは味が悪くない（Fast food doesn't taste bad.）」，さらに「ファストフード店は清潔だ（Fast food restaurants are clean.）」などが考えられる。No. の場合には，健康面の問題が最初に思い浮かぶが，さらに具体的に「ファストフードには脂肪分が多すぎる（Fast food contains too much fat.）」や「早食いは健康に悪い（Eating fast is bad for the health.）」などと述べてもよい。

18年度第2回　面接

145

No.5

解答例　(Yes. と答えた場合)

I use the Internet to look for information. It helps me write reports for my classes.

解答例の訳　私は情報を探すのにインターネットを利用しています。インターネットは授業のレポートを書くのに役立ちます。

解答例　(No. と答えた場合)

It's not necessary to use the Internet for my studies. I usually study with my friends at the library.

解答例の訳　私の勉強にインターネットを利用する必要はありません。私は普通，図書館で友達と勉強しています。

解説　Yes. の場合には，I use the Internet の後に「新しい単語を調べるために (to look up new words)」や「友達と情報を共有するときに (when I share some information with my friends)」などをつなげて，具体的にどのようにして利用しているのか説明したい。No. の場合には，「自分の部屋にコンピュータがない (I don't have a computer in my room.)」や「両親が使わせてくれない (My parents don't allow me to use the Internet.)」など，外的な要因によって使用不可能であることを説明することもできる。

二次試験・面接　問題カードB 日程　問題編 p.110〜111　

全文訳　**盲導犬**

　目が不自由な人の中には，外出の際に犬を利用する人もいる。これらの犬は盲導犬と呼ばれる。人を導くように犬を訓練するには多額のお金がかかる。今，いくつかの団体は盲導犬を訓練するための資金を集めていて，そうすることによって，彼らはこれらの犬をもっと一般的なものにしようとしている。

質問の訳　No. 1　文章によると，いくつかの団体はどのようにして盲導犬をもっと一般的なものにしようとしているのですか。

　No. 2　さて，A の絵の人々を見てください。彼らはいろいろなことをしています。彼らが何をしているのか，できるだけたくさん説明してください。

　No. 3　さて，B の絵の女の子を見てください。この状況を説明してください。

それでは，〜さん，カードを裏返しにして置いてください。

　No. 4　ペットを飼うことは子供にとって良いことだと思いますか。

146

Yes. →なぜですか。　　No. →なぜですか。

No. 5　今日，日本の多くの人が花火を見に行って楽しんでいます。あなたは花火を見に行くのが好きですか。

Yes. →もっと説明してください。　　No. →なぜですか。

No.**1**

解答例 By collecting money for training guide dogs.

解答例の訳 盲導犬を訓練する資金を集めることによってです。

解説 質問文にある trying to make guide dogs more common は本文の最終文後半部分にある。その前にある by doing so「そうすることによって」の do so が，さらにその前にある collecting money for training guide dogs を指していることを見抜く。質問は How ～?「どのようにして～?」なので，By collecting .... と答えればよい。

No.**2**

解答例 A boy is cutting some paper. / A girl is feeding a cat. / A man is pouring some coffee. / A woman is talking on the phone. / A man is putting on [taking off] his jacket.

解答例の訳 男の子が紙を切っています。／女の子が猫にえさをあげています。／男性がコーヒーを注いでいます。／女性が電話で話しています。／男性が上着を着て［脱いで］います。

解説 「～を着る（身に着ける）」は put on ～ で，反対に「～を脱ぐ」は take off ～ である。「猫にえさをあげる」は feed a cat の他に give some food to a cat でもよい。「コーヒーを注いでいる」は「コーヒーを作っている」と考えて，make coffee を用いてもよいだろう。「電話で話す」は talk on the phone で，前置詞 on を忘れないように注意しよう。

No.**3**

解答例 Her dog is dirty, so she's going to wash it.

解答例の訳 彼女の犬が汚れているので，彼女は洗ってあげるつもりです。

解説 「女の子の飼い犬が汚れている」ことと「女の子は洗ってあげようとしている」の2点を説明したい。さらに前者が後者の理由であることも示したい。解答例の他に，She is thinking of bathing her dog because it is very dirty.「飼い犬がとても汚れているので洗ってあげようと考えている」のように，because を用いて答えることもできる。

No.**4**

解答例 （Yes. と答えた場合）

Children can learn many things from having a pet. Also, pets can be good friends to them.

解答例の訳 子供たちはペットを飼うことから多くのことを学ぶことができます。また，ペットは彼らの良い友達になれます。

18年度第2回　面接

147

解答例　(No. と答えた場合)

It's too difficult for children to have pets. They have to give them food and water every day.

解答例の訳　ペットを飼うのは子供には大変すぎます。毎日えさと水をあげなければなりません。

解説　Yes. の場合には，解答例にある「学ぶ」ことの具体的内容を示して「生き物にやさしくすることの重要さを学ぶ (learn the importance of being kind to living things)」などとしたり，「ペットと一緒だとリラックスできる (They can relax with their pets.)」などペットの効用を説明してもよい。No. の場合には，「ペットの世話は大変である (It is hard to take care of pets.)」や「動物アレルギーの子もいる (Some children have an allergy to animals.)」なども考えられる。

No.5

解答例　(Yes. と答えた場合)

I think fireworks are very beautiful. Also, it's fun to see many different kinds of fireworks.

解答例の訳　花火はとてもきれいだと思うからです。また，多くのさまざまな種類の花火を見るのは楽しいです。

解答例　(No. と答えた場合)

Too many people go to watch fireworks. I prefer to stay at home.

解答例の訳　花火を見に行く人が多すぎるからです。私は家にいる方がいいです。

解説　Yes. の場合には，「花火を見るとわくわくする (It's exciting to see fireworks.)」や「花火なしの夏祭りは考えられない (I can't imagine summer festivals without fireworks.)」などと答えてもよい。No. の場合には，解答例のような「混雑」の他に「小さいときには花火を見に行っていたが，今はもう行かない (I used to go to watch fireworks when I was little, but I don't go any more.)」などと，過去と対比して答えることも可能である。

148

2018-1

一次試験
筆記解答・解説　　p.150〜162

一次試験
リスニング解答・解説　p.163〜179

二次試験
面接解答・解説　　p.180〜184

解 答 一 覧

一次試験・筆記

1

(1)	4	(8)	3	(15)	3
(2)	1	(9)	1	(16)	1
(3)	3	(10)	4	(17)	2
(4)	3	(11)	2	(18)	2
(5)	4	(12)	1	(19)	3
(6)	2	(13)	3	(20)	1
(7)	4	(14)	2		

2

(21)	2	(23)	1	(25)	1
(22)	4	(24)	3		

3 A

(26)	2
(27)	3

3 B

(28)	2
(29)	4
(30)	2

4 A

(31)	4
(32)	1
(33)	2

4 B

(34)	3
(35)	2
(36)	2
(37)	1

5　解答例は本文参照

一次試験・リスニング

第1部

No. 1	2	No. 5	1	No. 9	1
No. 2	2	No. 6	2	No.10	3
No. 3	3	No. 7	3		
No. 4	1	No. 8	3		

第2部

No.11	3	No.15	4	No.19	3
No.12	1	No.16	4	No.20	4
No.13	3	No.17	2		
No.14	1	No.18	2		

第3部

No.21	2	No.25	3	No.29	1
No.22	2	No.26	4	No.30	3
No.23	4	No.27	1		
No.24	1	No.28	3		

一次試験・筆記	**1**	問題編 p.114〜116

(1) ― 解答 ④

訳 A：すみません。カンボジアの歴史についての本はありますか。
B：２冊しかありませんが，東南アジアの歴史についての本は数冊あります。

解説 「カンボジアの歴史についての本はあるか」という問いに対してBは「2冊しかないが，東南アジアの歴史についての本は〜ある」と応答しているので，文脈から正解は**4**。several は「いくつかの〜，数〜」という意味で，3以上でそれほど数の多くないものについて用いられる。active「活動的な」，tight「ぴったりした」，confident「確信した」。

(2) ― 解答 ①

訳 アレンは家にペンキを塗り終わった後，背中が痛かった。それが良くなるように彼は温かいお風呂に入った。

解説 最後に to make it feel better「それが良くなるように」とあるので，ペンキ塗りで背中が「痛かった」と考える。正解は**1**。ache「痛む」（発音注意 [eɪk]）は名詞の「痛み」という意味もあり，headache「頭痛」，stomachache「腹痛」などの複合語を作る。knit「〜を編む」，fill「〜を満たす」，reply「返答する」。

(3) ― 解答 ③

訳 A：ホテルの部屋代に朝食は含まれていますか。
B：いいえ，残念ながら含まれておりませんが，追加10ドルで朝食を付けることが可能です。

解説 Bが後半で「追加10ドルで朝食が付けられる」と答えていることから，Aは宿泊代に朝食が「含まれているか」を尋ねていると考える。正解は**3**の include「〜を含む」。trust「〜を信頼する」，bother「〜を悩ます」，observe「〜を観察する」。

(4) ― 解答 ③

訳 A：僕は昨日料理したから，今晩料理するのは君の番だよ，フィル。
B：うん，わかっているよ。

解説 「僕は昨日料理したから，今晩料理するのは君の〜だ」という文脈なので，正解は**3**。この turn は名詞で「順番」という意味で，It's your turn to *do*.「〜するのは君の番だ」は定番の表現。victory「勝利」，cover「表紙」，lie「嘘」。

(5) ― 解答 ④

訳 そのレストランは現金での支払いのみ応じている。クレジットカードは利用できない。

解説 直後に in cash「現金で」とあり，さらにその後に「クレジットカードは利用できない」とあるので，支払い方法に関する記述と考える。**4** の payment「支払い」が正解。これは動詞 pay「支払う」の名詞形である。equipment「設備」，achievement「達成」，treatment「扱い」。

(6) — 解答 ❷

訳 ルーシーは昨日発表をした。彼女はその間中緊張していたが，落ち着いて話をした。みんなは，彼女は落ち着いているように見え，とても良い発表だったと彼女に言った。

解説 ルーシーは緊張していたが，どのように話したのかを考える。後半に聴衆の感想として，she seemed relaxed「落ち着いているように見えた」とあるので，正解は **2** の calmly「落ち着いて」。strangely「奇妙に」，wrongly「誤って」，partly「部分的に」。

(7) — 解答 ❹

訳 クミコは先週，東京からサンフランシスコまで飛行機に乗った。長い飛行中，彼女は脚を伸ばすためにしばしば通路を行ったり来たりした。

解説 飛行機で脚を伸ばすために「通路」を歩いたと考える。正解は **4** の aisle（発音注意 [aɪl]）。これは，バスや飛行機などの乗り物や，劇場の「通路」である。ちなみに，飛行機の通路側の席は an aisle seat，窓側の席は a window seat という。object「物体」，origin「起源」，audience「聴衆」。

(8) — 解答 ❸

訳 Ａ：マギー，ジャックに会ったとき，あなたの彼に対する第一印象はどうでしたか。
Ｂ：そうねえ，良さそうな人だけど，とても恥ずかしがり屋に思えたわ。

解説 Ｂの he seemed nice but really shy「良さそうな人だけど，とても恥ずかしがり屋に思えた」はジャックの「印象」を答えていると考える。正解は **3** の impression「印象」。first impression「第一印象」，a wrong [false] impression「誤った印象」，a deep impression「深い印象」などのように用いる。emergency「緊急事態」，employee「従業員」，injury「けが」。

(9) — 解答 ❶

訳 Ａ：映画は何時に始まるのかしら。
Ｂ：インターネットをチェックして調べてみましょう。

解説 Ａは映画が始まる時刻を知りたいと考えて，**1** を選ぶ。動詞 wonder は，〈I wonder＋間接疑問〉「〜かしらと思う」の形で用いられることが多い。gather「〜を集める」，hope「〜を希望する」，prefer「〜の方を好む」。

(10) – 解答 **4**

訳　多くの日本の学校は 8 月に授業が一切ないが，生徒たちがクラブ活動をできるように開いた**ままである**。

解説　「授業はないが，生徒たちがクラブ活動ができるように〜」という文脈なので，正解は **4**。remain は「〜の（状態の）ままである」という意味。空所直後の open は形容詞だが，選択肢の中で後ろに補語として形容詞をとれるのは remain だけである。explore「〜を探検する」，divide「〜を分ける」，form「〜を形作る」。

(11) – 解答 **2**

訳　グレッグは新しいカメラの取扱説明書を 1 時間読んだが，それ**の意味を理解**できなかった。最後には，会社に電話してその使い方を尋ねた。

解説　「会社に電話して使い方を尋ねた」とあることから，その説明書を「理解できなかった」と考える。正解は **2**。make sense of 〜で「〜の意味を理解する」。例えば，I can't make sense of his explanation. は「私は彼の説明を理解できない」という意味で，His explanation doesn't make sense to me. とほぼ同じである。

(12) – 解答 **1**

訳　アンは週 3 回走りに行く。彼女はとても**体調が良く**，非常に健康的な気分である。

解説　正解は **1** で，be in (great) shape で「（とても）体調が良い」という意味。shape は「形」という意味だが，この熟語では「（健康）状態」という意味である。

(13) – 解答 **3**

訳　その映画会社は，新しい映画のポスターをたくさんの高校の近くに掲示した。それが若者**の心をつかむ**だろうと考えたのである。

解説　高校の近くに映画のポスターを掲示した理由は，それが若者の「心をつかむ」からだと考えられる。正解は **3**。appeal to 〜は「〜に訴える，〜の心をつかむ」という意味である。suffer from 〜「〜に苦しむ」，decide on 〜「〜に決定する」，bring up 〜「〜を育てる」。

(14) – 解答 **2**

訳　Ａ：出張行ってらっしゃい，あなた。子供たちにおみやげ**を持ち帰る**のを忘れないでね。

　　Ｂ：わかった。空港で何か買うつもりだよ。

解説　Ａの発言に対してＢが「空港で何か買うつもりだ」と言っていることから，ＡはＢに子供たちへのおみやげを頼んでいると考えられる。正解は **2** の bring back 〜「〜を持ち帰る」。add to 〜「〜を増す」，depend on 〜「〜に依存する」，stand by 〜「〜を支える」。

(15) – 解答 **3** ....

訳 ジョーンズさんは幼稚園の先生で，25 人の子供たちのクラスに対して責任がある。彼女は子供たちがどんな様子かを伝えるために，よく保護者と面談する。

解説 ジョーンズさんは先生で，「25 人の子供たちのクラスを〜している」という文脈なので，正解は **3**。be responsible for 〜は「〜に対して責任がある」という意味である。be jealous of 〜「〜をねたんでいる」，be poor at 〜「〜が苦手である」，be due to 〜「〜に原因がある」。

(16) – 解答 **1** ....

訳 トムはまさに夕食を食べるところだったが，姉［妹］が電話してきて彼らの母親が入院したと言った。彼は夕食をテーブルに置いたまま，すぐにそこに向かった。

解説 後半に「夕食を置いたまま出かけた」とあることから，母親の入院を知らせる電話を受けたとき，ちょうどトムは夕食を「食べるところだった」と考えられる。正解は **1**。be about to *do* は「まさに〜するところである」という意味である。be forced to *do*「〜せざるを得ない」，have no right to *do*「〜する権利がない」，have no reason to *do*「〜する理由がない」。

(17) – 解答 **2** ....

訳 Ａ：君は料理の仕方を知っているの，ビクトリア？
Ｂ：そうねえ，私は専門家じゃないけど，パスタやスープなどの作り方は知っているわ。

解説 正解は **2**。and so on は「〜など」という意味で，A, B, C, ..., and so on「A や B や C や…など」のように用いる。同意表現として and so forth もおさえよう。

(18) – 解答 **2** ....

訳 ジルの家は島にあり，彼女は仕事に行くのに毎日大きな橋を渡って車で行く。彼女はその橋からの景色を楽しんでいる。

解説 ジルの家は島にあるので，橋を「渡って」通勤していると考えられる。正解は **2**。across は「〜を横切って，〜を渡って」という意味の前置詞。

(19) – 解答 **3** ....

訳 今日，アリスは友達と勉強するために図書館へ行った。彼女たちは午後5時まで宿題をしながらそこにいた。

解説 図書館に行って，そこで宿題を「しながら」午後5時までいたと考えられる。正解は **3**。この doing は分詞構文で，stayed (there)「（そこに）いた」という主動詞に対して，「〜しながら」という状況を加える「付帯状況」を表す。

(20) – 解答 **1** ・・

訳 A：そのレストランがどこにあるのか覚えていないよ。

B：**私もよ。** 電話して行き方を尋ねましょう。

解説 A の「レストランがどこにあるのか覚えていない」に対して，空所後の「行き方を尋ねよう」から，B も覚えていないと考えられる。正解は **1**。Neither do I. は直前の一般動詞・現在形の否定文に対して「私もそうだ」というときに用いられる。ちなみに，一般動詞・現在形の肯定文に対して同意する場合は So do I. を用いる。

```
一次試験・筆記  2 │ 問題編 p.117〜118
```

(21) – 解答 **2** ・・・

訳 A：ターニャ，先週末のアダムのパーティーであなたを見かけなかったわ。どこにいたの？

B：ああ，**家族旅行に行っていて，** それで行けなかったのよ。

A：そうなの？　どこへ行ったの？

B：ハワイに行ったのよ。両親と私は毎日泳ぎに行ったわ。

解説 空所直後に「それで（アダムのパーティーに）行けなかった」とあるので，空所にはパーティーに出席できなかった理由が入る。会話の最後に「ハワイに行って両親と毎日泳ぎに行った」とあるので，正解は **2**。**1**「学校へ行った」，**3**「母が私のところを訪れた」，**4**「電車が遅れた」。

(22) – 解答 **4** ・・

訳 A：メイプルトン空港ギフトショップへようこそ。ご用はございますか。

B：ええ。日本に帰国する前に弟におみやげを買いたいのですが，15ドルしか残っていないのです。

A：そうですねえ。この **14 ドル 50 セントのはがきセット**はいかがでしょうか。

B：それはぴったりですね。カバンが一杯なので，何か小さくて持ち運びしやすいものが欲しかったのです。

解説 B は空港でおみやげを探していて，店員に How about this 〜?「この〜はいかがでしょう」と提案されている。手持ちの現金が 15 ドルであることと，会話の最後に「小さくて運びやすいもの」と言っていることから，その条件に合うのは **4**。**1**「20 ドルの切手のコレクション」，**2**「15 ドル 50 セントの特別なペン」，**3**「15 ドルの大きなテディベア」。

(23) – 解答 **1** ・・・

訳 A：ホワイト歯科診療所です。ご用件をお伺いします。

B：アビー・ウエストと申します。**歯が痛む**ので電話しています。

A：わかりました。できるだけ早く歯科医が診た方がいいですね。今日来られますか。

B：はい，ありがとうございます。今日の午後伺えます。

解説 歯医者への電話である。Bは空所で「～なので電話をしています」と，電話した理由を述べている。空所後でAが「歯科医ができるだけ早く診た方がいい」と言っているので，正解は「歯が痛む」と言っている **1**。**2**「娘が病気だ」，**3**「薬が必要だ」，**4**「今日は忙しすぎる」。

(24)(25)

訳 A：もしもし。サミーズサンドイッチ店です。どのようなご用件でしょうか。

B：もしもし。パーティーを開きますので，サンドイッチを注文したいのですが。

A：どんな種類がよろしいですか。

B：ツナサンドイッチを10個，チキンサンドイッチを5個，それとお茶を5本お願いします。

A：申し訳ございません。お飲み物は販売しておりません。

B：わかりました。それでは，サンドイッチだけお願いします。ところで，配達はしていますか。

A：申し訳ございません。ご注文の品は店頭でお受け取りいただかなければなりません。

B：わかりました。それでは，パーティーの前に行くことになると思います。

(24) – 解答 **3**

解説 空所直後でAが「飲み物は販売していない」と答えていることから，Bは空所で飲み物を注文したと考えられる。正解は **3**。**1**「フルーツサラダ」，**2**「フライドポテト」，**4**「ケーキ2個」。

(25) – 解答 **1**

解説 空所直後でAが「店頭で注文の品を受け取る必要がある」と答えているので，空所でBは配達の有無を尋ねていると考えられる。正解は **1**。**2**「もう一度電話する必要がありますか」，**3**「クレジットカードで支払いできますか」，**4**「別のサンドイッチを注文できますか」。

18年度第1回 筆記

一次試験・筆記 **3A** 問題編 p.120

ポイント サラという女の子のボランティア活動についての話である。第1段落では，ボランティア活動のきっかけとその内容を，第2段落では，どんな準備をして当日何が起こったのかを読み取ろう。

全文訳 **ボランティア活動**

　先月，サラは友達と海辺に出かけた。天気はとても良く，水も温かった。しかし，彼女たちは海辺が汚くてがっかりした。サラはその問題について何かしたいと思った。彼女は両親に話し，両親は海辺を掃除するイベントを企画してはどうかと提案した。

　サラと彼女の友達は5月20日にイベントを開くことに決めた。彼女たちは一緒にポスターを作る作業をした。それから，そのポスターを彼女たちの町中に掲示した。イベント当日，サラと彼女の友達は海辺に集まった。しかしながら，他には誰も来なかった。ポスターを見て，サラは自分たちがミスをしてしまったことに気づいた。5月27日と書いてしまっていたのだ。サラと彼女の友達は掃除するために，27日にまた海辺に戻ってきた。

(26)-解答 **2** ・・

選択肢の訳 **1** the water was too cold「水が冷たすぎた」
　　　 2 the beach was dirty「海辺が汚かった」
　　　 3 it was raining「雨が降っていた」
　　　 4 it was cloudy「曇っていた」

解説 空所直後の文に the problem「その問題」とあり，さらにその後，サラは両親から海辺を掃除するイベントの企画を提案されている。よって，彼女が海辺に行って失望したのは海辺が「汚かった」からだと考えられる。正解は **2**。

(27)-解答 **3** ・・

選択肢の訳 **1** their teachers were there「先生たちがそこにいた」
　　　 2 their parents were angry「親たちが怒っていた」
　　　 3 no one else came「他には誰も来なかった」
　　　 4 nothing was left「何も残っていなかった」

解説 空所直後の文に「ミスをしてしまったことに気づいた」とあり，その後の文から，それはポスターに日付を5月27日と書き間違えたことだったとわかる。よって，5月20日には，サラたち以外には「誰も来なかった」と考えられる。正解は **3**。

156

| 一次試験・筆記 | **3B** | 問題編 p.121 |

ポイント インターネット上の地図についての話である。第1段落ではその誕生について、第2段落ではその具体的な発展の仕方、第3段落ではその問題点が説明されている。

全文訳 **オンラインの地図製作**

　昔はほとんどの人が紙の地図を持っていた。人々は自分が行きたい場所を探すのにこれらを利用した。自分が訪問したい場所1か所につき1枚の地図が必要で、どの道を通るべきか、どの電車に乗るべきか、綿密に計画を立てなければならなかった。しかしながら、インターネットが発明されてから、人々はオンラインの地図を利用することが可能になった。その結果、旅行はより簡単になった。人々は世界中どこへ行くにも行き方を即座に調べられた。

　最初、オンラインの地図は紙の地図と同じ情報を載せているだけだった。その後2005年になって、人々に別の目的で地図を利用させるウェブサイトが出始めた。人々が地図に追加情報を付け加え始めたのである。例えば、ある人は自分の町で一番のレストランを地図に追記した。また別の人は、すべての公衆トイレが町のどこにあるのかを示す地図を作った。これらの地図は人々が自分が望むものを見つけるのに役立った。

　今日では、誰でも簡単にオンライン地図に情報を追加することができる。スマートフォンから新しい場所を追加したり、そこについての詳しい内容を入れたり、感想を書いたりすることができる。ほとんどの人が地図に情報を加えたり自分の地図を作ったりできることを喜んでいるが、この傾向を心配する人もいる。彼らはこれらの地図に間違った情報が載っているかもしれないと言う。店の営業時間が地図に書かれているのとは違うこともあるし、人々が感想を書くときに嘘を書くこともある。このため、オンラインの地図はプロの地図製作者だけによって作られるべきだと考える人もいる。

18年度第1回 筆記

(28) –解答 **2**

選択肢の訳 1 cost more「より費用がかかった」

2 **became easier「より簡単になった」**

3 caused problems「問題を引き起こした」

4 took time「時間がかかった」

解説 空所を含む文とその前文は「インターネットが発明され、オンラインの地図が利用できるようになり、その結果（As a result）、旅行は〜」という文脈で、空所後の文に「世界中どこへ行くにも行き方をすぐに調べられるようになった」とあることから、旅行は「より簡単になった」と考えられる。正解は**2**。

(29) –解答 **4**

選択肢の訳 1 Besides「さらに」

157

  2 However「しかしながら」
  3 After all「結局」
  4 For example「例えば」
解説 つなぎ表現を選ぶ問題なので，空所の前後の関係を捉える。空所直後の2文にある町で一番のレストランの情報を書き加えたり，公衆トイレの場所を示す地図を作ったりすることは，空所直前にある「地図に追加情報を付け加え始めた」ことの具体例なので，正解は **4**。

(30) – 解答

選択肢の訳
1 the best places「一番良い場所」
2 the wrong information「間違った情報」
3 some dangerous messages「危険なメッセージ」
4 many good points「多くの良い点」

解説 空所を含む文の主語 They は，その直前の文の some people を指すので，オンライン地図に情報を加えることを懸念する人の考えが示されていると考える。空所後にある，店の営業時間が違っていたり，嘘の感想を書いたりすることは，地図に「間違った情報」を載せていることなので，正解は **2**。

一次試験・筆記 4A 問題編 p.122〜123

ポイント ベロニカから友人ケビンへのメール。第1段落ではコンサートのチケットの入手経緯とコンサートへの誘い，第2段落ではそこへ着て行く服について，第3段落ではコンサート会場とその周辺について説明されている。

全文訳

送信者：ベロニカ・ヘルムズ <v-helms5@onenet.com>
受信者：ケビン・コバック <kevin.kovak@truemail.com>
日付：6月3日
件名：コンサート

こんにちは，ケビン，
ねえねえ，驚かないで！ 先週，姉［妹］がクラシック音楽のコンサートのチケットを2枚当てたんです。コンサートは今週木曜日の夜です。姉［妹］は看護師で，病院で夜働いているので行けません。姉［妹］は私がクラシック音楽が大好きなことを知っているので，そのチケットを私にくれました。私は大学でクラシック音楽を勉強さえしました。私と一緒に行きませんか。
私は何を着て行こうか決めようとしています。このごろは，人々は自分が着たいものをコンサートに着て行くことができます。おしゃれな洋服でドレスアップするのを好む人

もいますが，ジーンズとTシャツで行く人もいます。もし私たちが行くとしたら，あなたは何を着て行きたいですか。私は素敵な服を着たいけど，あなたが希望するなら，もっと気楽な服でもいいですよ。教えてくださいね！

コンサートは午後7時に始まり，会場はテイラーズビル劇場です。それはメインストリートにあり，近くには素敵なレストランもいくつかあります。もしよければ，コンサートが始まる前に夕食に行くこともできますよ。とにかく，私に電話して，行けるかどうか教えてくださいね。もし行けないなら，すぐ誰か他の人にきかなければなりません。それじゃあ，またね！

あなたの友達，

ベロニカ

(31) – 解答 **4**

質問の訳 ベロニカについて正しいものはどれですか。

選択肢の訳
1 音楽コンテストで優勝した。
2 病院の看護師である。
3 コンサートのチケットを買った。
4 **大学で音楽を勉強した。**

解説 第1段落の最後から2番目の文に I even studied it（＝classical music）in college.「私は大学でクラシック音楽を勉強さえした」とあるので，正解は**4**。**1**は第1文にある won が登場するが，目的語が tickets ではないので不適。**2**はベロニカの姉［妹］についての記述であり，**3**はチケットを bought「買った」という部分が不適。

(32) – 解答 **1**

質問の訳 ベロニカによると，人々はコンサートに行くときに

選択肢の訳
1 **着たいものを何でも着て行くことができる。**
2 気楽なものを着て行かなければならない。
3 ジーンズとTシャツは着て行くべきではない。
4 そこに素敵な服を着て行ってはいけない。

解説 第2段落第2文に people can wear what they want to concerts「人々は自分が着たいものをコンサートに着て行くことができる」とあるので，正解は**1**。他の選択肢で取り上げられているタイプの服は，すべてコンサートに行く人が自由に選択できるので，不適。

(33) – 解答 **2**

質問の訳 ベロニカはコンサートの前に何をすることを提案していますか。

選択肢の訳
1 近くでチケットを購入すること。
2 **レストランで夕食を食べること。**
3 メインストリートを散歩すること。
4 友達に自分たちと一緒に行くように頼むこと。

解説 第3段落第2文の後半に「コンサート会場の近くに素敵なレストランがある」とあり，次の文で We could go for dinner before the concert starts「コンサートが始まる前に夕食に行くことができる」とあるので，正解は**2**。**1**の tickets はすでに手元にあり，**3**の散歩や**4**の他に誰かを誘うことについては書かれていないので，それぞれ不適。

一次試験・筆記　4B ｜ 問題編 p.124〜125

ポイント ロシアの入れ子人形マトリョーシカの話。そのアイデアが，中国，それから日本，そしてロシアへとどのような変遷を経て伝えられてその誕生につながったのかが説明されている。

全文訳 ### 人形の歴史

　ロシアにはマトリョーシカと呼ばれる組になった人形がある。普通，各々の組には，すべて大きさが異なる7つの人形がある。組の中で一番大きな人形は通常，15センチほどの高さである。開けることができて，その中にはそれよりも小さい別の人形が入っている。これもまた開けることができ，その中には別の人形が入っている。一番大きな人形を除いて，1つ1つの人形はそれよりも大きな人形の中にぴったり入る。マトリョーシカはロシア文化の有名なものの1つである。しかし，そのアイデアはロシアの外から入ってきたのである。

　1,000年ほどの間，中国人は入れ子の木箱を作ってきた。それは大切なものを保管するためや，飾り物として使われている。18世紀にこれらの箱のいくつかは人形に作り変えられた。これらの人形は入れ子人形と呼ばれ，裕福な人々の間で人気となった。その当時，中国と日本は多くの物を貿易しており，これらの人形はおそらく中国からもたらされ，日本で売られたのだろう。

　入れ子人形が日本にもたらされるより前に，すでにたくさんの種類の木製の日本人形があった。伝統的な人形師たちは，だるまやこけしのような人形を作るのに，日本の木と特殊な色付けの技術を使用した。それから19世紀になり，彼らはこの技術を新しいタイプの入れ子人形を作るのに使い始めた。これは，七福神に見えるように色付けされた1組の7つの人形だった。中国の入れ子人形のように，各々の人形はそれより大きな人形の中にぴったり入った。

　1890年代に，サバ・マーモントフという名前の裕福なロシア人男性が，1組の日本の入れ子人形を受け取った。彼は伝統的なロシア文化を愛しており，それをもっと多くの人々と共有する方法を見つけたいと思っていた。彼はロシア人の芸術家団体に類似した組になった人形を制作するように依頼した。しかし，彼はこれらの人形に伝統的なロシアの衣装を着せたかった。このようにして，最初のマトリョーシカが作られたのである。

(34) − 解答 **3**

質問の訳　マトリョーシカについて正しいものはどれですか。

選択肢の訳　**1**　その人形はロシアの外で売られていない。

2　その人形はロシア人が考えるよりもずっと小さい。

3　その人形のアイデアは実はロシアに由来するものではなかった。

4　その人形のアイデアは有名なロシアの物語に由来していた。

解説　第1段落はロシアのマトリョーシカの紹介である。最後の文に the idea came from outside of Russia「そのアイデアはロシアの外から来た」とあるので，正解は**3**。本文の内容が did not ... come from Russia「ロシアに由来するものではなかった」と言い換えられている。

(35) − 解答 **2**

質問の訳　18世紀に何が起こったかもしれないのですか。

選択肢の訳　**1**　中国人が木箱を飾り物として利用し始めた。

2　中国の入れ子人形が日本で売られ始めた。

3　日本人がもっとお金を稼ぎ始めた。

4　日本のものが中国で人気となり始めた。

解説　質問文にある in the 18th century は第2段落第3文冒頭にある。これ以降の英文に，中国で入れ子人形が作られ，日中貿易の中で these dolls were probably brought from China and sold in Japan「これらの人形はおそらく中国からもたらされて日本で売られていた」とあるので，正解は**2**。**1**については，いつからという記述はなく，**3**，**4**について本文で触れられていないので不適。

(36) − 解答 **2**

質問の訳　19世紀に日本の人形師たちは

選択肢の訳　**1**　さまざまな種類の木を使って初めてだるまを作り始めた。

2　新しい種類の人形を作るために伝統的な技術を使った。

3　木に色付けする特殊な技術を学んだ。

4　古いタイプより大きなこけしを売った。

解説　質問文にある In the 19th century は第3段落第3文にあり，そこに they began to use these techniques to make a new type of nesting doll「新しいタイプの入れ子人形を作るのにこれらの技術を使い始めた」とある。この these techniques とは，前文にある special painting techniques「特殊な色付けの技術」のことで，これはだるまやこけしなどの制作に使われてきた伝統的な技術のこと。したがって正解は**2**。

(37) − 解答 **1**

質問の訳　サバ・マーモントフが芸術家たちに組になった人形を制作するように頼んだのは，彼が

選択肢の訳　**1**　人々にロシア文化について知ってもらう方法を見つけたかったから

18年度第1回　筆記

161

である。

2 それらを自分が訪ねる日本人にあげたかったからである。

3 伝統的なロシア衣装がどのようなものか見たかったからである。

4 伝統的な日本文化についてもっと学びたかったからである。

解説 Savva Mamontov という人物は第4段落に登場する。その段落の第2文に He loved traditional Russian culture and wanted to find a way to share it with more people.「伝統的なロシア文化を愛していて，それをもっと多くの人と共有する方法を見つけたかった」とあるので，正解は **1**。

一次試験・筆記 **5** | 問題編 p.126

質問の訳 あなたは，親は自分の子供にテレビゲームをさせてあげるべきだと思いますか。

解答例 No, I do not. First of all, children learn bad ideas from video games. For example, sometimes children become violent when they play violent video games. Also, video games hurt children's eyes. If they spend a long time playing video games, their eyes will go bad. Therefore, I do not think they should play video games.

解答例の訳 いいえ，私はそう思いません。まず第一に，子供はテレビゲームから悪い考えを学ぶからです。例えば，子供たちは暴力的なテレビゲームをすると，暴力的になることがあります。また，テレビゲームは子供の目を痛めます。もし，彼らがテレビゲームをして長時間過ごすと，彼らの目は悪くなるでしょう。したがって，私は彼らがテレビゲームをするべきではないと思います。

解説 質問は「親は子供にテレビゲームをさせるべきだと思うか」である。解答例はこれに反対の立場である。まず，質問に対して No, I do not. と自分の立場を明確に示す。

　次に，その理由について書く。最初の理由は First of all「まず第一に」で始めて，「子供がテレビゲームから悪い考えを学ぶ」と述べる。その後で，その具体例を For example で導入し，「暴力的なゲームをすると暴力的になることがある」と説明する。

　2つ目の理由は Also「また」で始める。まず，「テレビゲームは目を痛める」と書き，さらに「長時間すると目が悪くなる」と説明する。

　最後にまとめで締める。Therefore「したがって」で始めて，テレビゲームに反対の立場であることをもう一度繰り返し述べる。

162

一次試験・リスニング 第1部 問題編 p.128

〔例題〕— 解答 3

放送英文
☆: Would you like to play tennis with me after school, Peter?
★: I can't, Jane. I have to go straight home.
☆: How about tomorrow, then?
　　1　We can go today after school.
　　2　I don't have time today.
　　3　That will be fine.

全文訳
☆: ピーター，放課後一緒にテニスをしない？
★: できないんだ，ジェーン。まっすぐ家に帰らなきゃいけないんだよ。
☆: それなら，明日はどう？

選択肢の訳
1　今日の放課後に行けるよ。
2　今日は時間がないんだ。
3　それなら大丈夫だよ。

No.1 — 解答 2

放送英文
★: Waitress, I've heard this restaurant is famous for its soups.
☆: It is. They're all really, really good.
★: Is there one that you think is the best?
　　1　OK. I'll bring your drink right away.
　　2　Yeah. The potato and ham is my favorite.
　　3　Hmm. That will take about 15 minutes to make.

全文訳
★: ウエートレスさん，このレストランはスープで有名だと聞きました。
☆: そうですよ。全部が本当に，本当においしいのです。
★: あなたが一番おいしいと思うものはありますか。

選択肢の訳
1　わかりました。お飲み物を直ちに持って参ります。
2　ええ。ジャガイモとハムが私のお気に入りです。
3　うーん。それを作るのに15分ほどかかりそうです。

解説　レストランでの客とウエートレスの対話。スープが話題である。最後の発言「あなたが一番おいしいと思うものはありますか」に対して適切な応答は，具体的に「ジャガイモとハム（のスープ）」と答えている **2**。

No.2 — 解答 2

放送英文
☆: Your cough sounds really bad, Edward.
★: I know. I've had a cold since last week.
☆: Have you been taking any medicine?
　　1　Well, I don't have a cough.
　　2　Yeah, I got some from my doctor.

3 Hmm, I feel pretty good today.

全文訳 ☆： あなたの咳，本当に悪そうよ，エドワード。

★： そうなんだ。先週から風邪を引いているんだよ。

☆： 薬は飲んでいるの？

選択肢の訳 **1** でも，咳は出ないよ。

2 うん，お医者さんからもらったよ。

3 うーん，今日は実に調子がいいよ。

解説 友人同士の対話。最初に出てくる cough（発音注意 [kɔːf]）は「咳」である。対話最後の「薬は飲んでいるの？」に対して適切な応答は，「医者からもらった」と答えている **2**。I got some (medicine) from my doctor. という意味である。

No.3 –解答 ③

放送英文 ★： Hello.

☆： Dan, it's Beth. I'm at the Fifth Street Food Festival with some friends. It's really fun. Want to come meet us?

★： OK, great. I have to take a shower first, though.

1 No problem. I don't like festivals.

2 No problem. See you next time.

3 No problem. We'll wait for you here.

全文訳 ★： もしもし。

☆： ダン，ベスよ。私，友達と一緒に5番通りフードフェスティバルにいるの。とても楽しいわよ。私たちに会いに来ない？

★： 了解，それはいいね。でも，まずシャワーを浴びなければ。

選択肢の訳 **1** 大丈夫よ。私はお祭りが好きじゃないから。

2 大丈夫よ。次回にまたね。

3 大丈夫よ。ここであなたを待っているわ。

解説 友人同士の電話での会話。女性が男性を外に誘い出していることを聞き取る。男性の最後の発言「まずシャワーを浴びなければ」に対して適切な応答は，「待っている」と答えている **3**。

No.4 –解答 ①

放送英文 ☆： Honey, when are you going to start cooking dinner?

★： I'm going to get started soon.

☆： Great. What are you planning on making?

1 Well, it's a surprise.

2 Well, I'm not cooking tonight.

3 Well, I finished 30 minutes ago.

全文訳 ☆： あなた，いつ夕食を作り始めるつもりなの？

★： すぐにとりかかるつもりだよ。

164

☆： それはよかったわ。何を作る予定なの？

選択肢の訳　**1　ええと，それはお楽しみだよ。**

2　ええと，僕は今夜料理しないよ。

3　ええと，30分前に終えたよ。

解説　夫婦の対話。話題は今夜の夕食である。最後に出てくる妻の発言「何を作る予定なの？」に対して適切な応答は，it's a surprise.「それはお楽しみだよ」と答えている**1**。

No.5－解答 ❶ ....

放送英文　★： Amy, could you help me with something?

☆： Sure, Grandpa. What do you need?

★： Well, I don't know how to use my new phone.

1 OK. Let me have a look.

2 Oh, that's not my phone.

3 Well, I'll call you back soon.

全文訳　★： エイミー，ちょっと手伝ってもらえないかな？

☆： いいわよ，おじいちゃん。何が必要なのかしら？

★： ええと，私の新しい電話の使い方がわからないんだよ。

選択肢の訳　**1　わかったわ。ちょっと見せてちょうだい。**

2　あら，それは私の電話ではないわ。

3　そうねえ，すぐにかけ直すわね。

解説　男性と孫娘の対話。男性が孫娘に手伝いを頼んでいる。男性の最後の発言「新しい電話の使い方がわからない」に対して適切な応答は，「ちょっと（その電話を）見せて」と応じている**1**。

No.6－解答 ❷ ....

放送英文　☆： Can you check my history paper for mistakes, Dad?

★： I can, but maybe you should ask your mom first.

☆： Why is that, Dad?

1 She doesn't like history very much.

2 She knows more about history than I do.

3 She's really busy today.

全文訳　☆： 私の歴史のレポートに誤りがないかチェックしてくれる，お父さん？

★： いいけど，まずお母さんに頼むべきじゃないかな。

☆： それはどうして，お父さん？

選択肢の訳　1　お母さんは歴史があまり好きじゃないんだ。

2　お母さんは私よりも歴史についてよく知っているからね。

3　お母さんは今日本当に忙しいからね。

解説　娘と父親の対話。歴史のレポートのチェックを頼む娘に，父親は「まずお母さんに頼むべきだよ」と答えている。最後の Why is that, Dad?

「それはどうして，お父さん？」に対して適切な応答は，母親の方が歴史の知識があると言っている **2**。

No.7 – 解答 ③

放送英文
★： Debbie, can you clean up the kitchen for me?
☆： It's Thursday. Thursday's your turn to clean the kitchen.
★： I'm supposed to meet a friend at the library, and I'm going to be late. Please!
　1 OK. I'll start cooking dinner now.
　2 OK. Let's do it together.
　3 OK. But you have to do it tomorrow.

全文訳
★： デビー，僕の代わりに台所の片付けをしてくれないかな？
☆： 今日は木曜日よ。台所を片付けるのは，木曜日はあなたの番よ。
★： 図書館で友達と会うことになっているんだけど，遅れそうなんだ。お願いだよ！

選択肢の訳
1 わかったわ。今から夕食を作り始めるわ。
2 わかったわ。一緒にやりましょう。
3 わかったわ。でも明日はあなたがやってね。

解説
家族と思われる2人の対話。男の子が台所の片付けを頼んでいるが，最初，女の子は Thursday's your turn「木曜日はあなたの番よ」と答えている。それでも男の子が Please! と懇願するので，「わかったわ，明日はやってね」と応じている **3** が正解。

No.8 – 解答 ③

放送英文
★： Welcome to Coffee King. Can I help you?
☆： Yes. I'm looking for a job, and I saw the sign in the window.
★： Yes, we're hiring staff. Do you have any experience?
　1 Sure. I'm in school full time.
　2 No. I have to work then.
　3 Yes. I used to be a waitress.

全文訳
★： コーヒーキングへようこそ。ご用はありますか。
☆： はい。私は仕事を探していて，窓のところにある掲示を見ました。
★： はい，私どもは今スタッフを雇っています。経験はありますか。

選択肢の訳
1 もちろんです。私はフルタイムの学生です。
2 いいえ。それなら私は働かなければなりません。
3 はい。以前ウエートレスをしていました。

解説
コーヒー店の店員とその店で働くことを希望する女性の対話。最後の Do you have any experience?「経験はありますか」に対して「以前ウエートレスをしていた」と答えている **3** が適切。

No.9 −解答 ①

放送英文 ☆： Can I help you?

★： Hi. I'm in San Francisco on a business trip. I'd like to buy presents for my co-workers.

☆： Well, these chocolates are made in San Francisco. They're very popular.

1 Great. I'll have a box of those, then.

2 Well, I've never been to San Francisco.

3 Actually, I work alone.

全文訳 ☆： いらっしゃいませ。

★： こんにちは。私は出張でサンフランシスコに来ています。同僚たちにおみやげを買いたいと思いまして。

☆： そうですねえ，このチョコレートはサンフランシスコで作られています。とても人気がありますよ。

選択肢の訳 **1** いいですね。それなら，それを1箱いただきます。

2 ええと，サンフランシスコには行ったことがありません。

3 実際，私は1人で働いています。

解説 店員と男性客の対話。男性は出張でサンフランシスコに来ていて，同僚たちにおみやげを買おうとしていることをつかむ。店員にチョコレートを勧められているので，適切な応答は「1箱買います」と答えている**1**。

No.10 解答 ③

放送英文 ★： Chesterton Fire Department.

☆： Hello. My cat climbed up a tree and now he's too scared to come down. Could you send someone to help?

★： Of course. Just tell me your address, please.

1 Well, he's almost three years old.

2 Yeah. This is the first time he's done this.

3 OK. It's 231 Elm Avenue.

全文訳 ★： チェスタートン消防署です。

☆： もしもし。家のネコが木に登ってしまって，とても怖がって下りて来られないのです。助けるために誰か派遣していただけますか。

★： もちろんです。ご住所を教えてください。

選択肢の訳 **1** そうですねえ，彼はもうすぐ3歳です。

2 ええ。彼がこんなことをしたのは今回が初めてです。

3 わかりました。エルム通り231番です。

解説 最初の Chesterton Fire Department. より，これが消防署への電話であることをつかむ。最後の Just tell me your address, please.「ご住所を教えてください」に適切な応答は，住所を答えている**3**。

18年度第1回　リスニング

一次試験・ リスニング	第**2**部	問題編 p.128～129	▶MP3 ▶アプリ ▶CD 3 **12**～**22**

No.**11** 解答 ③

放送英文 ★： Alison, I want to invite my girlfriend out for dinner. Can you recommend a good restaurant?

☆： Sure. What kind of place are you looking for?

★： Well, something a little different would be good. I want our meal to be special.

☆： There's a great new Italian restaurant downtown on Third Street. You could go there.

Question: What is the man asking the woman about?

全文訳 ★： アリソン，僕は彼女をディナーに誘いたいんだ。いいレストランを推薦してもらえるかな？

☆： もちろんよ。どんな場所をお探しかしら。

★： そうだな，ちょっと変わったところがいいかなあ。僕たちの食事を特別なものにしたいんだ。

☆： 中心街の３番通りに素敵な新しいイタリアンレストランがあるわよ。そこに行ったらどうかしら。

Q：男性は女性に何について尋ねていますか。

選択肢の訳 **1** 購入すべきパスタの種類。

2 ３番通りのパン屋。

3 ディナーに行くべき場所。

4 中心街のスーパー。

解説 友人同士の対話。冒頭で男性がCan you recommend a good restaurant?「いいレストランを推薦してくれますか」と言っているので，正解は**3**。I want our meal to be special.「食事を特別なものにしたい」，a great new Italian restaurant「素敵な新しいイタリアンレストラン」からも食事場所が話題であることがわかる。

No.**12** 解答 ①

放送英文 ☆： OK, sir, that's 46 dollars and 50 cents for your groceries. How would you like to pay?

★： Oh no. I think I left my wallet at home.

☆： Well, I could keep your items here if you want to go home and get it.

★： That would be great. I'll be back in 20 minutes with the money.

Question: What will the man do next?

全文訳 ☆： それではお客さま，食料品は 46 ドル 50 セントになります。お支払い

168

はどのようになさいますか。

★： 困ったなあ。財布を家に置いてきてしまったみたいだ。

☆： もしご自宅に戻って取ってきたいということでしたら，お品物はここにお取り置きしておくことも可能ですが。

★： それはありがたい。お金を持って20分で戻ります。

Q：男性は次に何をするでしょうか。

選択肢の訳 **1 お金を取りに家に帰る。**

　　　2 もう少し多くの商品を選ぶ。

　　　3 食料品のすべてを戻す。

　　　4 クレジットカードで支払う。

解説 食料品店のレジでの店員と男性客の対話。前半部分で客が財布を家に忘れてきてしまったことをつかむ。店員の「家に戻って取ってきたいなら取り置きしておく」という申し出に同意していることや，男性が「お金を持って20分で戻る」と言っていることから，正解は**1**。

No.13 解答 ③

放送英文 ☆： Dad, can we go to the zoo next week?

★： Sure, Lisa, I love the zoo. What animals do you want to see?

☆： Well, there's going to be a special show at the dolphin exhibit. That's what I want to see the most.

★： Oh, great. That sounds like fun.

Question: What is one thing the girl says about the zoo?

全文訳 ☆： お父さん，来週動物園に行ける？

★： もちろんだよ，リサ，私は動物園が大好きなんだ。どの動物を見たいのかな？

☆： あのね，イルカのコーナーで特別なショーがある予定なの。それが私が一番見たいものよ。

★： それはいいね。楽しそうだ。

Q：女の子が動物園について言っていることの1つは何ですか。

選択肢の訳 1 新しいイルカがいる。

　　　2 動物がほとんどいない。

　　　3 特別なショーがある。

　　　4 来週閉園することになっている。

解説 娘と父親の対話。前半部分から，2人は動物園に行くことについて話していることをつかむ。娘が there's going to be a special show at the dolphin exhibit「イルカのコーナーで特別なショーがある予定だ」と言っているので，正解は**3**。

18年度第1回　リスニング

169

No.14 解答 ①

放送英文
★： Hi, Brenda. Are you OK? You look tired.

☆： I am. I didn't sleep very well last night.

★： Oh no! Were you up late studying for exams at the library again?

☆： No. Didn't you hear the storm last night? The wind and rain were so loud I didn't fall asleep until about 4 a.m.

Question: Why couldn't the woman sleep last night?

全文訳
★： やあ，ブレンダ。君，大丈夫？　疲れているみたいだけど。

☆： 疲れているわ。昨夜あまりよく寝られなかったのよ。

★： おやまあ！　また図書館で遅くまで試験勉強していたの？

☆： 違うわ。あなたは昨夜の嵐の音を聞かなかったの？　風と雨の音がすごくて午前4時ごろまで寝つけなかったのよ。

Q：女性はなぜ昨夜寝られなかったのですか。

選択肢の訳
1 天気が悪かったから。

2 隣人がうるさかったから。

3 試験勉強しなければならなかったから。

4 図書館の本を読んでいたから。

解説
友人同士の対話。前半から女性が疲れていて，昨夜よく眠れなかったことをつかむ。その理由は the storm「嵐」で，The wind and rain were so loud「風と雨の音がものすごく大きかった」と言っているので，正解は **1**。試験勉強については No と否定しているので，**3** は不適。

No.15 解答 ④

放送英文
★： Highland Hotel. May I help you?

☆： Hi. I heard that the singer Joe Gray is going to be staying in a room at your hotel tonight. Is that true?

★： I'm sorry, but I can't give out information about the guests staying here.

☆： I see. Thanks, anyway.

Question: What does the girl want to know about the hotel?

全文訳
★： ハイランドホテルです。ご用をお伺いいたします。

☆： もしもし。歌手のジョー・グレーが今夜そちらのホテルの一室に泊まる予定だと聞きました。それは本当ですか。

★： 申し訳ございませんが，こちらにご宿泊のお客さまについての情報は教えられません。

☆： わかりました。いずれにしても，ありがとう。

Q：女の子はホテルについて何を知りたいのですか。

選択肢の訳
1 安い部屋が空いているかどうか。

170

2 プールがあるかどうか。

3 コンサートホールに近いかどうか。

4 歌手が滞在するのかどうか。

解説 ホテルへの女の子からの電話。用件は，冒頭の発言より歌手のジョー・グレーがそこに滞在するのかどうかということなので，正解は **4**。その直後のホテル側の発言 I can't give out information about the guests staying here「宿泊客の情報は教えられない」からも推測可能。

No.16 解答 ④

放送英文 ★： Excuse me, Officer. This wallet was on the floor of the train.

☆： Oh, thank you. Could you tell me which train that was?

★： The train from Toronto. It just arrived at Platform 7.

☆： Could you give me your name and phone number, please? The owner may want to thank you, too.

Question: What do we learn about the man?

全文訳 ★： すみません，お巡りさん。この財布が列車の床に落ちていました。

☆： まあ，ありがとうございます。それはどの列車だったか教えていただけますか。

★： トロントからの列車です。7番線にちょうど到着したところです。

☆： あなたのお名前と電話番号をいただけますか。持ち主もあなたにお礼を言いたいかもしれませんので。

Q：男性について何がわかりますか。

選択肢の訳 **1** 列車の切符を買いたい。

2 間違った列車の駅に降りた。

3 トロント行きの列車に乗り遅れた。

4 列車で財布を見つけた。

解説 冒頭で男性が Officer「お巡りさん」と呼びかけていることから，これが警官との対話であることをつかむ。男性の用件はその直後に出てくる This wallet was on the floor of the train.「この財布が列車の床に落ちていた」なので，正解は **4**。

No.17 解答 ②

放送英文 ☆： Oh no! We missed our bus. The movie's going to start in 15 minutes.

★： Well, there's no subway station around here. Should we get a taxi?

☆： No. If we hurry, we might be able to walk to the movie theater in time. It's not that far.

★： You're right. Taxis are expensive anyway. Let's go.

Question: How will the couple go to the movie theater?

18年度第1回 リスニング

171

全文訳 ☆： 困ったわ！　バスに乗り遅れちゃった。映画は 15 分後に始まるのよ。

★： うーん，このあたりには地下鉄の駅はないね。タクシーに乗った方がいいかな？

☆： いいえ。急げば，間に合うように映画館まで歩いて行けるかもしれないわ。それほど遠くないもの。

★： そうだね。いずれにしてもタクシーは高いね。さあ行こう。

Q：その夫婦はどうやって映画館へ行くでしょうか。

選択肢の訳 1　バスで。

2　歩いて。

3　タクシーで。

4　地下鉄で。

解説 夫婦の対話。冒頭の We missed our bus. からバスに乗り遅れたという状況である。夫の「地下鉄の駅はない」「タクシーで行くべきか」という発言に対し，妻が No と言った後，we might be able to walk to the movie theater「映画館まで歩いて行けるかもしれない」と言い，夫が You're right. と同意していることから，正解は **2**。

No.18 解答 ②

放送英文 ★： Welcome to Benson's Toy Shop. How can I help you?

☆： Hi. Do you sell any toys from the movie *Space Race*? My son's a big fan, and he collects everything related to it. His birthday's next month, and I'd like to get him something.

★： Sure. We have lots of *Space Race* toys. We also have models, posters, and other goods.

☆： Great. Can you show me where they are?

Question: Why is the woman at the store?

全文訳 ★： ベンソンズおもちゃ店へようこそ。どのようなご用でしょうか。

☆： こんにちは。映画『スペースレース』のおもちゃは何かありますか。息子が大ファンで，それに関係したものをすべて集めているのです。彼の誕生日が来月なので，彼に何か買ってあげたいのですが。

★： もちろんございます。『スペースレース』のおもちゃはたくさんございますよ。模型やポスターなどの商品もございます。

☆： 素晴らしいわ。それらがどこにあるのか教えていただけますか。

Q：女性はなぜその店にいるのですか。

選択肢の訳 1　中古のおもちゃを売りたいから。

2　プレゼントを探しているから。

3　ポスターが必要だから。

4　『スペースレース』の DVD をなくしたから。

解説 おもちゃ店の店員と女性客の対話。女性は映画『スペースレース』のお

172

もちゃについて尋ねた後で，His birthday's next month, and I'd like to get him something. 「息子の誕生日が来月なので何か買ってあげたい」と言っているので，正解は **2**。

No.19 解答 ③

放送英文 ☆： Hello?

★： Hi, honey. Sorry to call you at work, but I have great news!

☆： What is it?

★： I just got my winter bonus, and it's bigger than I expected. We can take that vacation to Italy we were thinking about.

☆： That's wonderful! I can't wait to get home and plan our trip.

Question: Why are the man and woman excited?

全文訳 ☆： もしもし？

★： やあ。仕事中に電話してごめん，でも，すごいニュースがあるんだ！

☆： 何かしら？

★： ちょうど冬のボーナスをもらったところなんだけど，思っていたより良いんだよ。僕たちが考えていたあのイタリアへの休暇旅行ができるよ。

☆： それは素晴らしいわ！　家に帰って旅行を計画するのが待ちきれないわ。

Q：男性と女性はなぜわくわくしているのですか。

選択肢の訳
1　イタリアからの友人と会ったから。
2　男性が出張するから。
3　休暇が取れるから。
4　男性が仕事を変えるから。

解説 夫婦の電話での会話。冒頭に出てくる great news「すごいニュース」は，支給されたボーナスが思っていたより良く，We can take that vacation to Italy「イタリアへの休暇旅行ができる」ことなので，正解は **3**。最後に出てくる plan our trip「旅行を計画する」もヒントになる。

No.20 解答 ④

放送英文 ☆： What do you want to do in the future, Koji?

★： I hope to play professional baseball here in America, Ms. Baker.

☆： I see. That's why you worked so hard to learn English, right?

★： Yeah, it was really tough. And now I'm working even harder to become a really good baseball player.

Question: What is one thing the boy says?

全文訳 ☆： コウジ，あなたは将来何をしたいの？

★： ここアメリカでプロ野球をするのを希望しています，ベイカー先生。

☆： そう。それで英語を学ぼうととても熱心に頑張っていたのね。

★： はい，とてもきつかったです。そして今，本当にすごい野球選手になるために，もっと一生懸命頑張っているんです。

18年度第1回　リスニング

173

Q：男の子が言っていることの1つは何ですか。
選択肢の訳
1 アメリカで生まれた。
2 自分の野球のコーチが好きだ。
3 英語の授業が簡単だと思っている。
4 アメリカで野球がしたいと思っている。

解説 教師と生徒の対話。将来の夢を尋ねる教師に生徒は I hope to play professional baseball here in America「ここアメリカでプロ野球をしたい」と言っているので，正解は **4**。最後に出てくる「すごい野球選手になるためにもっと一生懸命頑張っている」からも，野球をすることが将来の夢であるとわかる。

 第**3**部 問題編 p.130〜131

No.21 解答 ②

放送英文 Last night, there was a thunderstorm in Sean's town. The storm ended after a couple of hours, but it had damaged the train lines. When Sean tried to go to work this morning, he found out that the trains were not running. He did not feel like driving his car, so he rode his bicycle to work instead.

Question: Why did Sean ride his bicycle this morning?

全文訳 昨夜，ショーンの町では雷雨があった。雷雨は2，3時間後に収まったが，それは列車の路線に被害を出した。ショーンは，今朝仕事に行こうとしたとき，列車が走っていないことに気づいた。彼は車を運転する気分ではなかったので，代わりに自転車に乗って仕事に行った。

Q：ショーンはなぜ今朝自転車に乗ったのですか。
選択肢の訳
1 車が故障したから。
2 列車が止まっていたから。
3 町を探検したかったから。
4 高速道路が被害を受けたから。

解説 ショーンの町の雷雨についての話。雷雨について it had damaged the train lines「路線に被害を出した」とあり，そのせいで he found out that the trains were not running「列車が走っていないことに気づいた」と述べられているので，正解は **2**。

No.22 解答 ②

放送英文 Earth Day is a day when people try to help the environment. It started in the United States in 1970. On Earth Day, many people help to clean up their local areas, and other people plant flowers and trees. Earth Day has become a popular event in many countries around the world.

Question: What is one thing that happens on Earth Day?

全文訳 アースデーは人々が環境に役立とうとする日である。それは1970年にアメリカで始まった。アースデーには，多くの人が地元の地域を掃除する手伝いをし，また花や木を植える人もいる。アースデーは世界中の多くの国で人気のイベントとなっている。

Q：アースデーに起こることの1つは何ですか。

選択肢の訳 1　多くの人が緑色の服を着る。

2　多くの人が地元の地域を掃除する。

3　多くの人がその日を休日とする。

4　多くの人が花や木の写真を撮る。

解説 アースデーという日についての説明である。On Earth Day, many people help to clean up their local areas「アースデーには，多くの人が地元の地域を掃除する手伝いをする」と述べられているので，正解は **2**。

No.23 解答 ④

放送英文 Mr. Tanaka retired last week after working at a bank for 45 years. Now, he wants to travel. His granddaughter is studying at a university in Sydney, and Mr. Tanaka will go there to see her next month. They plan to see the sights in the city and take a trip to the mountains nearby.

Question: What is one thing that Mr. Tanaka will do in Sydney?

全文訳 タナカさんは，45年間銀行に勤めた後，先週退職した。今，彼は旅行をしたいと思っている。孫娘がシドニーの大学で勉強しているので，タナカさんは来月彼女に会いにそこに行く予定である。彼らは市内を観光し，近くの山へ旅行に行く予定である。

Q：タナカさんがシドニーですることの1つは何ですか。

選択肢の訳 1　銀行で働くこと。

2　大学で勉強すること。

3　観光客を案内すること。

4　孫娘を訪ねること。

解説 先週退職したタナカさんについての話。His granddaughter is studying at a university in Sydney「孫娘がシドニーの大学で勉強している」ので，Mr. Tanaka will go there to see her next month.「タナカさんは来月彼女に会いにそこに行く予定」とあることから，正解は **4**。

No.24 解答 ①

放送英文 Sandra's college is far from her home, so she wants to get a car

18年度第1回　リスニング

to drive to school every day. She has a part-time job, but she also has to pay her school fees. Yesterday, her father offered to buy a car for her if she pays for the gasoline herself. Sandra agreed, and they will go look for one tomorrow.

Question: What did Sandra's father say he will do for her?

全文訳 サンドラの大学は自宅から離れているので，彼女は毎日車で通学するために車を買いたいと思っている。彼女はアルバイトをしているが，授業料も支払わなければならない。昨日，彼女の父親は，彼女が自分でガソリン代を払うなら彼女に車を買ってあげると言った。サンドラは同意し，彼らは明日，車を探しに行く予定である。

Q：サンドラの父親は彼女のために何をすると言いましたか。

選択肢の訳 **1** 彼女に車を買う。
　　　2 彼女に仕事を見つける。
　　　3 彼女を大学へ連れて行く。
　　　4 彼女に車の運転を教える。

解説 大学生のサンドラについての話。前半から，大学が遠いので彼女は車で通学したいと思っていることをつかむ。その後に Yesterday, her father offered to buy a car for her「昨日，父親が彼女に車を買ってあげると言った」と言っているので，正解は **1**。

No.25 解答 ③

放送英文 Welcome to the Maytown public pool. Our opening hours are between 7 a.m. and 6 p.m., Tuesday to Sunday. However, the indoor pool will be closed for repairs tomorrow from 7 a.m. to 12 p.m. The outdoor pool will be open, but the Maytown High School swim team will use two of the lanes for practice.

Question: What is one thing that the speaker says?

全文訳 メイタウン公共プールへようこそ。私どもの営業時間は火曜日から日曜日までの午前7時から午後6時までの間です。しかしながら，屋内プールは修繕のため，明日午前7時から正午まで閉鎖予定です。屋外プールは営業していますが，メイタウン高校の水泳チームが練習のためにレーンの2つを使用する予定です。

Q：話し手が言っていることの1つは何ですか。

選択肢の訳 **1** 水泳チームは今日屋内プールを使用できない。
　　　2 高校生は屋外プールを利用してはいけない。
　　　3 屋内プールは明日の午前中閉鎖予定である。
　　　4 屋外プールは正午に修繕予定である。

解説 プールでのお知らせの放送。中盤で the indoor pool will be closed for repairs tomorrow from 7 a.m. to 12 p.m. 「屋内プールは修繕の

176

ため明日午前7時から正午まで閉鎖予定」と言っているので，正解は **3**。

No.26 解答

放送英文　Natalie and Ted are getting married next summer and are now planning their wedding. However, they cannot decide on where to have it. Natalie wants to have it at a church, but Ted wants to have it at a hotel. They decided to ask Ted's sister to help them choose because they think she makes good decisions.

Question: How will Natalie and Ted choose a place for their wedding?

全文訳　ナタリーとテッドは次の夏に結婚する予定で，今結婚式の計画を立てている。しかし，彼らはそれをどこで開くべきか決められない。ナタリーは教会で開きたいと思っているが，テッドはホテルで開きたいと思っている。彼らはテッドの姉［妹］に選ぶのを手伝ってくれるよう頼むことにした。というのは，彼女が良い決断をすると彼らは思っているからである。

Q：ナタリーとテッドはどのようにして結婚式の場所を選ぶでしょうか。

選択肢の訳
1　たくさんのホテルを見に行く予定である。
2　ナタリーの教会の人たちに尋ねる予定である。
3　何人かのウェディングプランナーに相談する予定である。
4　テッドの姉［妹］からアドバイスをもらう予定である。

解説　ナタリーとテッドの結婚式場の話。式場について2人の考えが違うことをつかむ。They decided to ask Ted's sister to help them choose「彼らはテッドの姉［妹］に選ぶのを手伝ってくれるよう頼むことにした」と言っているので，正解は **4**。最後の she makes good decisions「姉［妹］は良い決断をする」もヒントになる。

No.27 解答

放送英文　The clouded leopard is an animal that lives in many places in Asia. Its fur has large, dark spots that are a similar color to plants and leaves, and this helps it hide in the forest. The clouded leopard is also good at climbing trees. It hides in trees to rest during the day, and it comes down to hunt other animals at night.

Question: What is one thing that we learn about the clouded leopard?

全文訳　ウンピョウはアジアの多くの場所に生息している動物である。その毛皮には，植物や葉と似た色をした大きな黒っぽい斑点があり，森の中に隠れるのに役立っている。ウンピョウは木登りも得意である。日中は休むために木々の中に隠れているが，夜は他の動物を狩りに下りてくる。

Q：ウンピョウについてわかることの1つは何ですか。
選択肢の訳
1 木々の中に隠れるのが得意である。
2 木の葉を食べる。
3 短時間休む。
4 自分の色を変えられる。

解説 clouded leopard「ウンピョウ」という名の動物についての説明。斑点が周りの植物と似た色なので，this helps it hide in the forest「それが森の中に隠れるのに役立つ」と述べられている。さらに，木登りが得意で，It hides in trees to rest during the day「日中は休むために木々に隠れる」と述べられているので，正解は **1**。

No.28 解答

放送英文 Mr. Williams has a computer, but he finds it difficult to do some things with it. For example, he can send e-mails to his daughter, but he cannot add pictures to them. Mr. Williams wants to learn how to use his computer better, so he will go to a class at the local library tomorrow.

Question: What does Mr. Williams want to do?

全文訳 ウィリアムズさんはコンピュータを持っているが，それを使って何かをするのは大変だと思っている。例えば，彼は娘にメールを送ることはできるが，それに写真を添付することはできない。ウィリアムズさんはもっと上手にコンピュータを使う方法を学びたいと思っているので，明日，地元の図書館での講習に行くつもりである。

Q：ウィリアムズさんは何をしたいと思っていますか。
選択肢の訳
1 娘にメールを送る。
2 地元の図書館の写真を撮る。
3 コンピュータを使うのがうまくなる。
4 コンピュータについての本を借りる。

解説 ウィリアムズさんとコンピュータの話。前半部分からウィリアムズさんがコンピュータの使用に苦労していることをつかむ。Mr. Williams wants to learn how to use his computer better「ウィリアムズさんはもっと上手にコンピュータを使う方法を学びたい」より，正解は **3**。

No.29 解答

放送英文 Peggy took her brother Matt to the zoo last Saturday. They made sandwiches to take for lunch and took the bus there. After they arrived, Matt noticed he did not have their lunch bag. He had put it on the bus seat and forgotten it there. Luckily, Peggy had enough money to buy lunch for them at the zoo's restaurant.

Question: What was Peggy's brother's problem?

178

全文訳 この前の土曜日，ペギーは弟［兄］のマットを動物園へ連れて行った。彼らは昼食に持って行くサンドイッチを作り，バスでそこまで行った。到着後，マットは自分が昼食の袋を持っていないことに気づいた。彼はそれをバスの座席に置き，そこに忘れてきてしまったのだ。幸いなことに，ペギーは動物園のレストランで自分たちの昼食を買うのに十分なお金を持っていた。

Q：ペギーの弟［兄］の問題は何でしたか。

選択肢の訳 1　サンドイッチをバスに置き忘れた。
2　動物園のチケットを買い忘れた。
3　バスの座席を壊した。
4　彼らの昼食代をなくした。

解説 ペギーが弟［兄］と一緒に動物園に行った話。昼食にサンドイッチを作り出かけたが，Matt noticed he did not have their lunch bag「マットは昼食の袋を持っていないことに気づいた」とあり，さらに He had put it on the bus seat and forgotten it there.「それをバスの座席に置き，そこに忘れてきてしまった」とあるので，正解は **1**。

No.30 解答 ③

放送英文 Good afternoon. Welcome to today's driving class. First, we'll spend an hour in the classroom, and I'll tell you about road rules and how to be a safe driver. Then, we'll have some actual driving practice. Each of you will get to drive a car for about 30 minutes. Now, let's go over the basic rules of the road.

Question: What will the students do now?

全文訳 こんにちは。今日の自動車運転講習にようこそ。まず，教室で1時間過ごし，道路規則と安全な運転手になる方法についてお話しします。それから，実際の運転練習を行います。皆さん方1人1人約30分間車を運転することになります。さあ，道路の基本規則を復習しましょう。

Q：生徒たちは今から何をするでしょうか。

選択肢の訳 1　車の運転をする。
2　休憩を取る。
3　道路規則について学ぶ。
4　教官に会う。

解説 自動車の運転講習の時間割の案内。最初の1時間について I'll tell you about road rules and how to be a safe driver「道路規則と安全な運転手になる方法について話す」と言っているので，正解は **3**。最後の Now, let's go over the basic rules of the road.「さあ，道路の基本規則を復習しよう」もヒントになる。

18年度第1回 リスニング

179

| 二次試験・面接 | 問題カード **A** 日程 | 問題編 p.132〜133 | 🔊 ▶MP3 ▶アプリ ▶CD 3 **34**〜**38** |

全文訳　**生徒とインターネット**

　　生徒たちは授業でインターネットを使う機会が多い。例えば，彼らはレポートを書くために情報を集める。しかし，この情報の一部は真実ではない。多くの生徒はオンラインの情報を慎重に確認し，そうすることによって，より良いレポートを書くことができる。オンラインの情報の使用に関する授業がおそらく増えていくだろう。

質問の訳　No. 1　文章によると，多くの生徒はどのようにしてより良いレポートを書くことができるのですか。

No. 2　さて，Aの絵の人々を見てください。彼らはいろいろなことをしています。彼らが何をしているのか，できるだけたくさん説明してください。

No. 3　さて，Bの絵の男の子を見てください。この状況を説明してください。

それでは，〜さん，カードを裏返しにして置いてください。

No. 4　生徒のために学校にはもっとスポーツ活動があるべきだと思いますか。
　　　　Yes. →なぜですか。　　　No. →なぜですか。

No. 5　今日，多くの人がスーパーに行くとき買い物袋を持って行きます。あなたはスーパーに自分の買い物袋を持って行きますか。
　　　　Yes. →もっと説明してください。　　　No. →なぜですか。

No.1

解答例　By checking online information carefully.

解答例の訳　オンラインの情報を慎重に確認することによってです。

解説　質問中の able to write better reports は，文章の第4文後半にある。この直前にある by doing so「そうすることで」の do so がさらにその前にある check online information carefully を指していることを見抜く。質問は how ...?「どのようにして〜」なので，By checking .... と答えればよい。

No.2

解答例　A woman is carrying a chair. / A girl is taking a book from the shelf [putting a book on the shelf]. / A girl is opening the curtain. / A boy is using a computer. / A boy is picking up a pen.

解答例の訳　女性がいすを運んでいます。／女の子が棚から本を取って［棚に本を置いて］います。／女の子がカーテンを開けています。／男の子がコンピュータを使っています。／男の子がペンを拾っています。

解説 「いすを運んでいる」は「いすを移動している」と考えて move a chair を用いてもよい。「棚から本を取る」は take a book from the shelf で，反対に「棚に本を置く」は put a book on the shelf である。「～を拾い上げる」は pick up ～ である。

No.3

解答例 He dropped his cup [drink / juice], and is thinking of cleaning the floor.

解答例の訳 彼はカップ［飲み物／ジュース］を落としたので，床をきれいにしようと考えています。

解説 「カップ［飲み物／ジュース］を落とした」ことと「床をきれいにしようと考えている」ことの2点を説明する。「～を落とす」は drop であり，fall「～が落ちる」では置き換えられないので注意する。「～しようと考えている」は be thinking of *doing* で表現するとよい。

No.4

解答例 （Yes. と答えた場合）
Playing sports will help keep students healthy. Some students don't have the time to exercise after school.

解答例の訳 スポーツをすることは生徒たちの健康維持に役立つからです。生徒の中には放課後，運動をする時間がない人もいます。

解答例 （No. と答えた場合）
Most schools already have a lot of sports activities. Also, some students don't enjoy playing sports.

解答例の訳 ほとんどの学校にはすでにたくさんのスポーツ活動があります。また，スポーツをするのを楽しめない生徒もいます。

解説 Yes. の場合には，「健康に良い（be good for *one's* health）」や「もっと運動をする必要がある（need to get more exercise）」などが考えられる。No. の場合には，「ほとんどの生徒がすでに運動部に入っている（Most students have already joined sports clubs [teams].）」や「スポーツの他にやるべきことが多くある（have many things to do other than sports）」と答えることも可能。

No.5

解答例 （Yes. と答えた場合）
Using plastic bags is bad for the environment. Also, I can save money by bringing my own bag.

解答例の訳 ビニール袋を使うことは環境に悪いです。また，自分の袋を持って行くことでお金を節約できます。

解答例 （No. と答えた場合）
Plastic bags are free at the supermarket near my house. Also, I

18年度第1回　面接

181

can use these bags for other things.

解答例の訳 私の家の近くのスーパーではビニール袋が無料だからです。また，その袋を別のことに利用することもできます。

解説 スーパーなどでもらえる「ビニール袋」は a plastic bag という。Yes. の場合には，「自分の袋を持って行くことは環境に良い（Bringing my own bag is good for the environment.）」や「お金［エネルギー］の節約になる（save money [energy]）」などが考えられる。No. の場合には，「買い物袋を持ち歩きたくない（I don't want to carry around a shopping bag.）」の他に「ビニール袋は役立つ［強い／軽い］（Plastic bags are useful [strong / light].）」や「ビニール袋はゴミ袋として使える（Plastic bags can be used as a garbage bag.）」などとビニール袋の有用性を説明してもよい。

二次試験・面接	問題カード **B** 日程	問題編 p.134〜135	🔊	▶MP3 ▶アプリ ▶CD 3 39〜42

全文訳 **野生植物**

　日本では，多くの人が山の野生植物を食べることを好む。なぜなら，それらはおいしくて体に良いからである。こうした理由で，料理に使うためにこれらの植物を採取する人が増えている。しかし，いくつかの野生植物は人を病気にする可能性があるので食べるべきではない。人々は野生植物を摘む前にそれらについて調べる必要がある。

質問の訳 No. 1　文章によると，いくつかの野生植物はなぜ食べるべきではないのですか。

No. 2　さて，Aの絵の人々を見てください。彼らはいろいろなことをしています。彼らが何をしているのか，できるだけたくさん説明してください。

No. 3　さて，Bの絵の男性を見てください。この状況を説明してください。

それでは，〜さん，カードを裏返しにして置いてください。

No. 4　家でクッキーやケーキを作る人が今後増えると思いますか。
　　　　Yes. →なぜですか。　　　No. →なぜですか。

No. 5　このごろ，テレビにはたくさんのニュース番組があります。あなたはテレビのニュース番組を見ますか。
　　　　Yes. →もっと説明してください。　　　No. →なぜですか。

No.1

解答例 Because they can make people sick.

解答例の訳 それらは人々を病気にする可能性があるからです。

182

解説 質問の内容は文章の第3文後半に they should not be eaten と出てくる。その直前の so「そのため」がさらにその前にある some wild plants can make people sick を指しているのを見抜く。ただし，答えるときには some wild plants を they に置き換えるのを忘れないように注意する。

No.2

解答例 A girl is running after a dog. / A man is getting into a boat. / A man is setting the table [putting plates on the table]. / A boy is swimming in the water. / A woman is playing the guitar.

解答例の訳 女の子が犬を追いかけています。／男性がボートに乗り込んでいます。／男性がテーブルをセットして［お皿をテーブルに置いて］います。／男の子が水の中で泳いでいます。／女性がギターを弾いています。

解説 「～を追いかける」は run after ～である。「～に乗り込む」は get into ～である。「テーブルをセットする」は set the table であるが，解答例のように「テーブルに皿を置く」や「昼食の準備をする（prepare [get ready] for lunch)」としてもよい。

No.3

解答例 He wants to buy the shoes in the catalog, but the store doesn't have them.

解答例の訳 彼はカタログにある靴を買いたいのですが，それはその店にありません。

解説 「カタログに載っている靴を買いたいと思っている」ことと「その店にはその靴がない」ことの2点を説明する。2つ目は「売り切れている」と考えて，they are sold out と答えることも可能である。

No.4

解答例 （Yes. と答えた場合）

It's a lot of fun to make cookies and cakes at home. Also, there are more and more websites about making sweets than before.

解答例の訳 家でクッキーやケーキを作るのはとても楽しいからです。また，お菓子作りに関するウェブサイトが以前よりもどんどん増えています。

解答例 （No. と答えた場合）

People are getting busier these days. Also, I don't think many people have ovens at home.

解答例の訳 人々は最近忙しくなってきているからです。また，家にオーブンがある人は多くないと思います。

解説 Yes. の場合には，「自家製のクッキーやケーキを好む人が以前より増えている（More people like homemade cookies and cakes than before.）」や「自家製のクッキーやケーキのほうがおいしい（Homemade cookies and cakes taste better.）」などと答えることも

できる。No. の場合には，「クッキーやケーキを作る時間がない（have no time to make cookies and cakes）」の他に「家でクッキーやケーキを作る方がお金がかかる（It costs more to make cookies and cakes at home.）」などと費用面について触れてもよいだろう。

No.5

解答例 （Yes. と答えた場合）

We can learn about the world from news programs on TV. Also, there are news programs for young people.

解答例の訳 テレビのニュース番組から世界について知ることができます。また，若者向けのニュース番組もあります。

解答例 （No. と答えた場合）

I like to get news from the Internet. The Internet has more information.

解答例の訳 私はインターネットからニュースを得るのが好きだからです。インターネットには（テレビよりも）もっと多くの情報があります。

解説 Yes. の場合には，「世界で何が起こっているのかを知るのは大切だ（It is important to know what's happening in the world.）」や自分の状況として「私の家族は毎朝ニュース番組を見る（My family watches news programs every morning.）」と説明してもよい。No. の場合には，「私にはニュース番組が理解しにくいときがある（News programs are sometimes difficult for me to understand.）」や「バラエティー番組［ドラマ］の方が好きだ（like variety shows [dramas] better）」などと答えてもよい。

2017-3

一次試験
筆記解答・解説　　p.186〜198

一次試験
リスニング解答・解説　p.198〜215

二次試験
面接解答・解説　　p.216〜220

解 答 一 覧

一次試験・筆記

1

(1)	4	(8)	3	(15)	2
(2)	3	(9)	1	(16)	1
(3)	1	(10)	4	(17)	1
(4)	2	(11)	2	(18)	2
(5)	2	(12)	4	(19)	4
(6)	2	(13)	2	(20)	3
(7)	4	(14)	4		

2

(21)	1	(23)	2	(25)	2
(22)	4	(24)	4		

3 A

(26)	4
(27)	2

3 B

(28)	3
(29)	1
(30)	4

4 A

(31)	3
(32)	1
(33)	2

4 B

(34)	2
(35)	3
(36)	4
(37)	1

5　解答例は本文参照

一次試験・リスニング

第1部

No. 1	3	No. 5	3	No. 9	1
No. 2	1	No. 6	3	No.10	1
No. 3	1	No. 7	2		
No. 4	2	No. 8	2		

第2部

No.11	3	No.15	3	No.19	1
No.12	1	No.16	4	No.20	2
No.13	3	No.17	2		
No.14	1	No.18	4		

第3部

No.21	3	No.25	4	No.29	4
No.22	1	No.26	2	No.30	1
No.23	1	No.27	3		
No.24	2	No.28	2		

一次試験・筆記 **1** 問題編 p.138〜140

(1) ― 解答 4 ....

訳 トレイシーは理科の授業のために，月についてのレポートを書かなければならなかった。彼女はその題目についてもっと多くの情報を見つけるためにインターネットを検索した。

解説 空所後に「その題目についてもっと情報を見つけるために」とあることから，「インターネットを検索した」と考えて，正解は **4**。search は「〜を検索する，〜を探す」という意味で，search the Internet で「インターネットを検索する」。note「〜を書き留める」，announce「〜を発表する」，pack「〜を詰める」。

(2) ― 解答 3 ....

訳 A：このスカートはきつすぎるわ。もっと大きなサイズのものはあるかしら？
B：ちょっと見てみましょう，お客さま。

解説 直後で「もっと大きなサイズのものはあるか」と尋ねていることから，試着したスカートが「小さかった」と考える。正解は **3** の tight「きつい，ぴったりした」。反対語は loose「緩い」である。near「近い」，fair「公平な」，thick「厚い」。

(3) ― 解答 1 ....

訳 A：オレンジジュースを全部飲んじゃったよ，お父さん。もう少しもらってもいい？
B：1リットル全部かい？　お前がそんなに大量に飲んだなんて信じられないよ。

解説 父親は The whole liter?「1リットル全部かい？」と，子供が飲んだ量に驚いているので，正解は **1** の amount「量」。a large amount で「大量」という意味で，a large amount of water「大量の水（＝much water）」のように用いることもできる。approach「接近」，detail「詳細」，damage「損害」。

(4) ― 解答 2 ....

訳 A：ジャニスは今学期，すべての試験で素晴らしい点数を取ったよ。
B：ええ，確かに彼女は一生懸命に勉強しているわ。

解説 正解は **2** で，この certainly「確かに」は文全体を修飾する副詞。she certainly studies hard は it is certain that she studies hard と書き換えられる。ちなみに，会話の応答で Certainly. と言えば「かしこまりました」の意味。kindly「親切に」，lazily「怠けて」，technically「技術的に」。

186

(5) ─解答 2

訳 森の木が切り倒されると，多くの野生動物が危険な状態に置かれる。それらのすみかが破壊され，新しいすみかを見つけるのは困難である。

解説 前文にある「多くの野生動物が危険な状態に置かれる」とは，具体的には野生動物のすみかが「破壊される」と考えて，正解は **2**。destroy は「～を破壊する」で，名詞形は destruction「破壊」。practice「～を練習する」，confuse「～を混乱させる」，indicate「～を指し示す」。

(6) ─解答 2

訳 何年も前に，学校は教室で携帯電話は許可されないという規則を作った。これは生徒たちがもっとよく勉強するよう促すためであった。

解説 「教室で携帯電話は許可されないという～を作った」という文脈なので，正解は **2** の rule「規則」。rule にはこの用法の他に動詞として「～を支配する」という意味もあり，例えば rule the world は「世界を支配する」という意味である。host「主人」，success「成功」，prize「賞」。

(7) ─解答 4

訳 その映画では，主人公が剣で竜を攻撃した。その主人公はとても強く，彼はたちまち竜を殺した。

解説 最後に「彼はたちまち竜を殺した」とあることから，剣（sword [sɔːrd] 発音注意）を使って「攻撃した」と考えて，正解は **4**。attack は「～を攻撃する」という意味である。gather「～を集める」，notice「～に気づく」，remind「～に思い出させる」。

(8) ─解答 3

訳 A：このテレビ番組はつまらない。野球の試合はやっていないの？
B：わからないわ。他のチャンネルを見てみましょう。

解説 冒頭の This TV show「このテレビ番組」より，テレビを見ている場面だと理解する。番組が面白くないという相手に「他の～も見てみよう」と言っているので，正解は **3** の channel（発音注意 [tʃǽnəl]）「チャンネル」。channel には他に「運河，水路」という意味もある。generation「世代」，ribbon「リボン」，distance「距離」。

(9) ─解答 1

訳 先生がクラスの生徒に質問をするたび，サラは質問に答えるためにいつも最初に手を挙げる。

解説 「質問に答えるために手を～する最初の人」ということなので，正解は **1**。raise *one's* hand で「手を挙げる」，反対に「手を下げる」は put down *one's* hand である。また，他動詞 raise「～を上げる」と自動詞 rise「（何かが）上がる」の区別にも注意。attract「（関心・注意など）を引きつける」，follow「～について行く」，press「～を押す」。

(10) – 解答 **4** ....

訳 アリスが彼女の自宅で祖父の幽霊を見たと言ったとき，多くの人が彼女の言うことを信じなかった。それはおそらく彼女の想像だろうと彼らは言った。

解説 人々が「おそらく彼女の想像だろう」と言ったものは「祖父の幽霊」だと考えて，**4** の ghost「幽霊」を選ぶ。career「職業」（アクセント注意 [kəríər]），record「記録」（アクセント注意 [rékərd]），prayer「祈り」（発音注意 [preər]）。

(11) – 解答 **2** ....

訳 グレッグは料理が大好きで，一度に 4 つのパンを焼くことができるとても大きなオーブンを買ったばかりである。そのオーブンはチキンをまるまる 1 羽調理することも可能である。

解説 空所前後の「とても大きなオーブン」と「4 つのパンを焼く」のつながりを考えると，「一度に 4 つのパンを焼くことができるとても大きなオーブン」となる **2** が正解。be capable of *doing* で「～することができる」という意味である。be dressed for ～「～にふさわしい服装をしている」，be interested in ～「～に興味がある」，be separate from ～「～と分かれている，～から分離している」。

(12) – 解答 **4** ....

訳 ジェニファーは今日，メガネを学校へ持って行くのを忘れた。彼女は，黒板に何が書かれているかわからなかったので，黒板の近くに座ってよいかどうか先生に尋ねた。

解説 メガネを忘れたジェニファーが，黒板の近くに座ってよいかどうかを先生に尋ねたのは，黒板に何が書いてあるのか「わからなかった」からだと考えて，正解は **4**。make out ～ は「～を理解する（＝understand）」という意味。類義熟語の figure out ～ も覚えておこう。

(13) – 解答 **2** ....

訳 カールの近所の人たちは昨夜パーティーを開いていた。その騒音で，カールは午前 2 時ごろまで眠りにつけなかった。

解説 「パーティーの騒音のために，カールは午前 2 時ごろまで～できなかった」という文脈より，正解は **2**。fall asleep で「眠りにつく，眠りに落ちる」という意味。

(14) – 解答 **4** ....

訳 A：今年の夏，いつあなたを訪ねたいの，ケイコ。夏の計画はいつはっきりするかしら？
B：今週決める予定よ。

解説 前後の文脈から，A は B に夏の計画がいつ「はっきりする」のかを尋ねていると考えられるので，正解は **4**。be sure about [of] ～ で「～を

188

確信している」という意味。be eager for ～「～を熱望している」，be open to ～「～に開かれている」，be fond of ～「～を好む」。

(15) – 解答 **2**

訳 その消防士はある家族の犬を救うために，自分自身の命をかけて燃えている建物の中に飛び込んだ。彼がその犬と一緒に外に出てきたとき，近所の人々は彼をとても勇敢だと称えた。

解説 直前に「燃えている建物の中に飛び込んだ」とあるので，「命をかけて」となると考えて正解は **2**。at the risk of ～は「～をかけて，～の危険を冒して」という意味。by the side of ～「～のそばに」，in the course of ～「～の間に」，on the edge of ～「まさに～しかかって」。

(16) – 解答 **1**

訳 昔，多くの人が世界は平らであると考えていた。しかし，彼らは間違っていることがわかった。実際には世界は丸いのである。

解説 正解は **1** で，turn out to be ～ で「（結果として）～になる，～であることがわかる」という意味。to be は省略されることもある。また，この表現は it turns out that ～ で書き換え可能で，例えば問題文の they turned out to be wrong は it turned out that they were wrong と同じ意味である。

(17) – 解答 **1**

訳 Ａ：新しい自転車を買うのに十分なお金は貯まった？
Ｂ：まだだよ。今までのところ 60 ドルしか貯まっていないよ。1 年くらいかかるだろうなあ。

解説 自転車を買うお金が貯まったかどうか尋ねられて，「60 ドルしか貯まっていない。1 年くらいかかるだろう」と答えているので，正解は **1** の so far「今までのところ」。

(18) – 解答 **2**

訳 ジェイソンは就職面接でうまくやる方法についての授業をとった。彼は，準備の仕方，何を着るべきか，そして質問に答える方法について学んだ。

解説 空所直前にある how to do well は「うまくやる方法」という意味である。空所以降は「就職面接で」という意味だと考えて，**2** の in を選ぶ。

(19) – 解答 **4**

訳 Ａ：数学のテストであんなにひどい成績を取ってしまったなんて信じられない。もっと一生懸命勉強しておくんだったなあ。
Ｂ：でも，今そんなことを気にしても仕方ないよ。次に良い成績を取れるように頑張るだけさ。

解説 正解は **4** で，It is no use *doing* ～. で「～しても無駄である」という意味である。do badly は「成績が悪い」，反対に「成績が良い」は do well。should have studied は「勉強すべきだったのに」という意味で

189

〈should have + 過去分詞〉は「〜すべきだった（のにしなかった）」と過去の行動に対する後悔を表す。

(20) – 解答 ③ ••

訳 A：ヨーロッパでの休暇，素晴らしかったわね。私はパリとローマがとても気に入ったわ。

B：うん，とても良かったね。でも，僕はロンドンが**一番**楽しかったなあ。いつかまたそこに行きたいよ。

解説 直前に the があるので，最上級がくると考えて **3** を選ぶ。enjoyed London the most で「ロンドンを一番楽しんだ」という意味である。

| 一次試験・筆記 | **2** | 問題編 p.141～142 |

(21) – 解答 ① ••

訳 A：サリー，クッキーはどうかしら？　私が自分で作ったの。

B：おいしいよ。私はチェリーのがすごく好き。

A：ありがとう。**もう少しいかが**？

B：いいえ，ありがとう。もうお腹いっぱいよ。

解説 まず，対話前半で B は A が作ったクッキーを「おいしい」とほめていることをつかむ。空所直後の応答に「いいえ，ありがとう。もうお腹いっぱいよ」とあるので，正解はクッキーをさらに勧めている **1**。**2**「いくつか売りたい？」，**3**「それらを全部買ったの？」，**4**「それらをもう作った？」。

(22) – 解答 ④ ••

訳 A：ハーベイズ写真店へようこそ。ご用は何でしょうか。

B：私の携帯電話から写真を何枚かプリントしたいのです。時間はどのくらいかかりますか。

A：向こうにある機械を使えば，**すぐにプリントできますよ**。

B：それは完璧です，どうしてもすぐに必要なので。ありがとう。

解説 B からプリントにかかる時間を尋ねられて，A は「向こうにある機械を使えば〜」と答えているので，時間に関する選択肢の **2** か **4** が入ると考えられる。最後の B の応答に「完璧です，どうしてもすぐに必要なので」とあるので，正解は **4**。right away は「すぐに」。**1**「安くなります」，**2**「2，3 日かかります」，**3**「それらを注文できます」。

(23) – 解答 ② ••

訳 A：リジー，今週一緒に何かしない？

B：いいわよ。週末は忙しいけど，他の日なら大丈夫。

A：わかったわ。**金曜日にテニスをし**ない？

B：いいわね。私は本当に少し運動が必要なのよ。

解説 空所を含む文の Why don't we ～? は相手に提案するときの口語表現で「～しませんか」。対話前半から B は週末が忙しく，さらに最後の発言で I really need some exercise.「私は本当に少し運動が必要だ」と答えているので，正解は週末以外の日で運動を提案している **2**。**1**「木曜日に映画を見る」，**3**「土曜日にスケートをしに行く」，**4**「日曜日にダンスのクラスをとる」。

(24)(25)

訳 A：すみません，ウエーターさん。

B：はい。どんなご用でしょうか。

A：席を替えたいのですが。ここは寒すぎるのです。

B：向こうのあのテーブルはいかがでしょうか。窓から離れておりますので，ここより暖かいと思います。

A：ありがとう…。こちらの席の方がずっといいです。

B：良かったです。ご注文はお決まりでしょうか。

A：いいえ。もう数分必要です。

B：わかりました。お決まりになりましたらお知らせください。

(24) – 解答 ④

解説 A は空所の直後で「ここは寒すぎる」と言い，それに対して B が「向こうのテーブルはいかがですか」と別の場所を提案しているので，正解は「席を替えたい」という **4**。**1** の「窓の近く」は寒いと考えられるので不適。**1**「窓の近くに座る」，**2**「料理を注文する」，**3**「毛布を買う」。

(25) – 解答 ②

解説 注文できるかどうか尋ねられた A が No と答え，空所後で B が決まったら知らせるよう言っていることから，正解はもう少し時間が必要だと言っている **2**。**1**「今日のおすすめを知りたいのです」，**3**「お料理はいりません」，**4**「サラダが欲しいです」。

一次試験・筆記 **3A** | 問題編 p.144

ポイント ジェーンが夫のフィルのために 70 歳の誕生日パーティーを企画した話である。第 1 段落ではその準備について，第 2 段落ではパーティー当日の様子について読み取る。

全文訳 **フィルのパーティー**

今年，ジェーンは彼女の夫のフィルのために誕生日パーティーを計画することに決めた。フィルは 70 歳になるので，彼女はそのパーティーをとても特別なものにしたかった。彼女は招待状を家族と友人たちに密かに送り，みんなで一緒にお祝いするために，

町にあるフィルのお気に入りのレストランに集まるように，彼らにお願いした。

　彼の誕生日にジェーンはフィルをレストランに連れて行った。彼らがそこに到着すると，フィルはとても多くの人々が誕生日おめでとうと彼を祝福しているのを見て驚いた。最初，彼は何が起きているのか理解できなかったが，すぐに彼ら全員が彼のために来てくれたことがわかった。彼は，このような素晴らしいパーティーを開いてくれたことに対し，みんなに，特にジェーンに感謝した。それは彼がそれまで経験した中で最高の誕生日だった。

(26) – 解答　**4**

選択肢の訳　**1** held at home「家で開催されて」
　　　　　　2 much cheaper「ずっと安い」
　　　　　　3 smaller than usual「普段より小さい」
　　　　　　4 very special「とても特別な」

解説　「フィルは70歳になるので，パーティーを～にしたかった」という流れなので，正解は **4**。その次の文から，パーティーはレストランで開く予定であることがわかるので **1** は不適。

(27) – 解答　**2**

選択肢の訳　**1** angry about talking to「に話しかけたことに腹を立てて」
　　　　　　2 surprised to see「を見て驚いて」
　　　　　　3 not able to meet with「と会えなくて」
　　　　　　4 not glad to call「に電話するのがうれしくなくて」

解説　直後にある so many people wishing him a happy birthday「とても多くの人々が誕生日おめでとうと彼を祝福している」に対するフィルの反応を選ぶ。人々はフィルに秘密で集められたので，正解は「驚いた」という内容の **2**。

一次試験・筆記　3B　｜問題編 p.145

ポイント　子供の遊び場の考え方についての話。第1段落では遊び場の現状を，第2段落ではその現状に対するある専門家の考えを，第3段落ではその考えを受けた地方公共団体の対応をそれぞれ読み取る。

全文訳　**子供のための挑戦**

　多くの人は公園の遊び場で遊んだ思い出がある。ジャングルジムを登るのが好きな子もいれば，滑り台やブランコが好きな子もいる。しかしながら，1990年代から，人々は次第に遊び場は危険すぎると考え始めた。その結果，アメリカの多くの市では，より安全な遊び場を建設し始めた。これらの新しい遊び場では，登り棒は低くなり，地面は柔らかくなった。その結果，子供がけがをする機会が減った。

192

それでも，そのような変化は子供にとって良いことではないと考える人もいる。ノルウェーのクイーンモード大学の教授，エレン・サンドシーターは，遊び場は子供が成長するのに役立つと言う。例えば，高い場所に登ろうとするとき，子供たちはしばしば怖いと感じる。しかしながら，彼らは高い場所に登ろうとし続ける。その結果，何回も後で，彼らは以前ほど恐怖を感じなくなり始める。このことは，困難なことを何回も自分でやろうとすれば，子供たちは恐れないようになることを示している。サンドシーターは現代の遊び場には十分な挑戦の場がないと考える。

　このことは親にとって問題となる。彼らは子供たちに課題に直面して新しいことを学んでほしいと思っているが，子供たちにはけがをしてほしくないとも思っている。この問題を解決することを願って，アメリカの地方公共団体は遊び場の新しい設計に目を向け始めた。彼らは安全な環境で，わくわくさせるような楽しい挑戦を子供たちに与えてくれる遊び場を建設したいと望んでいる。

(28) – 解答 ③

選択肢の訳
1 change the swings「ブランコを変える」
2 stop building climbing bars「登り棒を建設するのを中止する」
3 build safer playgrounds「より安全な遊び場を建設する」
4 close their parks「公園を閉鎖する」

解説 空所を含む文の文頭に As a result「その結果」とあるので，前文を受けて「人々が次第に遊び場は危険すぎると考え始めた結果」どうなったのかを読み取る。空所後の文に these new playgrounds「これらの新しい遊び場」とあり，続いてそれらが安全であることに触れられているので，正解は **3**。

(29) – 解答 ①

選択肢の訳
1 after many times「何回も後で」
2 with their parents' help「親の援助で」
3 in a safe place「安全な場所で」
4 when they are careful「彼らが注意深いとき」

解説 空所前の2文は，子供たちが怖いと感じながらも高い場所に登り続けるという内容で，空所を含む文には「その結果，～，彼らは以前ほど恐怖を感じなくなり始める」とある。直後の文で「これは，困難なことを何回も自分でやろうとすれば，子供たちは恐れないようになることを示している」とまとめられているので，again and again と同様の意味を表す **1** が正解。

(30) – 解答 ④

選択肢の訳
1 giving people money「人々にお金をあげる」
2 asking children to pay「子供たちにお金を払うように頼む」
3 making different problems「さまざまな問題を引き起こす」

4 looking at new designs「新しい設計に目を向ける」

解説 直後の文に「安全な環境で，わくわくさせるような楽しい挑戦を子供たちに与えてくれる遊び場を建設したいと望んでいる」とあり，これは遊び場の「新しい設計」と言えるので，正解は **4**。

| 一次試験・筆記 | **4A** | 問題編 p.146~147 |

ポイント Math test「数学のテスト」という件名で，ケリーから友人ジョンへのメールである。第 1 段落ではジョンのサッカーについて，第 2 段落はこのメールの用件，第 3 段落ではケリーが一緒に見ようと思っている映画について書かれている。

全文訳

送信者：ケリー・アップルビー <kelly-applebee@hemcast.net>
受信者：ジョン・コールマン <j-coleman97@linenet.com>
日付：1 月 21 日
件名：数学のテスト

こんにちは，ジョン，
今朝のサッカーの練習は楽しかったですか。あなたのチームが今週の金曜日に大きな試合をする予定だと聞きました。準備はできていますか。私はその日の晩，暇だと思いますので，兄［弟］と一緒に見に行くかもしれません。あなたがたが勝つことを祈っています！
そのことはともかく，私は来週の数学のテストについてあなたに聞きたかったのです。私は前回のテストがとてもひどい成績だったので，一生懸命勉強して次のテストでは良い成績が取りたいのです。あなたが数学の授業に苦労していると言っていたことを私は覚えていますので，一緒に勉強しませんか。私は日曜日に時間があります。だから，図書館で会いませんか。
もし，あなたに時間があるなら，その後で何か楽しいこともできると思います。今週パレス劇場で『火星からの男』という新しい映画を上映しています。それは，1 年間火星に暮らしに行く宇宙飛行士についての SF 映画です。彼が地球に戻って来ると，みんながいなくなっているので，彼は何が起こったのか調べようとするのです。とにかく，どう思うか知らせてください，そして試合の準備も頑張ってくださいね！
あなたの友達，
ケリー

(31) −解答 **3** ‥‥‥‥‥‥‥‥‥‥‥‥‥‥‥‥‥‥‥‥‥‥‥‥‥‥‥‥‥‥‥

質問の訳 ジョンについて正しいものはどれですか。

選択肢の訳　**1**　彼は最後の大きな試合で勝った。
　　　　　　2　彼は金曜日の晩，暇だろう。
　　　　　　3　彼はサッカーチームでプレーしている。
　　　　　　4　彼はしばしば兄［弟］とテレビを見る。

解説　第1段落第1文に「今朝のサッカーの練習は楽しかったですか」とあり，第2文で「あなたのチームが今週の金曜日に大きな試合をする予定だと聞きました」とあることから，正解は **3**。試合はこれからなので **1** は不適。

(32) – 解答 ①

質問の訳　ケリーがジョンに言うことには

選択肢の訳　**1**　彼女は前回の数学のテストの成績が悪かった。
　　　　　　2　彼女は勉強時間を見つけるのに苦労している。
　　　　　　3　彼女は日曜日に図書館から本を借りる予定である。
　　　　　　4　彼女は別の数学の授業を取りたがっている。

解説　第2段落第2文の前半で，ケリーは数学について I did really poorly on the last test「前回のテストがとてもひどい成績だった」と言っているので，正解は **1**。

(33) – 解答 ②

質問の訳　ケリーは映画『火星からの男』について何と言っていますか。

選択肢の訳　**1**　それは火星で生まれた男についてである。
　　　　　　2　それは新しいSF映画である。
　　　　　　3　彼女はジョンがそれを楽しめたかどうか知りたがっている。
　　　　　　4　彼女は先週パレス劇場でそれを見た。

解説　『火星からの男』については第3段落で述べられている。第3段落第2文に There's a new movie「新しい映画がある」とあり，さらに第3文に It's a science-fiction movie「それはSF映画である」とあるので，正解は **2**。

一次試験・筆記　4B　｜　問題編 p.148～149

ポイント　題名の「リサイクルオーケストラ」はパラグアイのカテウラの子供たちによる楽団の名前である。楽団がなぜ誕生し，なぜそのような名前がつけられたのかを中心に読み進めよう。

全文訳　**リサイクルオーケストラ**

　アメリカや日本のような豊かな国では，リサイクルは環境を守るための一般的な方法である。しかし，多くのより貧しい国では，リサイクルは人々がお金を稼ぐ重要な方法である。大人も子供も金属やその他の売れる貴重品を見つけようとゴミの中を探す。こ

195

のようにして，彼らは食べ物や家の支払いにかろうじて足りるだけのお金を稼ぐことができるのである。南アメリカには，人々の多くがこのようにしてお金を稼ぐ町がある。そのような場所の1つがパラグアイのカテウラである。

　カテウラでの生活はときに厳しい。家族にはほとんどお金がなく，ほとんどの子供たちは学校をやめて，まだ幼いうちから働き始めなければならない。しかし，ファビオ・チャベスという名の男性は，彼らの生活をより良くしようと試みている。チャベスは2006年にカテウラに越してきて，まもなく地域の子供たちに音楽のレッスンを提供し始めた。このレッスンはとても人気になったが，彼は子供たち全員が練習に使えるだけの数の楽器を持っていなかった。

　チャベスは地元の人々と協力して，町で回収されたゴミを利用して新しい楽器を作ることにした。まず，彼はニコラス・ゴメスと協力して，古いサラダボウルとフォークを使ってバイオリンとギターを作った。それから，ティト・ロメロと一緒に，ビンのキャップ，スプーン，ボタンを利用してクラリネットを作った。懸命な作業と手入れをして，その男たちは本物のような音が出る楽器を作ることができた。

　チャベスはカテウラの何百人もの子供たちに楽器の演奏の仕方を教えることができた。今，その子供たちの多くは，リサイクルオーケストラと呼ばれるオーケストラで演奏している。彼らは，演奏を披露するためにさまざまな国に旅行する機会があり，稼いだお金を学校への支払いや家族を養うために使っている。リサイクルオーケストラのおかげで，子供たちとその家族には今や以前よりも良い，楽しみにする未来があるのだ。

(34) - 解答 ②

質問の訳 リサイクルはなぜ多くのより貧しい国で重要なのですか。

選択肢の訳　**1**　環境を守るのに役立つ最も安価な方法だから。
　　2　人々が生活するのに必要なお金を稼ぐ方法だから。
　　3　そこの町をきれいに保つのに役立ち得るから。
　　4　人々がゴミを出すのを防ぐのに役立ち得るから。

解説　質問文中の in many poorer countries は，第1段落第2文にある。その文に recycling is an important way for people to make money「リサイクルは人々がお金を稼ぐ重要な方法である」とあり，同段落第4文に they can make ... housing「彼らは食べ物や家の支払いにかろうじて足りるだけのお金を稼ぐことができる」とあることから，正解は**2**。

(35) - 解答 ③

質問の訳 ファビオ・チャベスがカテウラに越したとき，

選択肢の訳　**1**　その町には子供のための学校がなかった。
　　2　その町にはそこで暮らす家族がそれほど多くなかった。
　　3　彼はそこの子供たちに音楽の演奏を教え始めた。
　　4　彼は忙しすぎて，もう音楽のレッスンをすることができなかった。

解説 質問文中の Chaves moved to Cateura は，第 2 段落第 4 文冒頭に出てくる。その直後に soon started to offer music lessons to children in the area「まもなく地域の子供たちに音楽のレッスンを提供し始めた」とあることから，正解は **3**。

(36) – 解答 ④

質問の訳 チャベスはどのようにして楽器を手に入れましたか。

選択肢の訳
1　彼は新しい楽器を買うために，親から受け取ったお金を使った。
2　彼はそれらを買うお金を手に入れるために，不要なものを売った。
3　彼は地元の人に使わない古い楽器をくれるように頼んだ。
4　**彼は楽器をゴミから作るために地元の人々と協力した。**

解説 第 3 段落が文章全体の中心的内容である。第 3 段落第 1 文より，正解は **4**。続く 2 文はその例である。First で始まる第 2 文ではニコラス・ゴメスと一緒にバイオリンとギターを，Then で始まる第 3 文ではティト・ロメロと一緒にクラリネットを作ったことが説明されている。

(37) – 解答 ①

質問の訳 リサイクルオーケストラの子供たちは

選択肢の訳
1　**旅行をして家族を助けることができる。**
2　そのグループに参加するためにお金を支払わねばならない。
3　彼らが楽器を買う手助けをするように学校に頼んでいる。
4　他の子供たちに音楽の演奏を教えるために外国へ行く。

解説 第 4 段落第 3 文に have the chance to travel to different countries「さまざまな国に旅行する機会がある」とあり，さらに，稼いだお金を to pay for school and to support their families「学校への支払いや家族を養うために」使うとあることから，正解は **1**。

一次試験・筆記 5 問題編 p.150

質問の訳 ファストフード店は人々にとって良いものだと思いますか。

解答例 I think that fast-food restaurants are good for people because they are cheap and convenient.　First, fast-food restaurants are cheap, so anybody can buy food there.　Second, they are convenient.　Even if you do not have time to cook, you can easily get food.　That is why I think fast-food restaurants are good for people.

解答例の訳 ファストフード店は，安くて便利なので人々にとって良いと思います。まず第 1 に，ファストフード店は安いので，誰でもそこで食べ物を買うことができます。第 2 に，それらは便利です。料理をする時間がなくて

197

も，簡単に食べ物を手に入れられます。そういう訳で，私はファストフード店は人々にとって良いと思います。

解説 質問は「ファストフード店は人々にとって良いものだと思うか」である。解答例はこの質問に Yes「そう思う」の立場で答えたものである。

　まず，I think that ~. と自分の立場を明確にし，その理由を簡潔に示す。解答例では「安い」「便利である」の2点を理由として挙げている。

　次に，理由について詳しく触れる。まず，理由の1つ目を First「まず第1に」で導入し，「安い」という点に触れて，その結果「誰でも食べ物を買うことができる」と展開する。

　2つ目の理由は Second「第2に」で導入し，「便利である」という点に触れる。次に「便利である」ことを具体的に説明する。解答例では「料理をする時間がなくても，簡単に食べ物を手に入れられる」と説明している。

　最後に全体のまとめを書く。That is why ~.「そういう訳で~」と始め，最初に提示した自分の立場を繰り返して書けばよい。

  問題編 p.152　

〔例題〕−解答 ③

放送英文　☆：Would you like to play tennis with me after school, Peter?
　　　　　★：I can't, Jane. I have to go straight home.
　　　　　☆：How about tomorrow, then?
　　　　　　　1 We can go today after school.
　　　　　　　2 I don't have time today.
　　　　　　　3 That will be fine.

全文訳　☆：ピーター，放課後一緒にテニスをしない？
　　　　★：できないんだ，ジェーン。まっすぐ家に帰らなきゃいけないんだよ。
　　　　☆：それなら，明日はどう？
選択肢の訳　**1** 今日の放課後に行けるよ。
　　　　　　2 今日は時間がないんだ。
　　　　　　3 それなら大丈夫だよ。

No.1−解答 ③

放送英文　★：What are you making, honey? It smells great.
　　　　　☆：It's called *schnitzel*. It's a popular food from Germany.
　　　　　★：Wow. Well, I want to try some. I'm so hungry.
　　　　　　　1 Fine. I'll buy some at the market.

2 Well, I didn't feel like cooking tonight.

3 OK. It'll be ready in a few minutes.

全文訳 ★： 何を作っているの，ねえ？　とてもいいにおいだね。

☆： シュニッツェルっていうのよ。人気のドイツ料理よ。

★： わあ。ええと，少し食べてみたいなあ。お腹がペコペコだよ。

選択肢の訳 **1**　大丈夫よ。市場で買うわ。

2　ええと，今夜は料理する気分ではなかったの。

3　了解。あと数分でできるわよ。

解説 夫婦の対話。妻は料理を作っている。I want to try some. I'm so hungry.「少し食べてみたいなあ。お腹がペコペコだよ」という夫の発言に対して適切な応答は，もうすぐできると言っている **3**。

No.**2** – 解答 **1**

放送英文 ☆： Where should we go for Christmas vacation, honey?

★： Well, we could go to my mother's house.

☆： But we went there this summer. I'd like to go somewhere warm.

1 Well, why don't we go to a tropical beach?

2 Well, why don't we stay at my mother's?

3 Well, why don't we go skiing?

全文訳 ☆： クリスマス休暇にどこに行きましょうか，あなた。

★： そうだな，僕の母の家に行けるよ。

☆： でも，そこへは今年の夏に行ったわ。どこか暖かいところに行きたいわ。

選択肢の訳 **1**　それなら，熱帯地方のビーチに行こうか？

2　それなら，母の家に泊まろうか？

3　それなら，スキーに行こうか？

解説 夫婦の対話。クリスマス休暇に行くところについて話している。最後に妻が I'd like to go somewhere warm.「どこか暖かいところに行きたい」と言っているので，正解は **1**。**2** の「母の家」はすでに夏に行ったので，妻は別の場所を希望している。

No.**3** – 解答 **1**

放送英文 ★： Excuse me. I want to buy a book for my friend's birthday.

☆： I see. What kind of book do you want?

★： Well, that's the problem. I don't read much, so I'm not sure.

1 That's OK. I'll help you find one.

2 Hmm. I've read that already.

3 Well, my birthday's next week.

全文訳 ★： すみません。友達の誕生日に本を買いたいのです。

☆： わかりました。どのような本をご希望ですか？

★： ええ，それが問題なのです。私はあまり本を読まないので，よくわから

17年度第3回　リスニング

199

ないのです。

選択肢の訳　**1**　大丈夫です。探すのを手伝いましょう。

　　　　　2　うーん。私はもうそれを読みました。

　　　　　3　ええと，私の誕生日は来週です。

解説　書店での客と店員の対話。目的は友人の誕生日プレゼントを買うこと。店員にどんな本が良いか尋ねられ，that's the problem「それが問題だ」，I'm not sure「よくわからない」と答えているので，適切な応答は，探すのを手伝うと言っている**1**。

No.4 – 解答 ②

放送英文　☆：Are you coming to the company softball game on Saturday night, Dan?

　　　　★：Well, I love softball, but I don't know if I can go.

　　　　☆：Really? Do you have to work?

　　　　　1 No. I have a business trip then.

　　　　　2 No. My parents are coming for dinner.

　　　　　3 No. I've never played softball before.

全文訳　☆：土曜日の夜の会社のソフトボール大会にあなたは行くつもり，ダン？

　　　　★：それがねえ，ソフトボールは大好きなんだけど，行けるかどうかわからないんだ。

　　　　☆：そうなの？　仕事をしなければならないの？

選択肢の訳　**1**　いいや。そのとき出張があるんだ。

　　　　　2　いいや。両親が食事に来る予定なんだ。

　　　　　3　いいや。僕は以前にソフトボールをしたことがないんだ。

解説　会社の同僚同士の対話。ソフトボール大会に行けるかわからないと言う男性に女性が Do you have to work?「仕事をしなければならないの？」と尋ねている。それに対して男性は No と答えているので，正解は仕事以外で行けない理由を述べている**2**。

No.5 – 解答 ③

放送英文　★：Excuse me. I'm looking for the Westlake Museum. I thought it was on this street.

　　　　☆：Well, it is on this street, but it's too far to walk to.

　　　　★：Oh no. Is there a bus?

　　　　　1 Yes, this is the Westlake Museum.

　　　　　2 No. The museum is closed today.

　　　　　3 Sure. It stops right over there.

全文訳　★：すみません。ウエストレイク博物館を探しています。この通りにあると思ったのですが。

　　　　☆：ええ，この通りですが，歩いて行くには遠すぎますよ。

200

★： 困ったなあ。バスはありますか。

選択肢の訳　**1** はい，これがウエストレイク博物館です。

　　　　　2 いいえ。博物館は今日，閉館しています。

　　　　　3 もちろん。ちょうど向こうに停まりますよ。

解説　男の子と女性の通りでの対話。男の子は博物館への行き方を尋ねている。対話最後に男の子が Is there a bus?「バスはありますか」と尋ねているので，正解はバス停の場所を教えている **3**。

No.6 －解答 3

放送英文　★： Do you know what the name of this song is?

　　　　☆： No, I don't. Why don't you look it up online?

　　　　★： But how do I look it up if I don't know the title?

　　　　　1 Just ask me the name.

　　　　　2 Just look up the title of the song.

　　　　　3 Just search for the words on the Internet.

全文訳　★： この歌の曲名は何かわかる？

　　　　☆： わからないわ。インターネットで調べたら？

　　　　★： でも，曲名がわからない場合はどうやって調べるの？

選択肢の訳　**1** 私にその名前を尋ねればいいのよ。

　　　　　2 その歌の曲名を調べればいいのよ。

　　　　　3 インターネットで歌詞を検索すればいいのよ。

解説　友人同士の対話。2人は歌を聞いていて，その曲名が話題となっている。最後の男の子の発言「曲名がわからない場合はどうやって調べるの？」に対して適切な答えは，歌詞の検索を提案している **3**。

No.7 －解答 2

放送英文　☆： Dad, can you help me? I need to print my report, but I think the printer's broken.

　　　　★： Sure. What's wrong with it?

　　　　☆： I keep pressing the print button, but nothing happens.

　　　　　1 Oh. I finished writing the report.

　　　　　2 Oh. That's because it's out of paper.

　　　　　3 Oh. I'll turn the computer off, then.

全文訳　☆： お父さん，助けてくれる？　レポートを印刷しなければならないのだけど，プリンターが壊れているみたいなの。

　　　　★： もちろんだよ。どこが悪いの？

　　　　☆： 印刷のボタンを押し続けているんだけど，何も起こらないの。

選択肢の訳　**1** ああ。レポートを書き終えたよ。

　　　　　2 ああ。それは紙がないからだよ。

　　　　　3 ああ。それじゃあ，コンピュータの電源を切ろう。

解説 娘と父親の対話。the printer's broken「プリンターが壊れている」，nothing happens「何も起こらない」などから，娘がプリンターの故障を訴えていることを聞き取る。正解は**2**で，out of paper は「紙がない」。**3**は，問題となっているのはプリンターでありコンピュータではないので不適。

No.8 – 解答 ②

放送英文 ☆：Fairfax Hotel Front Desk.

★：Hi, this is Bob Goldberg in Room 705. I'm hungry. Is it too late to order food from room service?

☆：Sorry, Mr. Goldberg, but the kitchen closed at 10 p.m.

  1 Great. I'll call them now.

  2 Oh, I see. Thank you very much.

  3 Thanks. I'll have two chicken sandwiches.

全文訳 ☆：フェアファックスホテルのフロントです。

★：もしもし，こちらは705号室のボブ・ゴールドバーグです。お腹がすきました。ルームサービスで料理を注文するには遅すぎますか。

☆：申し訳ございません，ゴールドバーグさま，キッチンは午後10時に閉まりました。

選択肢の訳 **1** よかった。今電話してみます。

  2 そう，わかりました。ありがとうございました。

  3 ありがとう。チキンサンドイッチを2つお願いします。

解説 ホテルの宿泊客とフロントの電話での会話。男性がルームサービスが可能かどうか尋ねたところ，できないと示唆されている。これに対して適切な応答は，「わかりました」と答えている**2**。

No.9 – 解答 ①

放送英文 ★：Hello.

☆：John. It's Jessica. Where are you? The study group started 10 minutes ago.

★：What? I'm waiting for you. We're meeting at the school gate, right?

  1 No. We're meeting at the library today.

  2 Well, the study group is over already.

  3 Yeah, we meet every week on Tuesdays.

全文訳 ★：もしもし。

☆：ジョン，ジェシカよ。あなた，どこにいるの？　勉強会は10分前に始まったわよ。

★：ええ？　僕が君たちを待っているんだよ。校門のところで集まることになっているんだよね？

選択肢の訳
1　いいえ。今日は図書館で集まっているのよ。
2　ええと，勉強会はもう終わったわ。
3　ええ，毎週火曜日に会うのよ。

解説　友人同士の電話での会話。ジョンが来ないのでジェシカが電話をかけている。We're meeting at the school gate, right?「校門で集まることになっているんだよね？」に対して適切な応答は，「図書館で集まっている」と答えている **1**。

No.10 解答 ①

放送英文
★：Hello, Officer. I wasn't driving too fast, was I?
☆：No, I stopped you because your music is too loud. You're disturbing the neighborhood.
★：I'm sorry. Are you going to give me a ticket?
　1　No, but you need to turn the music down.
　2　Well, you need to drive slower.
　3　Yes, I like that song, too.

全文訳
★：こんにちは，お巡りさん。スピードの出しすぎではないですよね？
☆：違います。音楽がうるさすぎるので止めたのです。近隣の方たちのご迷惑になっています。
★：すみません。反則切符を出すのですか。

選択肢の訳
1　いいえ，でも音楽の音量を下げる必要があります。
2　ええと，もっとゆっくり走る必要があります。
3　はい，私もその歌が好きです。

解説　車に乗っている男性と警察官の対話。警察官が車を止めた理由は your music is too loud「音楽がうるさすぎる」からである。a ticket「（交通違反の）反則切符」を出すかどうかを尋ねる男性に対し適切な応答は，出さないが音量を下げるように言っている **1**。

No.11 解答 ③

放送英文
★：Emma, do you want to go shopping at the new mall this weekend?
☆：Sorry, but I can't. I have to go into the office on both Saturday and Sunday to help a co-worker finish a sales report.
★：That's too bad. Do you have time for dinner Sunday evening?
☆：We may not be finished by then. Sorry.
Question: What will the woman do this weekend?

全文訳 ★： エマ，今週末，新しいショッピングモールに買い物に行かない？

☆： ごめんなさい，だめなのよ。土曜日も日曜日も同僚が販売報告書を仕上げるのを手伝うために出社しなければならないの。

★： 残念だなあ。日曜日の夜，食事の時間はある？

☆： そのときまでに終わらないかもしれないわ。ごめんなさい。

Q：今週末，女性は何をする予定ですか。

選択肢の訳 **1** 友達と勉強する。

2 男性と食事をする。

3 会社で働く。

4 ショッピングモールに買い物に行く。

解説 友人同士の対話。男性の誘いに対して女性が仕事を理由に断っていることを聞き取る。正解は**3**。対話の後半で，日曜夜の食事の誘いについて女性は We may not be finished by then「それまでに終わらないかもしれない」と答えているので，**2**は不適。

No.12 解答 ①

放送英文 ★： Tradewinds Travel Agency.

☆： Hello. I'd like to go to the flower festival in Jamestown on March 6th. It's too far to drive, but I'm afraid of flying.

★： I recommend taking the train. There's a night bus that goes there, but it's not very comfortable. Plus, train tickets are discounted at that time of year. Shall I reserve you one?

☆： That sounds great.

Question: How will the woman probably travel to the flower festival?

全文訳 ★： トレードウインズ旅行社です。

☆： もしもし。3月6日にジェームズタウンの花祭りに行きたいのです。車で行くには遠すぎますが，飛行機は苦手です。

★： 電車で行くことをお勧めします。そこへ行く夜行バスもありますが，あまり快適ではございません。それに，その時期，電車の切符の割引がございます。1枚ご予約いたしましょうか。

☆： それはいいですね。

Q：女性はおそらくどのようにして花祭りに行きますか。

選択肢の訳 **1** 電車に乗る。

2 夜行バスに乗る。

3 自分の車を運転して行く。

4 飛行機で行く。

解説 旅行社への問い合わせの電話。用件は，飛行機が苦手な女性がどうやって現地に行くかということ。I recommend taking the train.「電車で

行くことをお勧めします」で始まる男性の説明を注意深く聞く。女性は
That sounds great. とそれに同意しているので，正解は **1**。

No.13 解答 ③

放送英文 ☆： Hello?

★： Mom, I heard from Barbara that you had an accident.

☆： Yes. I fell down and hit my head, but I'm all right.

★： Did you see a doctor about it?

☆： Oh, yes. He didn't find anything wrong, though. He just told me
to stay home and relax for a few days.

Question: What did the doctor tell the woman to do?

全文訳 ☆： もしもし？

★： 母さん，バーバラから母さんが事故にあったって聞いたよ。

☆： ええ。転んで頭を打ったけど，大丈夫よ。

★： 医者には診てもらったの？

☆： ええ，そうよ。でも，どこも悪いところはなかったわ。彼は数日間家に
いてゆっくりするようにとだけ言ったわ。

Q：医師は女性に何をするように言いましたか。

選択肢の訳 **1** また受診に来る。

2 入院する。

3 家で休む。

4 薬を飲む。

解説 息子と母親の電話での会話。息子は母親が事故にあったと聞き，電話し
てきたのである。最後に母親が医師からの話として He just told me to
stay home and relax for a few days.「彼は数日間家にいてゆっくり
するようにとだけ言ったわ」と言っているので，正解は **3**。

No.14 解答 ①

放送英文 ☆： What kind of job do you want to do when you're older, Larry?

★： I want to go to Japan someday and work for a company that
makes video games.

☆： That sounds interesting, but won't you have to learn some
Japanese first?

★： Yeah, so I'm going to start taking lessons this summer.

Question: What will the boy do this summer?

全文訳 ☆： 大きくなったら，どんな仕事がしたいの，ラリー？

★： 僕はいつか日本に行って，テレビゲームを作る会社で働きたいんだ。

☆： それは面白そうね。でも，まず，日本語を少し勉強しなければならない
んじゃないの？

★： うん，それで今年の夏にレッスンを受け始めるつもりなんだ。

17年度第3回 リスニング

205

Q：男の子は今年の夏に何をする予定ですか。

選択肢の訳　**1**　日本語を勉強し始める。

　　　　　　2　日本に旅行する。

　　　　　　3　夏のスポーツをする。

　　　　　　4　テレビゲームを作る。

解説　話題はラリーの将来の夢である。日本のテレビゲームを作る会社で働きたいというラリーに，女性は日本語の勉強が必要だと言っている。ラリーは最後に I'm going to start taking lessons this summer「今年の夏にレッスンを受け始める予定」と言っているので，正解は **1**。

No.15 解答 ③

放送英文　☆：Excuse me, sir. Could you put your camera away? Taking photos is not allowed inside the museum.

　　　　★：I'm sorry. I didn't know.

　　　　☆：You can buy postcards of the paintings in the gift shop, if you like.

　　　　★：OK. I won't take any more photos.

　　　　Question: What does the woman ask the man to do?

全文訳　☆：失礼ですが，お客さま。カメラをしまっていただけますか。博物館内で写真撮影は認められておりません。

　　　　★：すみません。知りませんでした。

　　　　☆：ご希望なら，ギフトショップで絵画の絵はがきを買うことができます。

　　　　★：わかりました。もう写真は撮りません。

　　　　Q：女性は男性に何をするように頼んでいますか。

選択肢の訳　**1**　博物館に電話する。

　　　　　　2　はがきを売る。

　　　　　　3　カメラをしまう。

　　　　　　4　絵を描く。

解説　博物館の見学者と係員の対話。最初に Could you put your camera away?「カメラをしまっていただけますか」と言っているので，正解は **3**。Taking photos is not allowed「写真撮影は認められておりません」や I won't take any more photos.「もう写真は撮りません」もヒントになる。

No.16 解答 ④

放送英文　★：Joanne, are you coming to watch my volleyball game after school? It starts at four o'clock in the gym.

　　　　☆：I don't know, Gary. I really have to study for next week's math exam.

　　　　★：Oh, you still have lots of time. Please come and watch.

☆： All right. I'll be there at four.

Question: What does Joanne decide to do this afternoon?

全文訳 ★： ジョアン，放課後，僕のバレーボールの試合を見に来る？　体育館で4時に始まるよ。

☆： わからないわ，ゲリー。来週の数学の試験に向けて本当に勉強しなければならないの。

★： でも，時間はまだたくさんあるよ。見に来てよ。

☆： わかったわ。4時に行くわ。

Q：ジョアンは今日の午後，何をすることに決めていますか。

選択肢の訳 **1** バレーボールの練習をする。

2 試験に向けて勉強する。

3 体育館で運動する。

4 ゲリーの試合を見る。

解説 友人同士の対話。ゲリーにバレーボールの試合を見に来るかと尋ねられて，ジョアンは最初，「数学の試験勉強があるからわからない」と答えている。しかし，ゲリーにその後も「（試験には）時間はまだあるから見に来てよ」と頼まれ，最終的に All right. と承諾していることを理解する。正解は **4**。

No.17 解答 ②

放送英文 ☆： Here's your bill, sir. How was your meal today?

★： It was delicious, thank you. I especially liked the chicken pasta. Is white wine used in the sauce?

☆： Yes, it is. That's one of our most popular dishes.

★： Well, it was excellent. I'll definitely be coming back soon.

Question: What is one thing the man says?

全文訳 ☆： お会計です，お客さま。本日のお食事はいかがでしたか。

★： おいしかったよ，ありがとう。私は特にチキンパスタが良かったなあ。ソースに白ワインが使われているのですか。

☆： はい，そうです。それは私どもの最も人気のある料理の1つです。

★： そう，素晴らしかったね。絶対またすぐに来ることになるだろうね。

Q：男性が言っていることの1つは何ですか。

選択肢の訳 **1** 白ワインが飲みたい。

2 食事を楽しんだ。

3 パスタが冷たかった。

4 料理が高すぎた。

解説 レストランでのウエートレスと客の対話。ウエートレスが食事の感想を尋ねている場面である。正解は **2**。男性が食事を楽しんだことは，delicious「おいしい」，I especially liked ～「特に～が良かった」，

207

excellent「素晴らしい」，I'll definitely be coming back soon「絶対またすぐに来る」など，会話全体からわかる。

No.18 解答 ④

放送英文 ★： Excuse me. I think I left my bag somewhere in the mall yesterday.

☆： I'm sorry, sir. We didn't find any bags yesterday.

★： Are you sure? That bag had an important report in it.

☆： Yes, I'm sure. You could try asking at the mall's information desk.

Question: What is the man's problem?

全文訳 ★： すみません。私は昨日，ショッピングモールのどこかにカバンを置き忘れたと思います。

☆： 申し訳ございません，お客さま。昨日カバンはございませんでした。

★： 確かですか。そのカバンの中に重要なレポートが入っていたのです。

☆： はい，確かでございます。ショッピングモールの案内所にお尋ねになることもできます。

Q： 男性の問題は何ですか。

選択肢の訳 **1** ショッピングモールの特売が昨日終わった。

2 ショッピングモールは今日開いていない。

3 ショッピングモールの案内所が見つからない。

4 ショッピングモールでカバンをなくした。

解説 ショッピングモールの客と係員の対話。対話冒頭で男性が I think I left my bag somewhere in the mall yesterday.「昨日ショッピングモールのどこかにカバンを置き忘れたと思う」と言っているので，正解は **4**。「昨日カバンはなかった」「カバンには重要なレポートが入っていた」などもヒントになる。

No.19 解答 ①

放送英文 ☆： Welcome to the Showtime Theater.

★： Hi. Are you still showing the movie *Bubbles the Dancing Bear*? I didn't see the title on the sign. My grandson and I would like to see it.

☆： Sorry, sir. We stopped showing that movie two weeks ago.

★： Oh, that's too bad. I guess we'll have to wait for the DVD.

Question: Why is the man disappointed?

全文訳 ☆： ショータイム劇場へようこそ。

★： こんにちは。『バブルズ・ザ・ダンシング・ベアー』の映画はまだ上映していますか。案内板にそのタイトルはありませんでしたが。孫と私はそれを見たいのです。

208

☆： 申し訳ございません，お客さま。その映画は 2 週間前に上映を終了しました。

★： ああ，それは残念です。DVD を待たなければなりませんね。

Q：男性はなぜがっかりしているのですか。

選択肢の訳 **1** 見たかった映画が見られないから。

2 孫のために DVD を借りられなかったから。

3 『バブルズ・ザ・ダンシング・ベアー』がつまらなかったから。

4 ショータイム劇場がまもなく閉館するから。

解説 映画館のチケット売り場の女性と男性客の対話。男性が見たい映画について尋ねると，女性は We stopped showing that movie two weeks ago.「その映画は 2 週間前に上映を終了しました」と答えているので，正解は **1**。「DVD（の販売）を待つ」もヒントになる。

No.20 解答 ②

放送英文 ☆： Here's your present, Leonard. Happy birthday!

★： Wow, a camera! This looks like it cost a lot of money. I can't believe you bought me this.

☆： It's not only from me. Everyone in the family helped. We all paid a little bit. We know how much you like taking photos.

★： It's perfect. Thanks so much.

Question: Why is the boy surprised to receive the camera?

全文訳 ☆： プレゼントをどうぞ，レオナード。お誕生日おめでとう！

★： わあ，カメラだ！　これはとても高かったようだね。君が僕にこれを買ってくれたなんて信じられないよ。

☆： 私からだけではないわ。家族のみんなが助けてくれたの。私たちみんなが少しずつ払ったのよ。私たち，あなたがどれほど写真を撮るのが好きか知っているもの。

★： 完璧だよ。どうもありがとう。

Q：男の子はなぜカメラを受け取って驚いているのですか。

選択肢の訳 **1** 誕生日が今日ではないから。

2 それが高価だったように見えるから。

3 すでにちょうどそれと似たものを持っているから。

4 誰も自分が写真を好きなことを知らなかったから。

解説 家族の対話。レオナードにプレゼントをあげる場面である。This looks like it cost a lot of money.「これはとても高かったようだね」から，正解は **2**。We all paid a little bit.「みんなが少しずつ払った」からも，そのカメラが高額であったことが推測できる。

17 年度第 3 回　リスニング

209

| 一次試験・
リスニング | 第**3**部 | 問題編 p.154〜155 | 🔊 | ▶MP3 ▶アプリ
▶CD 3 **65**〜**75** |

No.**21** 解答 **3**

(放送英文) Robert is an American who lives in South Korea. On Saturday evenings, he usually calls his parents in the United States. Last Saturday, however, he had to go to work. He was too tired to talk to his parents afterward, so he sent them an e-mail to say he would talk to them on Wednesday instead.

Question: What did Robert do on Saturday?

(全文訳) ロバートは韓国で暮らすアメリカ人である。土曜日の夜，彼はいつもはアメリカの両親に電話をかける。しかし，この前の土曜日は仕事に行かなければならなかった。とても疲れて仕事の後で両親と話すことができなかったので，代わりに水曜日に電話すると言うために，彼は両親にメールを送った。

Q：ロバートは土曜日に何をしましたか。

(選択肢の訳) **1** 韓国へ旅行した。

2 両親に電話した。

3 仕事に行った。

4 家でゆっくりした。

(解説) 韓国で暮らすアメリカ人ロバートの話。いつも土曜日はアメリカにいる両親に電話をかけるが，Last Saturday, however, he had to go to work.「しかし，この前の土曜日は仕事に行かなければならなかった」と述べられていることから，正解は **3**。後半の内容から，疲れてしまって電話はできなかったことがわかるので **2** は不適。

No.**22** 解答 **1**

(放送英文) OK, everyone, let's begin. In today's lesson, let's learn about the animals of Africa. First, open your textbook to page 50. We'll read about the African elephant, what it eats, and its enemies in the wild, such as lions. After that, I will write some questions on the blackboard. Please answer them before the bell rings.

Question: Where is this announcement probably taking place?

(全文訳) さあ，皆さん，始めましょう。今日の授業では，アフリカの動物について学びましょう。まず，教科書の 50 ページを開いてください。アフリカゾウとそれが何を食べているのか，そしてライオンのようなその野生の敵について読みましょう。その後で，私が黒板に質問をいくつか書きます。ベルが鳴る前にそれに答えてください。

Q：このお知らせはおそらくどこで行われているのでしょうか。

選択肢の訳
1 教室で。
2 サファリツアーで。
3 書店の外で。
4 ペットショップで。

解説 授業冒頭での先生から生徒への話である。In today's lesson「今日の授業では」，open your textbook to page 50「教科書の50ページを開いてください」，I will write some questions on the blackboard「黒板に質問をいくつか書きます」，before the bell rings「ベルが鳴る前に」から，ここが教室であると判断できる。正解は **1**。

No.23 解答

放送英文 Mary works in a shop that sells pens and greeting cards. In her free time, she likes drawing. At Christmastime, she often designs her own Christmas cards. Mary's friends say her cards are very beautiful, so she wants to start her own business and sell her cards someday. Mary hopes she will make people happy with them.

Question: What is one thing that Mary wants to do someday?

全文訳 メアリーはペンとグリーティングカードを売っている店で働いている。時間があるとき，彼女は絵を描くのが好きである。クリスマスの時期には，よく自分自身のクリスマスカードをデザインする。メアリーの友達が彼女のカードはとてもきれいだと言うので，彼女はいつか自分で商売を始めて自分のカードを売りたいと思っている。メアリーはそのカードで人々が幸せになることを願っている。

Q：メアリーがいつかしたいと思っていることの1つは何ですか。

選択肢の訳
1 新しい商売を始める。
2 デザイン学校へ行く。
3 新しい種類のペンをデザインする。
4 友達の店で働く。

解説 メアリーの仕事と将来の夢についての話。メアリーはグリーティングカードを売る店で働いている。後半部分に she wants to start her own business and sell her cards someday「いつか自分で商売を始めて自分のカードを売りたい」と述べられているので，正解は **1**。

No.24 解答

放送英文 Paul went on vacation to India last summer. He hiked in the mountains with his friends for two weeks. He ate new and interesting foods and saw many different places. Although Paul loved everything about his trip, he thought the best thing was meeting so many kind and friendly people in the places he visited.

Question: What did Paul like the most about his trip?

全文訳 ポールはこの前の夏，休暇でインドへ行った。友達と一緒に２週間山の中をハイキングした。初めての面白い食べ物を食べて，たくさんのいろいろな場所を見た。ポールは旅のすべてが気に入ったが，一番良かったことは，訪れた場所でとてもたくさんの親切で友好的な人に出会ったことだと思った。

Q：ポールが旅行で一番気に入ったことは何でしたか。

選択肢の訳 1　１人でハイキングに行ったこと。
2　たくさんの素敵な人々に出会ったこと。
3　新しい種類の食べ物を試してみたこと。
4　友達と旅行したこと。

解説 ポールのインド旅行の話。旅行の紹介の後，he thought the best thing was meeting so many kind and friendly people「一番良かったことは，とてもたくさんの親切で友好的な人に出会ったことだと思った」と述べられていることから，正解は **2**。

No.**25** 解答 ④

放送英文 In North America, there is a kind of race called a chuck-wagon race. Chuck wagons were first used by cowboys for carrying food. They have four wheels and are pulled by horses. Today, they are used for racing. The drivers must put heavy things in their chuck wagons and then drive around a track at high speeds.

Question: What is one thing that we learn about chuck wagons?

全文訳 北アメリカには，チャックワゴンレースと呼ばれるレースのようなものがある。チャックワゴンは初めはカウボーイによって食料を運ぶのに使われた。車輪が４つあり，馬によって引かれる。今日，それは競走のために使われる。それを走らせる人は，自分のチャックワゴンに重い物を載せ，高速で走路を走って回らなければならない。

Q：チャックワゴンについてわかることの１つは何ですか。

選択肢の訳 1　カウボーイがその中で寝た。
2　車輪がよく外れる。
3　多くの人を輸送できる。
4　初めは食料を運ぶのに利用された。

解説 チャックワゴンレースと呼ばれる北アメリカのイベントの紹介である。チャックワゴンの説明は前半にあり，Chuck wagons were first used by cowboys for carrying food.「チャックワゴンは初めはカウボーイによって食料を運ぶのに使われた」と述べられているので，正解は **4**。

No.**26** 解答 **2**

放送英文 Yesterday, Nick was looking at some files on his computer when he found some old photos of his family. The photos were taken 10 years ago, when his daughter was a young child. Nick decided to have a large copy of one of the photos made. He plans to put it on the wall in the living room.

Question: What is one thing that Nick decided to do?

全文訳 昨日，ニックはコンピュータ上のファイルを見ていて，家族の古い写真を何枚か見つけた。その写真は10年前に撮られたもので，そのとき彼の娘は小さな子供だった。ニックはその写真の中の1枚の大きなコピーを作ってもらうことに決めた。彼はそれをリビングの壁に掛けるつもりである。

Q：ニックがしようと決めたことの1つは何ですか。

選択肢の訳 **1** 新しいコンピュータを買う。
2 写真の大きなコピーを作ってもらう。
3 家族の写真を撮る。
4 娘に新しいカメラを買う。

解説 ニックがコンピュータ上で見つけた写真の話。古い家族写真を見つけ，Nick decided to have a large copy of one of the photos made.「ニックはその写真の中の1枚の大きなコピーを作ってもらうことに決めた」と述べられているので，正解は**2**。

No.**27** 解答 **3**

放送英文 Jeremy is 16 years old, and he likes taking care of his family and friends. When someone is sick, he makes them food. He also wants to become a doctor one day, but he will need to study at medical school. It is expensive to study to be a doctor, so he has already started saving money.

Question: Why is Jeremy saving money?

全文訳 ジェレミーは16歳で，家族や友達の世話をするのが好きである。誰かが病気になると，彼はその人に料理を作ってあげる。彼はいつか医者になりたいとも思っているが，医学校で勉強しなければならないだろう。医者になるために勉強するにはお金がかかるので，彼はもう貯金を始めている。

Q：ジェレミーはなぜ貯金しているのですか。

選択肢の訳 **1** 友達の手伝いをするため。
2 それを病気の人々にあげるため。
3 医学校に支払うため。
4 貧しい人々に食べ物を買うため。

213

解説 16歳のジェレミーについての話。質問で問われている貯金については一番最後に出てくる。その前に It is expensive to study to be a doctor「医者になるために勉強するにはお金がかかる」と述べられているので，正解は **3**。

No.28 解答 ②

放送英文 Limburger is a kind of cheese. It is a soft cheese and has a unique flavor. However, some people say that it smells bad, so they do not want to eat it. Others say that Limburger cheese tastes delicious, but they recommend that you try not to smell it when you eat it.

Question: What do some people say about Limburger cheese?

全文訳 リンバーガーはチーズの一種である。それは柔らかいチーズで独特の風味がある。しかし，それは臭いので食べたくないと言う人もいる。また，リンバーガーチーズはおいしいと言う人もいるが，食べるときにはにおいを嗅がないようにすることを彼らは勧める。

Q：何人かの人々はリンバーガーチーズについて何と言っていますか。

選択肢の訳 **1** 冷たいときの方が味が良い。

2 いいにおいではない。

3 食べるのに安全ではない。

4 柔らかすぎる。

解説 リンバーガーという名前のチーズについての説明で，その特徴は a unique flavor「独特の風味」である。some people say that it smells bad「臭いと言う人もいる」，they recommend that you try not to smell it「そのにおいを嗅がないようにすることを勧める」と述べられているので，正解は **2**。

No.29 解答 ④

放送英文 Ladies and gentlemen, thank you for flying with us. I'm sorry to say that we will arrive in Tokyo 15 minutes later than we planned. The time in Tokyo is one hour later than the time in Singapore. We'll arrive at 9 a.m., and it'll be sunny today. We hope you will enjoy your stay.

Question: What is one thing that the announcement says?

全文訳 皆さま，私どもとの空の旅をありがとうございます。申し訳ございませんが，東京へは予定していたより15分遅れて到着する見込みであることをお知らせします。東京時間はシンガポール時間より1時間遅れています。午前9時に到着予定で，本日の天気は晴れです。皆さまがご滞在をお楽しみになるよう願っております。

Q：アナウンスが述べていることの1つは何ですか。

214

選択肢の訳
1 東京の空港が混んでいる。

2 シンガポールの天気が悪い。

3 飛行時間は 9 時間の予定である。

4 飛行機は遅れる予定である。

解説 飛行機内でのアナウンスである。用件は最初に述べられており，we will arrive in Tokyo 15 minutes later than we planned「東京へは予定していたより 15 分遅れて到着する見込みである」と言っている。したがって，正解は **4**。9 a.m. の nine の音に惑わされて **3** を選ばないように注意しよう。

No.**30** 解答 ①

放送英文 Mark is a high school student. Last month, he did poorly on his math test. Even though he had studied hard, he could not understand the questions. His brother told him about a study program at the library. There, college students help high school students with studying. Mark joined the program and got a good score on his test this month.

Question: How did Mark get a good score on his test this month?

全文訳 マークは高校生である。先月，彼は数学のテストの成績が悪かった。一生懸命勉強したが，質問が理解できなかったのである。彼の兄［弟］が彼に図書館の勉強プログラムについて教えてくれた。そこでは，大学生が高校生の勉強の手助けをする。マークはそのプログラムに参加し，今月，テストで良い点数を取った。

Q：マークはどのようにして今月，テストで良い点数を取ったのですか。

選択肢の訳
1 勉強プログラムに参加した。

2 大学の教科書を見つけた。

3 彼の兄［弟］に教えてくれるように頼んだ。

4 数学についての本を読んだ。

解説 マークの数学のテストの話。先月のテストの成績が悪く，兄［弟］から大学生が高校生を教えるプログラムについて聞く。Mark joined the program and got a good score on his test this month.「マークはそのプログラムに参加し，今月，テストで良い点数を取った」と述べられているので，正解は **1**。

| 二次試験・面接 | 問題カード **A** 日程 | 問題編 p.156〜157 | 🔊 ▶MP3 ▶アプリ ▶CD 3 76〜80 |

全文訳 **図書館でのボランティア**

　このごろ，多くの学生が地域社会のためにボランティア活動に参加する。例えば，図書館でのボランティア活動が注目を集めている。学生のボランティアは子供たちにお話を読み，そうすることで，子供たちが本にもっと興味を持つようになる手助けをしている。おそらく，そのような活動は今後もっと一般的になるだろう。

質問の訳 No. 1　文章によると，学生のボランティアはどのようにして子供たちが本にもっと興味を持つようになる手助けをしていますか。

No. 2　さて，Aの絵の人々を見てください。彼らはいろいろなことをしています。彼らが何をしているのか，できるだけたくさん説明してください。

No. 3　さて，Bの絵の女性を見てください。この状況を説明してください。

それでは，〜さん，カードを裏返しにして置いてください。

No. 4　町や市は図書館を増やすべきだと思いますか。

　　　　Yes. →なぜですか。　　No. →なぜですか。

No. 5　このごろ，多くの人が花や野菜を育てることを好んでいます。あなたはガーデニングに興味がありますか。

　　　　Yes. →もっと説明してください。　　No. →なぜですか。

No.1

解答例 By reading stories to children.

解答例の訳 子供たちにお話を読むことによってです。

解説 質問中の help children to become more interested in books は，文章の最後から2文目の後半に出てくる。その前にある by doing so に着目し，この do so がさらにその前にある read stories to children であることを見抜く。質問が How 〜? なので，By reading .... の形にして答えればよい。

No.2

解答例 A man is closing the window. / A girl is drawing a picture. / A boy is throwing away trash. / A woman is pushing a cart. / A girl is using a photocopy machine.

解答例の訳 男性が窓を閉めています。／女の子が絵を描いています。／男の子がゴミを捨てています。／女性がカートを押しています。／女の子がコピー機を使っています。

解説 「絵を描く」は draw a picture で，write「（文字や言葉）を書く」は使

216

えない。また，同じ「絵を描く」でも絵の具などで塗る場合には paint を使う。「〜を捨てる」は throw away 〜で，「ゴミ箱（trash can / dust bin）」を使って is throwing away something into a trash can のように答えてもよい。コピー機を使っている女の子については copy を動詞として使って is copying (something)「（何かを）コピーしている」としてもよい。

No.3

解答例 She can't open the door because she's carrying many books.

解答例の訳 彼女はたくさんの本を運んでいるのでドアを開けることができません。

解説 「ドアを開けられない」ことと「たくさんの本を運んでいる」ことの2点と，後者が前者の理由であることを示したい。She is carrying many books, so she can't open the door. と答えることも可能。

No.4

解答例 （Yes. と答えた場合）

Libraries are good places for people to study. Also, we can borrow not only books but also music and movies.

解答例の訳 図書館は人々が勉強するのに良い場所だからです。また，本だけでなく音楽や映画を借りることもできます。

解答例 （No. と答えた場合）

Building libraries is very expensive. Towns and cities should use that money for other services.

解答例の訳 図書館を建設するのに非常にお金がかかるからです。町や市はそのお金を他のサービスに使うべきです。

解説 Yes. の場合には他に「多くの人が本を読む静かな場所を求めている（Many people want a quiet place to read books.）」，「私たちは本から多くの知識を得ることができる（We can get a lot of knowledge from books.）」なども理由として考えられる。No. の場合には，「最近は図書館に行く人はあまりいない（Nowadays, not many people go to libraries.）」と言った後，「私たちはオンラインで必要な情報を得ることができる（We can get the necessary information online.）」と答えることも可能。

No.5

解答例 （Yes. と答えた場合）

Taking care of flowers is very relaxing. I often help my family in the garden.

解答例の訳 花の世話をすることは，とてもくつろぎます。私はよく庭で家族の手伝いをします。

解答例 （No. と答えた場合）

I don't like getting my hands dirty. It's hard work to grow vegetables.

解答例の訳　手を汚すのが好きではないからです。野菜を育てる作業は大変です。

解説　Yes. の場合には，「私はガーデニングが大好きだ（I like gardening very much.）」と言った後，「花を植える（plant flowers）」「雑草を抜く（pull weeds）」「植物に水をやる（water plants）」など具体的にやることを加えて説明してもよい。No. の場合には，「外にいるのが好きではない（don't like staying outside）」や「手入れする庭がない（don't have a garden to take care of）」などが考えられる。

二次試験・面接　問題カード **B** 日程　問題編 p.158〜159　

全文訳　**言語学習**

　人々は外国語を学ぶとき，たいてい辞書を使う。これらの辞書はしばしば持ち運びするには大きくて重い。しかしながら，今はインターネット上に辞書がある。人々は自分のスマートフォンでオンライン辞書を利用し，そうすることで，いつでも簡単に単語を調べることができる。科学技術は私たちの言語学習の方法を変えつつある。

質問の訳　No. 1　文章によると，人々はどのようにしていつでも簡単に単語を調べることができるのですか。

　　　　　No. 2　さて，Aの絵の人々を見てください。彼らはいろいろなことをしています。彼らが何をしているのか，できるだけたくさん説明してください。

　　　　　No. 3　さて，Bの絵の男の子を見てください。この状況を説明してください。

　　　　それでは，〜さん，カードを裏返しにして置いてください。

　　　　　No. 4　今後インターネットで買い物をする人が増えると思いますか。
　　　　　　　　Yes. →なぜですか。　　No. →なぜですか。

　　　　　No. 5　このごろ，外国でプロスポーツをする日本人運動選手が多くいます。あなたはテレビでこれらの運動選手を見ますか。
　　　　　　　　Yes. →もっと説明してください。　　No. →なぜですか。

No.1

解答例　By using online dictionaries with their smartphones.

解答例の訳　スマートフォンでオンライン辞書を使うことによってです。

解説　質問中の easily look up words anytime は，文章の最後から2文目の後半にある。その前にある by doing so の do so は，さらにその前にある use online dictionaries with their smartphones を指している

ことを見抜こう。質問が How 〜? なので，By using .... の形で答えればよい。

No.2

解答例 A man is reading a book. / A woman is pouring coffee. / A man is writing a price on a piece of paper. / A woman is returning a tray [putting her tray on the counter]. / A woman is watering some flowers.

解答例の訳 男性が本を読んでいます。／女性がコーヒーを注いでいます。／男性が1枚の紙に値段を書いています。／女性がトレーを返却しています［カウンターの上に置いています］。／女性が花に水をやっています。

解説 「〜を注ぐ」は pour だが，put some coffee into a cup と表現することも可能。「〜を返却する」は return の他に give back を用いてもよい。「〜に水をやる」は water を動詞として用いるが，give water to some flowers とも言える。

No.3

解答例 He found a watch on a bench and is thinking of taking it to a police officer.

解答例の訳 ベンチの上に腕時計を見つけて，それをお巡りさんに届けようと考えています。

解説 「ベンチの上に腕時計を見つけた」ことと「それをお巡りさんに届けようと考えている」ことの2点を説明する。前者は There is a watch on a bench., 後者は He is going (to go) to a police box with it. と表現してもよい。

No.4

解答例 （Yes. と答えた場合）

People can buy things more cheaply online. Also, many kinds of goods are sold on the Internet.

解答例の訳 オンラインでもっと安く物を買うことができるからです。また，インターネットでは多くの種類の商品が売られています。

解答例 （No. と答えた場合）

Many people want to look at things in stores. Also, they can ask questions about the products.

解答例の訳 多くの人は店で物を見たいと思うからです。また，製品について質問をすることもできます。

解説 Yes. の場合には，「オンラインでの買い物は便利である（Shopping online is convenient.)」や「24時間いつでも買い物ができる（People can shop [buy things] 24 hours a day.)」などと答えることも可能。No. の場合には，「オンラインでの買い物は危険である（Shopping online is dangerous.)」と言った後で「買いすぎてしまう（People can buy too many things.)」や「買うのが簡単すぎる（People can buy things too easily.)」など，オンラインショッピングのマイナス面を指摘してもよい。

No.5

解答例（Yes. と答えた場合）

I like to watch American baseball on TV. Many popular teams have Japanese players.

解答例の訳 私はテレビでアメリカの野球を見るのが好きです。多くの人気チームに日本人選手がいます。

解答例（No. と答えた場合）

I'm not interested in sports in foreign countries. Also, foreign sports aren't shown on TV very often.

解答例の訳 私は外国でのスポーツに興味がありません。また，外国のスポーツはテレビであまりやりません。

解説 Yes. の場合には，「私は～のファンだ（I like ～. / I am a great fan of ～.)」と，MLB など外国のプロスポーツで活躍している日本人選手の名前を具体的に挙げ，その選手について説明してもよい。No. の場合には，「スポーツに興味がない（I'm not interested in sports.)」と言った後，「テレビではクイズ番組やドラマを見るのが好きだ（I like watching quiz shows or dramas on TV.)」と自分がテレビで見るものについて話してもよい。

英検準2級に合格したら…
英検®2級にチャレンジしよう！

2級は，入試優遇，単位認定，さらに海外留学や社会人の一般的な英語力の条件として幅広く適用されます。レベルの目安は「高校卒業程度」です。

2級からここが変わる！
※試験内容は変更される可能性がありますので，受験の際は英検ホームページで最新情報をご確認ください。

筆記
会話文の文空所補充問題が出題されなくなります。長文の内容一致選択問題が3題12問に増え，英作文問題が指定されたトピックについて書く形式となります。しっかりと対策をして臨みましょう。

リスニング
会話の応答文選択問題が出題されなくなります。問題冊子に印刷されている選択肢が長くなりますので，時間内に解答できるようにしましょう。

面接
3コマのイラストの展開を説明する問題が加わります。自分の言葉でしっかりと，イラストの描写と問いへの応答を行いましょう。

オススメの英検書はこちら！

学校でまだ習っていないことも
しっかり学べる

参考書
**英検2級
総合対策教本**

本体1,600円+税　CD付

商品詳細はこちら
↓